Auf der Suche nach dem *verlorenen* Deutschland

Notizen aus einer anderen Zeit

Max Otte

Bibliografische Information der Deutschen Nationalbibliothek
Die Deutsche Nationalbibliothek verzeichnet diese Publikation in der Deutschen Nationalbibliografie. Detaillierte bibliografische Daten sind im Internet über http://dnb.d-nb.de abrufbar.

Für Fragen und Anregungen:
info@finanzbuchverlag.de

Originalausgabe, 1. Auflage 2021

© 2021 by FinanzBuch Verlag, ein Imprint der Münchner Verlagsgruppe GmbH
Türkenstraße 89
D-80799 München
Tel.: 089 651285-0
Fax: 089 652096

Redaktion: Matthias Michel
Umschlaggestaltung: Marc-Torben Fischer
Umschlagabbildung: shutterstock.com/Hane Street
Abbildungen Inhalt: S.17: © Marcus Kaufhold, 2011; S. 38: © Boston University, Photography Department, S. 100, 101 und 103: © Toni Meyer; S. 132: © Dietmar Krüger S. 163: © Telefunken; S. 164: © ullstein bild/00270844; S. 168: © Benjamin Balsereit; S. 191: © Jean Nicolas Ponsart/Wikimedia Commons; S. 225: © ullstein bild/00819767; S. 252: © 1954 Getty Images; S. 253: © picture alliance/dpa
Satz: ZeroSoft, Timisoara
Druck: GGP Media GmbH, Pößneck
Printed in Germany

ISBN Print 978-3-95972-403-6
ISBN E-Book (PDF) 978-3-96092-749-5
ISBN E-Book (EPUB, Mobi) 978-3-96092-750-1

Weitere Informationen zum Verlag finden Sie unter

www.finanzbuchverlag.de

Beachten Sie auch unsere weiteren Verlage unter www.m-vg.de.

Was man an seinen Muskeln versäumt hat, holt sich später noch nach; der Aufschwung zum Geistigen, die innere Griffkraft der Seele dagegen übt sich einzig in jenen entscheidenden Jahren der Formung, und nur wer früh seine Seele weit auszuspannen gelernt, vermag später die ganze Welt in sich zu fassen.

STEFAN ZWEIG, *DIE WELT VON GESTERN* (1942)

Inhalt

Prolog

In den sechziger und siebziger Jahren des letzten Jahrhunderts waren die *Doors* und besonders ihr 1971 verstorbener Frontmann und Songwriter Jim Morrison eine Legende und Inspiration für unzählige, meist junge Menschen. Auch heute noch sind sie das, aber es haben sich doch mehr als vierzig Jahre dazwischengeschoben. Die Unmittelbarkeit, die wir als nur ein paar Jahre zu spät Gekommene noch gespürt haben, verblasst.

Der charismatische, exzentrische Morrison war ein echter Rockpoet, einer, der das Mysterium suchte. Äußerst belesen in Philosophie und Literatur und stark beeinflusst von Friedrich Nietzsche war er. Seine Bühnenauftritte gerieten zu magischen Beschwörungen des Seins – wenn er gut drauf war. Gewann seine dionysische Seite die Oberhand, die sich in Alkohol- und Drogenexzessen manifestierte, war er nicht zu gebrauchen.

Morrisons Texte sind tief, sie bringen uns dem Bewusstsein um die Zerbrechlichkeit und dem Mysterium unserer Existenz näher. In *Palace of Exile (Palast des Exils)*[*] von 1968 lässt er einen imaginierten Anführer eine Ansprache an seine Gefolgschaft richten. Sieben Jahre lang habe er, der Sprecher, im weiträumigen Palast des Exils gelebt. Und nun sei er zurückgekommen, ›in das Land der Aufrechten, und der Starken, und der Weisen‹.

Er fragt seine Brüder und Schwestern vom blassen Wald, die Kinder der Nacht, ob sie mit der (Hetz-)Jagd laufen wollen. Und dann weist der Anführer seine Schar an, sich zu ihren Zeiten und zu ihren

---

[*]   Palace of Exile, *Jim Morrison (The Doors), 1968.*

Träumen zurückzuziehen, denn morgen betreten sie gemeinsam die Stadt seiner Geburt. Dafür will er bereit sein.

*

Die Rückkehr zur Stadt der Geburt. Sich seinen Wurzeln stellen. Ein Akt, der tief in den Grund der eigenen Existenz blicken lässt. Wenn man den dafür notwendigen tiefen Blick hat. Vielleicht auch die Vorbereitung auf eine neue Phase. Oder das Ende. Morrison lässt uns mit all diesen Gedanken spielen.

In meinen knapp sechzig Jahren habe ich bereits mehrere Leben gelebt. Im Moment befinde ich mich so ungefähr in meinem vierten – dem des Aktivisten und Philanthropen, der sein Unternehmerdasein langsam zurückfährt. In diesem Buch kehre ich zum Ursprung zurück. Zum ersten Leben. Ich will bereit sein.

Der Seher

Schläft ein Lied in allen Dingen,
Die da träumen fort und fort,
Und die Welt fängt an zu singen,
Triffst du nur das Zauberwort.

JOSEPH VON EICHENDORFF, *WÜNSCHELRUTE* (1835)

Man hat mich *Deutschlands erfolgreichsten Crash-Guru aller Zeiten* genannt.[*] *Kassandra aus Worms. Krisenerklärer. Renommierten Krisenökonomen. Seher. Prediger. Börsenprofessor. Anwalt der Bürgerinnen und Bürger.*[**] Davon gefällt mir Seher am besten. Propheten und Seher geben nicht nur Zukunftsprognosen ab. Sie deuten seit jeher auch die Gegenwart. Die An-Schauung: Das ist meine Aufgabe. Ich sehe Dinge, die andere nicht sehen. Und ich sehe Dinge, die vermeintlich alle sehen, die allen bekannt sind, in einem anderen Licht.

Wie gesagt, die An-Schauung ist meine Aufgabe. Dabei greife ich auf altes Wissen zurück, Wissen, das nach und nach in Vergessenheit zu geraten droht. Dass ich dieses Wissen auch nutzen kann, um an der Börse viel Geld zu verdienen, habe ich bewiesen. Dass mir dieses Geld nichts bedeutet, nehmen mir nur wenige ab. Aber so ist es.

Manchmal komme ich mir ein bisschen vor wie der alte Zauberer Merlin, eine der Hauptfiguren in *Die Nebel von Avalon*.[1] Der Fantasyroman von Marion Zimmer Bradley rund um die Artuslegende war in den frühen 1980er Jahren ein Megaseller. Zusammen mit den Priesterinnen Viviane und Morgaine versucht Merlin, die alte Welt der Druiden zurückzuholen, die unweigerlich mit der Insel Avalon im Nebel

---

[*]   Daniel Stelter, »Vorwort« in: Max Otte, Die Finanzmärkte und die ökonomische Selbstbestimmung Europas – Gedanken zu Finanzkrisen, Marktwirtschaft und Unternehmertum, 1. Auflage, Wiesbaden, Gabler, 2018.

[**]   Hendrik Ankenbrand, »Ökonom Max Otte – Der Prediger«, Frankfurter Allgemeine Zeitung, 08.08.2011, unter: https://www.faz.net/aktuell/wirtschaft/menschen-wirtschaft/oekonom-max-otte-der-prediger-11111236.html; Niko Steeb, »Porträt: Der Seher«, Augsburger Allgemeine Zeitung, 23.09.2011, online unter: https://www.augsburger-allgemeine.de/wirtschaft/Der-Seher-id16855001.html; Jörg Hackhausen und Christian Panster, »Max Otte und Dirk Müller – Die Krisenerklärer«, 12.11.2011, online unter: https://www.wiwo.de/finanzen/geldanlage/max-otte-und-dirk-mueller-die-krisenerklaerer/5829662.html; Winfried Kretschmer, »Crashkurs. Der Crash kommt. Die neue Weltwirtschaftskrise und wie Sie sich darauf vorbereiten – das neue Buch von Max Otte«, changex.de, 28.08.2006, online unter: http://www.changex.de/Article/article_2418; Olaf Gersemann, »»Crash-Prophet‹ Börsenprofessor Max Otte gibt Professorenjob auf‹, Die Welt, 23.08.2019, online unter: https://www.welt.de/wirtschaft/article199026827/Crash-Prophet-Boersenprofessor-Max-Otte-gibt-Professorenjob-auf.html

zu versinken droht. Ihr Hoffnungsträger ist der zukünftige König Artus, den sie nach der alten Weise ausbilden und formen wollen.

Immer weniger kennen die Zauberworte, die für die Überfahrt nach Avalon notwendig sind. Immer weiter verschwindet die Insel im Nebel. Immer schwerer wird der Zugang. Immer angestrengter und verzweifelter gestalten sich die Bemühungen von Merlin, Viviane und Morgaine. Am Ende sind alle Anstrengungen vergebens: Avalon ist unwiederbringlich verloren. Eine neue Zeit bricht an.

Auch wir stehen an der Schwelle eines neuen Zeitalters. Kaum ein Stein wird auf dem anderen bleiben. In meinem Buch *Weltsystemcrash* aus dem Jahr 2019 beschreibe ich, wie die alte Weltordnung unter dem Druck geopolitischer Verwerfungen, des Abstiegs der Mittelschicht und der Überschuldung der Welt in Folge einer hemmungslosen Geldpolitik der Notenbanken bröckelt.[*] Fake News und Desinformation, Überwachungsstaat und Repression läuten die Geburt einer neuen Zeit ein.

Hätte ich doch genauer hingesehen! Vielleicht hätte ich dann schon erkannt, dass es ein Virus sein wird, das die neue Ära einleitet. Es gab mit SARS, der Vogel- und der Schweinegrippe und mit Ebola etliche Vorboten. Bereits vor einem Jahrzehnt entwickelte die Rockefeller-Stiftung ein Szenario,[2] in dem eine in China ausgebrochene Virus-Pandemie zum »Gleichschritt« und zu drastischen Beschränkungen der Freiheit führt: Die Wirtschaft bricht dramatisch ein, die internationale Mobilität von Personen ist stark eingeschränkt, globale Lieferketten sind unterbrochen, Einzelhandelsgeschäfte geschlossen. Nachdem der Westen zunächst einen eher lockeren Ansatz zur Pandemiebekämpfung verfolgt hat, merken die Politiker, dass die autoritäre chinesische Methode besser funktioniert. Der eifern sie nun nach und regieren selbst zunehmend autoritär. Obwohl Gegenwehr aufkommt, begrüßt die Mehrheit der Bevölkerung dieses Vor-

---

[*] Max Otte, »Weltsystemcrash – Krisen, Unruhen und die Geburt einer neuen Weltordnung«, München, FBV, 2019.

gehen und die verstärkt autoritäre Herrschaftsform hält sich nach der Pandemie.

Die Welt ist fest im Griff von COVID-19. Es wird Krieg gegen das Coronavirus geführt; die letzten Reserven werden mobilisiert. Auch das Bombardement der Medien mit täglich neuen Infektionszahlen erinnert an Kriegspropaganda. Politiker schränken die Versammlungsfreiheit ein und schalten die Wirtschaft ab. Das »Durchregieren« am Parlament vorbei ist auf dem Vormarsch und wird mit dem »Bevölkerungsschutzgesetz« vom 19. November 2020 neue Normalität.

Klaus Schwab, Initiator des Weltwirtschaftsforums in Davos, und der Ökonom Thierry Malleret legen ein Buch mit dem Titel *COVID19 – der große Umbruch* vor. Darin schreiben sie, dass wir uns mit mehr Überwachung abfinden sollen und »social distancing« uns wohl erhalten bleiben wird.[3] Der Titel der gleichzeitig erschienenen englischen Ausgabe – *The Great Reset* – scheint zutreffender. Zwar fügen die Autoren beschönigend hinzu, dass wir aufpassen müssen, nicht in eine Dystopie zu geraten, aber aktive Ansätze, das zu verhindern, finden sich nicht. Im Gegenteil. Das Szenario der Rockefeller-Stiftung scheint Wirklichkeit zu werden. Wahrhaftig, die Welt ist im Wandel!

Eigentlich fing es 1989 mit dem Kollaps der Sowjetunion und des kommunistischen Machtblocks sehr vielversprechend an. George Bush rief 1990 in einer Rede kurz nach Ausbruch des ersten Irakkrieges die »neue Weltordnung« aus. Eine breite internationale Koalition bereitete sich darauf vor, der Annexion von Kuweit durch den Irak entgegenzutreten. Alles sah so aus, als ob wir einer neuen, friedlichen Zeit entgegengehen würden. Der amerikanische Politikwissenschaftler Francis Fukuyama sprach gar vom »Ende der Geschichte«. Die wesentlichen politischen Fragen seien gelöst, und die Menschheit könne sich in Frieden weiterentwickeln.[4] Aber schon zehn Jahre später befand sich der »Westen«, angeführt von den USA, im »Krieg gegen den Terror«. Seitdem hat uns der Ausnahmezustand nicht mehr losgelassen. Vieles erinnert eher an den »Kampf der Kulturen«, den der amerikanische Politikwissenschaftler Samuel Huntington 1996 vorausgesagt hatte.[5]

Wenige überblicken das ganze Ausmaß der aktuellen Katastrophe. »... ich fühle mich einsamer als je, nicht etwa wie unter Blinden, sondern wie unter Leuten, die ihre Augen verbunden haben, um den Einsturz des Hauses nicht zu sehen, während sie mit ihren Hämmerchen daran hantieren«, schrieb der Kulturphilosoph Oswald Spengler 1932, ein Jahr vor der »Machtergreifung« Hitlers und sieben Jahre vor Ausbruch des Zweiten Weltkriegs.[6]

Das Haus wackelt. Das war abzusehen. Aber viele, ja die meisten, wollten und wollen das nicht sehen. Sie verdrängen unangenehme Fakten oder ordnen sie schnell in Erklärungsmuster ein, die uns von den Medien geliefert werden. Problem erledigt. Zurück zum Tagesgeschäft. Ja, so einfach machen es sich viele Menschen, um nicht nach den tiefer liegenden Ursachen suchen zu müssen. Das Phänomen ist auch als »kognitive Dissonanz« bekannt.[7]

Ich verschließe meine Augen nicht vor der gegenwärtigen Katastrophe. Ich suche nach Ursachen – und nach Lösungen. Aber ich kenne auch noch das Zauberwort zur alten Welt. Ich sehe die Gegenwart sehr deutlich, gerade weil ich jederzeit in diese andere Welt reisen kann. Dort tanke ich Kraft. In diese Welt möchte ich Sie mitnehmen, in das vergangene, ja oft vielleicht schon verlorene Deutschland. Skizzen sind es, Momentaufnahmen aus einer anderen Zeit, einer Zeit, die in die unsere noch hineinragt.

Das ist nicht nur Nostalgie. Nur wenn wir uns vor Augen führen, wie es einmal war, schärft sich auch unser Blick für die Gegenwart. Und für die Zukunft.

In der Vergangenheit liegen Schätze. Wenn wir sie heben und bewahren, geben sie uns Kraft für die Gegenwart und weisen in die Zukunft. Vor einigen Jahren vertrieb ich mir in einer Flughafenbuchhandlung die Wartezeit und entdeckte das wundervolle Buch *Lost Japan – Last Glimpse of Beautiful Japan (Verlorenes Japan –*

Der letzte Blick auf das schöne Japan).[8] Sein Autor Alex Kerr hat darin Blicke auf ein Japan und eine japanische Landschaft festgehalten, die heute nur noch in ganz wenigen Resten existieren: die alten Wälder, die der Axt weichen mussten, die Sitten bei traditionellen Familien in Kyoto, Frauen im traditionellen Kimono und Performancekünste, die heute nur noch von ganz wenigen beherrscht werden, altes Kunsthandwerk.

Kerrs Buch hat mich inspiriert, etwas Ähnliches für Deutschland zu versuchen. Auch unser kulturelles Erbe ist bedroht – der Mittelstand, unsere letzten Handwerksbetriebe, die Volks- und Kirchenfeste, die Vereine, die Kneipen, die Lieder. Bereits wer Volkslieder singt, läuft Gefahr, diffamiert zu werden. So ist es nicht verwunderlich, dass das größte Archiv deutscher Volkslieder mit fast vierhunderttausend erfassten Liedern sich in Kanada befindet und privat von Hubertus Schendel, einem Auswanderer aus Thüringen, betrieben wird.[9]

Wie könnte ich besser auf unser kulturelles Erbe hinweisen, als von der Zeit zu berichten, in der ich groß geworden bin? Von den Menschen, die mich geprägt haben: meiner Familie, meinen Lehrern, meinen Idolen. Von den Büchern, die ich gelesen, den Liedern, die ich gesungen habe.

Vieles davon liegt kein halbes Jahrhundert zurück und scheint doch zu einer anderen Zeit und Welt zu gehören. Aber genau das war unser Nachkriegsdeutschland, die Bundesrepublik, das »Modell Deutschland«, wie es die SPD im Jahr 1976 auf Wahlplakaten verkünden ließ. Es war die nivellierte Wohlstandsgesellschaft. Zugegeben: Manchmal war sie etwas langweilig und eng. Aber human und zivil. Das Grundvertrauen zwischen den Menschen war eine solide Basis für den gesellschaftlichen Zusammenhalt und Umgang – auch zum Beispiel zwischen dem SPD-Bürgermeister, meinem in der CDU aktiven Vater und dem DKP-Spitzenkandidaten, die alle in unserer Straße wohnten. Ich gehöre dem geburtenstärksten Jahrgang der Bundesrepublik an. Wer, wenn nicht ein Angehöriger dieses Jahrgangs könnte über diese Zeit berichten?

Im ersten Kapitel, *Der lange Weg zurück*, schildere ich im Zeitraffer meine berufliche Laufbahn – wie es mich aus dem sauerländischen Plettenberg in die weite Welt hinauszieht, wie ich fast in die USA ausgewandert wäre und doch wieder in der Provinz, der Eifel, gelandet bin.

Im zweiten Kapitel, *Die Sippe*, spreche ich über meine Kindheit, meine Eltern, meine Großeltern und die Menschen, die mich zutiefst geprägt haben, von meinen mennonitischen Vorfahren mütterlicherseits und von Flucht und Vertreibung in Vaters Familie.

In *Eine andere Welt* berichte ich von meinem Dorf und meiner Stadt, den Lehrern und dem Erwachsenwerden.

Im Mittelpunkt von *Die Überlieferung* stehen Autoren, Bücher, Gedichte und Lieder, die mich besonders geprägt und mein Werden beeinflusst haben.

Die Landschaft schlägt den Bogen zu meiner neuen Heimat Eifel. Hier ragt die Vergangenheit überall in die Gegenwart hinein – seien es Geologie und Erdgeschichte, Höhlen mit prähistorischen Überlieferungen, Funde aus der Kelten- und der Römerzeit und dem Mittelalter. Auch der Zweite Weltkrieg, jene schreckliche Epoche, wird hier so lebendig wie sonst kaum auf deutschem Boden.

Das Volk befasst sich mit deutschen Eigenheiten, ob Wirtschaftsstrukturen oder Sitten und Gebräuche, von denen viele im Verschwinden begriffen sind.

In *Der letzte Deutsche* richte ich einen letzten Blick in die Vergangenheit und in die Zukunft, auf Avalon und in die neue Zeit.

*

Mein Essay soll Ihnen Lust machen auf weitere Bücher, auf unsere reiche Tradition, auf Ihre Mitmenschen, auf unsere Landschaften – kurzum: auf das, was deutsch ist. Darauf, Deutschland neu und mit

anderen Augen zu betrachten. Dabei serviere ich Ihnen – sehr un-
deutsch! – Tapas, kein Hauptgericht.*

Vielleicht haben meine kleinen Appetithäppchen ein Aha-Erleb-
nis zur Folge. Vielleicht beginnen Sie, im reißenden Strom der Glo-
balisierungsideologie Strudel und Strömungen zu erkennen. Inseln,
auf die man sich flüchten kann. Diese Inseln gibt es. Noch. Orte
wie Avalon, wohin Merlin, Viviane und Morgaine sich zurückziehen.
Und die dennoch langsam im Nebel verschwinden. Halten wir sie
lebendig, solange wir können.

Augsburger Allgemeine Zeitung, Der Seher, 2011

---

* Solche Hauptgerichte gibt es auch. Schon vor einigen Jahren hat die Schriftstellerin Thea
Dorn zusammen mit dem rumänisch-deutschen Autor Richard Wagner ein Buch über
›Die deutsche Seele‹ geschrieben (2011). Ein paar Jahre später folgte der Literaturwissenschaftler Dieter Borchmeyer mit ›Was ist deutsch? Die Suche einer Nation nach sich selbst‹
(2017). Und bereits im Jahr 2010 fragte der Journalist Peter Watson aus englischer Perspektive was ›Der deutsche Genius‹ sei. Vielleicht ist Ihnen nach meinen Appetithäppchen
danach. Thea Dorn und Richard Wagner, ›Die deutsche Seele‹, München, Albrecht Knaus,
2011. Peter Watson, ›Der deutsche Genius, Eine Geistes- und Kulturgeschichte von Bach
bis Benedikt XVI.‹, München, C. Bertelsmann, 2010. Peter Borchmeyer, ›Was ist deutsch?
Die Suche einer Nation nach sich selbst‹, Berlin, Rowohlt, 2017.

Machen Sie sich zusammen mit mir auf die Suche nach dem verlorenen Deutschland! Lassen Sie sich von meinen Erinnerungen inspirieren, in Ihre eigene Vergangenheit einzutauchen. Entdecken Sie, welche Schätze unsere Erinnerung immer noch zu bieten hat. Vielleicht hilft uns das, die nächsten Jahre halbwegs heil an Geist und Seele zu überstehen.

Der lange Weg zurück

Es redet trunken die Ferne
Wie von künftigem, großem Glück!

JOSEPH VON EICHENDORFF, *SCHÖNE FREMDE* (1834)

Bald werd' ich dich verlassen,
Fremd in der Fremde gehn,
Auf buntbewegten Gassen
Des Lebens Schauspiel sehn

(...)

Und mitten in dem Leben
Wird deines Ernsts Gewalt
Mich Einsamen erheben,
So wird mein Herz nicht alt.

JOSEPH VON EICHENDORFF, *ABSCHIED* (1810)

Und meine Seele spannte
Weit ihre Flügel aus,
Flog durch die stillen Lande,
Als flöge sie nach Haus.

JOSEPH VON EICHENDORFF, *MONDNACHT* (UM 1835)

Into the Great Wide Open[1]

Mehr als fünfzehn Jahre habe ich außerhalb Deutschlands gelebt, die meiste Zeit davon in den USA. Dann bin ich in das Land meiner Väter[2] zurückgekehrt.

Bis dahin war es ein weiter Weg. In meinem Tagebuch finde ich im Januar 1981 die Einträge meines sechzehnjährigen Selbst. Ich hatte einen Entschluss gefasst: Ich wollte in die USA auswandern, um dort groß rauszukommen. Schwarz auf weiß steht es da.

Deutschland war mir zu klein. Das, was mich interessierte, die wirklich großen Dinge – wie ich damals fand –, spielte sich in Amerika ab. Da war zum Beispiel die Weltraumfahrt. Die erste Mondlandung hatte ich 1969 als Fünfjähriger zusammen mit dem Rest der Familie verfolgt, gebannt vor dem einzigen Fernseher im Haus – schwarz-weiß, versteht sich –, der bei Onkel und Tante in der Dachwohnung stand.

Später verschlang ich Indianerbücher. Das Leben des »roten Mannes«, wie es etwa Karl May empathisch schilderte, faszinierte mich, sein Schicksal berührte mich zutiefst. Auch das war Amerika. Als ich mich Jahre später entschlossen hatte, in die USA zu gehen, waren die Indianergeschichten weit weggerückt. Aber irgendwo in einem Winkel meines Gehirns hatten sie sich festgesetzt und wirkten fort.

Noch später interessierte mich vor allem die Weltpolitik. Zur Zeit meines Tagebucheintrags las ich den voluminösen ersten Teil der Memoiren Henry Kissingers. Schon damals hegte ich Zweifel, ob Deutschland jemals wieder seinen eigenen Weg finden würde und dürfte. Eingezwängt in die festen Strukturen der NATO, war und ist unser Land nur eingeschränkt souverän. Andere entscheiden darüber, ob es in Deutschland Krieg oder Frieden gibt. Damit wollte ich mich schon als Teenager nicht abfinden. Und mit Carl Schmitt, mit dem mich mein Lehrer im Philosophiekurs im Gymnasium bekanntgemacht hatte, bezweifelte ich, dass es jemals wieder anders sein würde. Zu dieser Zeit wurde auch der Kalte Krieg wieder wärmer, bevor er im »Heißen Herbst« von 1983 seinen letzten Höhepunkt erreichen sollte. Es wurde ungemütlich in Europa, die nukleare Bedrohung wieder real.

Kurz, mit aller Unbedingtheit wollte ich weg. An einer Eliteuniversität wie Harvard, Princeton oder Yale studieren. Promovieren. Professor werden. Vielleicht dann eine Karriere als Politikberater starten. Der einfachen Mittelschicht entkommen, zu der wir zumindest materiell gehörten. Der Enge entfliehen.

Ganz schön große Pläne für den Sohn eines Berufsschullehrers, den es wie viele Millionen anderer nach 1945 in den Westen verschlagen hatte und der noch das Häuschen abbezahlte, das er und die seinen in den fünfziger Jahren als neue Heimstätte für die Sippe mühsam und mit viel Eigenleistung gebaut hatten. Ich wusste, dass wir wenig Geld hatten. Ich wusste, dass ich diesen Weg alleine würde gehen müssen. Dass mir keiner würde helfen können. Aber mein Lebensplan war formuliert.

Etliche Jahre später erfuhr ich, dass es einem gewissen Arnold Schwarzenegger aus der Steiermark ähnlich gegangen war. Auch ihm war sein Heimatland zu klein, auch er hegte in jungen Jahren große Pläne, hatte Visionen von seiner Zukunft. Er wurde in seiner neuen Heimat ein Superstar. Ich nicht. Ich wurde zumindest Professor. Und dann kehrte ich in das Land meiner Väter zurück und wurde, was ich bin. Allerdings erst nach vielen Umwegen.

Im Herbst 1990 schien ich es wirklich geschafft zu haben. Vom vierzigsten Stock des UN Plaza Hotels in Manhattan aus blickte ich auf das Gebäude der Vereinten Nationen vor und das Häusermeer unter mir. Mit noch nicht ganz sechsundzwanzig Jahren hatte ich einen Beratungsauftrag bei den Vereinten Nationen an Land ziehen können und studierte seit einem Jahr mit einem heiß begehrten Promotionsstipendium an der Princeton University in New Jersey. Endlich an einer Eliteuniversität angekommen, wie ich es mir acht Jahre zuvor in den Kopf gesetzt hatte.

Als Repräsentant der deutschen Unternehmensberatung Kienbaum hatte ich einen prestigeträchtigen Auftrag zur Reorganisati-
on der UN-Entwicklungshilfe (United Nations Development Pro-
gramme) gegen beträchtliche internationale Konkurrenz gewonnen.
Von Oktober bis Dezember führten mein Team und ich Interviews
bei den Vereinten Nationen in New York, erstellten Analysen und
diskutierten Alternativen für die Führungsstruktur der Organisation.
Ich lernte führende Beamte der UNO kennen und Leiter von Sonde-
rorganisationen wie der UNESCO.

In den wenigen Monaten, die für das Projekt veranschlagt waren,
verdiente ich für meine damaligen Verhältnisse ein Schweinegeld.
Richtig investiert und sparsam und zielstrebig angelegt, hätte daraus schnell ein kleines Vermögen werden können. Leider hatte ich
damals weder den Charakter noch das Wissen, um etwas daraus zu
machen. Im Rausch des ersten Erfolgs versuchte ich mich an allerlei
ambitionierten und waghalsigen Projekten, unter anderem an Immo-
bilienspekulationen im gerade wiedervereinigten Berlin, aus denen
nichts wurde.

Sechs Jahre später war ich so gut wie pleite. Während meines Hö-
henflugs hatte ich ein schönes Grundstück in Idaho in der Nähe des
bekannten Urlaubsortes Jackson Hole erworben; das musste ich nun
verkaufen, um meine Außenstände zu bezahlen und mich so lange
über Wasser zu halten, bis die Dissertation fertig war. Denn die wollte
ich nach einer quälend langen Zeit, in der ich stattdessen meinen waghalsigen Geschäftsideen nachgegangen war, unbedingt fertigstellen.

*

Bis nach Princeton war es ein weiter Weg gewesen. Um die Zeit herum, als ich den Entschluss fasste, in die USA zu gehen, setzte ich mich
auf den Hosenboden, damit meine durchwachsenen Schulnoten besser würden. Mit einem mittelmäßigen Abitur hätte ich meine Pläne
vergessen können. Mehrfach fuhr ich auf Sprachreisen nach England

und las viele englische und amerikanische Romane. Unbekannte Wörter schrieb ich mir auf. Bis heute habe ich deshalb einen in manchen Bereichen sehr reichen englischen Wortschatz, während ich manche Alltagsbegriffe, vor allem aus der Kindheit, nie gelernt habe.

Die Noten wurden besser. Sehr viel besser. In der Abizeitung des Albert-Schweitzer-Gymnasiums des Jahrgangs 1983 haben Mitschüler zu jedem der einhundertundzehn Abiturienten etwas gedichtet. Für mich fanden sie recht schmeichelhafte Worte, sprachen mir ein gewisses Naturtalent für alles zu, was ich mir vornahm, dazu Vielseitigkeit und Starqualitäten. Aber sie erwähnten auch meine soziale Ader und dass ich so manchem Mitschüler geholfen hatte, durchs Abi zu kommen.

Nun war ich bereit, durchzustarten, die Welt zu erobern. Und tatsächlich ging es für mich weit weg – jedoch nicht über den großen Teich, sondern in die Lüneburger Heide. Zur Bundeswehr. Keine Chance, zu entkommen oder sich dem zu entziehen. Ich unternahm einen halbherzigen Versuch. Aber mein Hausarzt war Stabsarzt der Marine und Reserveoffizier. Er half mir zwar, nicht bei den Pionieren zu landen, zu denen ich einberufen worden war, doch ein Attest auf Wehrdienstuntauglichkeit hätte er mir sicher nicht ausgestellt. Den längeren Zivildienst wollte ich schon gar nicht machen. So bekamen die Pläne des ehrgeizigen Abiturienten ihren ersten Dämpfer.

Ein glühend heißer Sommer. Und die Grundausbildung war ganz schön hart. Sicher nicht so hart wie bei Eliteeinheiten oder wie früher, aber genug für mich. Die Lüneburger Heide habe ich aus allen Perspektiven, vor allem aber aus der Bodenperspektive kennengelernt. Dabei waren für mich die körperlichen Anstrengungen nicht einmal das Schlimmste, sondern der Kasernenhofton, das »Gehorchenmüssen«, die Gängeleien, die Schikanen. Vor allem die jungen Offiziersanwärter mit Abitur, die Karriere machen wollten, taten sich hier hervor. Die Unteroffiziere dagegen waren in der Regel umgänglicher.

Ich könnte viele Geschichten aus meinen vierzehn langen Monaten beim »Bund« erzählen. Wie ich mir zum Beispiel eine privilegierte Stellung im Geschäftszimmer als Assistent vom Spieß erkämpfte, wie einer aus unserem Zug, ein lieber, aber etwas unterbelichteter Mensch, sich und seinen Ausbilder beim Training mit scharfen Handgranaten fast in die Luft gesprengt hätte oder wie ich an einem Unteroffizierslehrgang teilnehmen konnte. Aber am Ende überwiegt doch der Eindruck einer verlorenen, dumpfen Zeit. Ich war oft niedergeschlagen, vielleicht sogar leicht verzweifelt, steckte ich doch in der Lüneburger Heide fest, während ich eigentlich meinen Lebensplan verwirklichen wollte. Heute gehört die Scharnhorst-Kaserne, in der ich stationiert war, zum Campus der Leuphana Universität Lüneburg. Vielleicht hat Richard David Precht ja sein Büro in meiner ehemaligen Stube.

Am Morgen des 27. Dezember 1983 – ich war gerade vom zu Hause verbrachten Weihnachtsurlaub wieder in der Kaserne angekommen – fragte mich mein Spieß, ob mein Vater gesundheitliche Probleme hätte. Obwohl das nicht der Fall war, ahnte ich, was kommen würde. Und ja, dann eröffnete er mir, dass mein Vater verstorben sei. Er hatte mich am Abend des zweiten Weihnachtstages noch an den Bahnhof in Werdohl gefahren. Den Zettel, auf dem er in seiner schönen Handschrift die Zugverbindungen notiert hatte, besitze ich heute noch.

Zugverbindungen, notiert von meinem Vater († 27.12.1983) am Tag vor seinem Tod

*

Was bleibt, wenn ein Mensch, der einem so nahegestanden hat, plötzlich aus dem Leben gerissen wird? Welche guten Erinnerungen? Welches Bedauern? In den letzten Jahren war mein Verhältnis zum Vater nicht das beste gewesen. Familiär-solidarisch sicher, aber nicht herzlich und offen. Ich sah vor allem den Kleinbürger in ihm. Und die Enge der Verhältnisse. Weniger das große Herz, den Familiensinn, die Willenskraft, den täglichen Heroismus, den er lebte.

Ich habe immer noch das Gefühl, dass mein Vater genau wusste, wie schlecht es mir im Winter 1983 bei der Bundeswehr ging. Dass das auch ihn belastete. Dass er aber nichts tun konnte. Später erfuhr ich, wie er im letzten Jahr des Krieges als junger Rekrut bei der Wehrmacht »langgemacht« wurde. Er musste also ein ziemlich gutes Bild davon haben, wie es mir erging. Gesprochen haben wir nicht darüber.

Immer wieder habe ich es bedauert, dass er nicht verfolgen konnte, welchen Weg ich später gegangen bin. Denn meinen Ehrgeiz habe ich von ihm. Genauso übrigens wie mein großes Herz – eine nicht immer ideale Kombination.

Sicher hätte er sich gefreut. Und er hätte mir – mit der Weisheit seines höheren Lebensalters – vielleicht einige Irrwege ersparen können. Ich erinnere mich an eine Bemerkung von ihm während unserer letzten gemeinsamen Jahre. Die Schule lief mehr als gut. Mein Nachhilfe-Geschäft brummte. Ich spielte in einer Band. »Junge, mach nicht so schnell. Du hast Zeit.« Ich dachte kurz darüber nach – und hakte es dann ab. Er behielt recht. Manchmal wäre »Eile mit Weile« besser gewesen. Ich musste Mitte dreißig werden, bis ich das verinnerlichte. Doch hätte ich es früher gemerkt, wäre ich nicht ich.

*

Ich wollte es selbst fast nicht glauben, aber nach zähen vierzehn Monaten hatte die Bundeswehrzeit ein Ende. Es ging wieder bergauf. Wirtschaft und Politik wollte ich studieren, und zwar in Köln. Das wollte ich unbedingt, denn die Bundesregierung saß damals ja in Bonn. Politik interessierte mich, die Politiknähe habe ich gesucht. Doch die ZVS (die Zentralstelle für die Vergabe von Studienplätzen) hielt den nächsten Schreck für mich bereit und wollte mich nach Passau verfrachten. Die deutsche Bürokratie kann ziemlich gnadenlos sein. Aber wo ein Wille ist, da ist ein Weg. Ich hängte mich rein und konnte in der Domstadt bleiben. Ich würde mich doch nicht von einem Entscheid der ZVS von meinen Plänen abbringen lassen!

Köln war eine der besten Entscheidungen, die ich treffen konnte, und eine jener Weggabelungen, die sich, wie noch mehrfach in meinem Leben, als glückliche Fügung herausstellen sollten. In den achtziger Jahren war es noch das alte Köln, mit einem gemütlichen und weitgehend friedlichen Karneval, der die ganze Stadt erfasste, vielen Einheimischen (»Kölschen«), die ihren Sprach-Singsang pflegten, unzähligen Kneipen und einer doch recht unbeschwerten Lebensart. Köln war eine katholische Stadt mit südländischem Lebensstil, so ganz anders als das Sauerland, wo ich in einem protestantischen Milieu aufgewachsen war. Heute ist vom alten Köln nicht mehr viel übrig. Ja, man pflegt noch eine künstliche rheinische Fröhlichkeit, aber eigentlich könnte man auch in Frankfurt sein oder – Gott bewahre – Düsseldorf, und es wäre nicht viel anders.

Gleich am ersten Abend traf ich in einer Kneipe Jürgen, einen Geschichtsstudenten aus Kiel. Er wurde mein lebenslanger Freund. Kein Jahr später wurden wir beide als Stipendiaten der Konrad-Adenauer-Stiftung angenommen. Wir engagierten uns in der Studentenpolitik bei den Unabhängigen, einer »unpolitischen«, serviceorientierten Gruppe, und schafften es beide ins Studentenparlament der Universität. Zwei Jahre später gingen wir zusammen in die USA, er an die University of Chapel Hill, North Carolina, ich an die American University in Washington, D. C. Jürgen ist heute Geschichtsprofessor in North Carolina. Auf der Feier meines fünfzigsten Geburtstags auf dem Petersberg bei Bonn hielt er eine launige Rede.

Es ging Schlag auf Schlag. Studium in Köln. Praktika in Unternehmen. Dabei kam das Studentenleben nicht zu kurz. Köln genießen. Freiheit. ›The future was wide open.‹³ Stipendium für die USA. Studium an der American University. Mit knapp zweiundzwanzig Jahren Praktikant im renommierten Institute for International Economics (heute Peterson Institute), das damals von C. Fred Bergsten geleitet wurde. Bergsten war Mitarbeiter für internationale Wirtschaftsfragen im Stab von Henry Kissinger gewesen und scherzte manchmal, dass man als Wirtschaftsberater für Kissinger ungefähr so gefragt war wie ein Sicherheitsberater für den Papst.

Aber zweifelsohne besaß er Kissingers PR-Talent und Geschäftigkeit. Sein Institut mischte in fast allen Fragen der Außenwirtschaft und der internationalen Entwicklungszusammenarbeit mit. Bergsten und seine Experten waren regelmäßig im Kongress, beim Internationalen Währungsfonds und bei der Weltbank zu Gast. Sie veranstalteten internationale Konferenzen, bei denen ich Menschen wie den Krisenforscher Charles Kindleberger, den Staatssekretär für Internationales im Bundesfinanzministerium Otto Schlecht und den Wirtschaftsberater von Margaret Thatcher, Sir Alan Walters, kennenlernte. Helmut Kohl durfte ich auf einem Empfang die Hand schütteln, genauso dem damaligen US-Notenbankchef, dem legendären Paul Volker. Ich habe Fotos von beiden Begegnungen. Sie zeigen einen frühreifen, selbstbewussten, aber auch reflektierten Mann von zweiundzwanzig Jahren.

Im Gespräch mit Helmut Kohl, Washington, Herbst 1986

*

Es war eine neue Welt an der American University in Washington, D. C. Petra Kelly, Pazifistin und frühe Grünen-Ikone, hatte hier studiert. Aus den ganzen USA waren die Studenten gekommen, um hier ein »Washington Semester« zu absolvieren, das Vorlesungen zu politischen und ökonomischen Themen sowie ein Praktikum in einer Regierungsbehörde, einem Think Tank, im Kongress oder im Senat beinhaltete.

Unser Austauschprogramm war auf zwei Washington-Semester ausgerichtet. Das war geschicktes Auslandsmarketing der Uni, denn eigentlich war das Washington-Semester oder »Washington Siesta«, wie es unter den Studenten hieß, ein einsemestriges Programm. Ich sah nicht ein, dass ich mich diesen Strukturen fügen sollte. Nach etlichen Diskussionen mit dem Dekan konnte ich in den regulären Studienbetrieb wechseln.

Nach dem politisch ausgerichteten ersten Semester kam ich in den MBA-Kursen zu Finanzierung und Bilanzanalyse zum ersten Mal in Berührung mit der systematischen Untersuchung von Geschäftszahlen und Aktien.

Neben den amerikanischen Studenten und den Stipendiaten tummelten sich an der American University auch sehr viele Kinder reicher Ausländer, vor allem aus Lateinamerika. Das eröffnete mir eine neue Welt. Vor allem die kolumbianische Community hatte es mir angetan. Da gab es sehr hübsche Studentinnen aus besten Kreisen. Als Europäer, zumindest als Deutscher oder Franzose, hatte man schon einen gewissen Bonus ...

Meine Mitstipendiaten, ob Konrad-Adenauer-Stiftung, Friedrich-Naumann-Stiftung, Deutscher Akademischer Austauschdienst oder Studienstiftung des Deutschen Volkes, waren eine interessante und handverlesene Truppe. Einer wurde Chefredakteur der *Welt*, ein anderer hat einen prestigeträchtigen Lehrstuhl an der Münchner Ludwig-Maximilians-Universität inne, eine Kommilitonin ging zu einer Landesbank, ein weiterer Kommilitone zum WDR, wo er es zum angesehenen Hörfunkmoderator brachte.

Nach dem Austauschjahr kehrten alle zurück in die Heimat. Mit vielen bin ich nach wie vor in Kontakt. Auch ich ging wieder nach Köln. Ich hatte mir zwar ein unmittelbar anschließendes Stipendium direkt von der American University gesichert und hätte in Washington bleiben können. In vielleicht drei Semestern wäre ich mit meinem MBA fertig gewesen und hätte danach mit vierundzwanzig oder fünfundzwanzig Jahren einen Job an der Wall Street oder bei einer Unternehmensberatung finden können. Das wollten damals alle. Aber ich hatte andere Pläne. Ich wollte an eine Eliteuni.

Im Sommer vor meinem Aufbruch in die USA hatte ich eine Interrailtour mit der Bahn durch Frankreich, Spanien und England gemacht. In einem Kino in Barcelona sah ich den ersten *Terminator*-Film mit Arnold Schwarzenegger, der den Bodybuilder aus der Steiermark zum Superstar machte. Mitte der siebziger Jahre hatte mir ein Nachbarsjunge einmal Bilder dieses Muskelmannes gezeigt. Die Körperproportionen empfand ich damals als grotesk, die Posen etwas affig. Aber Schwarzenegger schaffte es, Bodybuilding im Mainstream zu etablieren und zu einem Superstar zu werden. Nicht zuletzt durch diesen »Schwarzenegger-Moment« angeregt, begann ich zu überlegen, ob es nicht besser wäre, erst einmal Geld zu verdienen und vielleicht sogar sich selber gewissermaßen als Marke aufzubauen, anstatt in einem Unternehmen, an einer Uni oder in einer Behörde die Karriereleiter mühsam emporzuklettern.

Ich ging zurück nach Köln. Ich rechtfertigte dies vor mir selbst damit, dass ich in Köln mit Professor Karl Kaiser einen Betreuer für meine Diplomarbeit und Förderer hatte, der bestens vernetzt war. Als Direktor des Forschungsinstituts der Deutschen Gesellschaft für Auswärtige Politik war er Mitglied der Atlantik-Brücke, der Trilateralen Kommission und etlicher anderer einflussreicher Clubs. Wenn jemand mich nach Princeton, Harvard oder Yale bringen konnte, dann er. Das stimmte zwar, und es funktionierte auch. Aber für meine Entscheidung zurückzukehren müssen auch persönliche und emotionale Gründe eine Rolle gespielt haben, besonders das Verhältnis zu meiner Mutter nach Vaters Tod. Aber dazu später.

Nach meiner Rückkehr ging ich nicht direkt zurück an die Universität, sondern sechs Monate zur Frankfurter Sparkasse von 1822. Die war damals Marktführer im Geschäft mit Optionsscheinen. Nach einigen Wochen durfte ich mit aufs Parkett der Frankfurter Börse. Nur wenige Tage später brachen die Kurse ein. Der Schwarze Montag vom 19. Oktober 1987 war der erste Börsenkrach nach dem Zweiten Weltkrieg. Innerhalb eines Tages fiel der Dow-Jones um 22,6 Prozent (508 Punkte), bis heute der größte prozentuale Rückgang innerhalb eines Tages in der Geschichte des bekanntesten und ältesten amerikanischen Börsenindex.

Das war neu und spannend für mich. Aber die nächsten zwei Jahre waren keine gute Zeit. Ich hauste in einer Bude außerhalb von Köln, die nur ein Dachfenster hatte, und hatte verbissen mein Studienziel vor Augen. Nach dem Diplom 1989 konnte ich endlich an der Princeton University anfangen.

Von der Welt …

Zwanzig Jahre lang war ich ein Weltenbummler. Ich arbeitete in New York, in Frankfurt und in Düsseldorf ebenso wie in Daressalam. Ich lebte in Köln, Washington, Frankfurt, Hamburg, Worms, Princeton und Boston und einige Monate im Skiort Aspen in den Rocky Mountains. Lernte die UNO, die Weltbank, die Bertelsmann Stiftung, das Bundeswirtschaftsministerium, die Frankfurter Börse und weitere Unternehmen und Organisationen kennen. Noch kam ich mir vor wie in einem großen Supermarkt. Du willst etwas? Probiere es aus!

Die gut anderthalb Jahrzehnte von Mitte der 1980er bis Anfang der 2000er Jahre waren meine Lehr- und Wanderjahre – und wie es so ist: mit etlichen Um- und Irrwegen. Ein Kaleidoskop von Ferienjobs, Praktika, Lehrskripten, erste Bücher bei angesehenen Verlagen wie Campus und der *FAZ*-Edition. Auch ziemliche abgefahrene Aktivitäten waren darunter, wie der Versuch, einen mexikanischen Anislikör in Deutschland zu etablieren. Mein Bruder hatte zwischenzeitlich ebenfalls einen Hang zum Weltenbummeln entwickelt, wenn auch ganz anders als ich. Auf der Halbinsel Yucatán hatte er diesen Likör entdeckt und seine Produzenten, zwei Brüder, kontaktiert. Ich flog von Newark nach Cancún, »el pueblo gringo«, um dort mit ihm und den Brüdern über eine Vertriebslizenz zu verhandeln.

Wir bestellten ungefähr tausend Flaschen. Durch die Zoll- und Frachtkosten wurde die Spirituose allerdings erheblich teurer als gedacht. Zusammen mit einem Barmixer priesen wir sie im darauffolgenden Sommer bei der deutschen Auslandsrepräsentanz von Campari in München an, ebenso bei einem schwäbischen Hersteller. Beide Male wurden wir freundlich empfangen, aber es wurde nichts draus. Die Kalkulation ging hinten und vorne nicht auf. Noch härter und frustrierender war der Versuch, direkt an einzelne Läden und Verkaufsstellen zu gehen. Diese Lektion im knallharten

Konsumgütermarkt werden mein Bruder und ich unser Leben lang nicht vergessen.

Da war ich mit den kleinen Lehrskripten in Makroökonomik, Allgemeiner Wirtschaftspolitik, Marketing und Organisation, die ich für einen Kommilitonen geschrieben hatte, auf dem Weg zur Bildung einer eigenen Marke deutlich weitergekommen. Und ein netter Nebenverdienst war es, zumal ich eine prozentuale Beteiligung ausgehandelt hatte. Allerdings störte das meinen Verleger auf Dauer gewaltig, denn mit seinen anderen Autoren hatte er Fixhonorare ausgehandelt. Mehrere Jahre lang übte er Druck aus und verhandelte nach, bis ich ganz aus dem Geschäft raus war.

*

Meine Kommilitonen in Princeton waren die Topauswahl Amerikas, wie man sie eben an Elitehochschulen so findet. Humorvoll, elo-

M.P.A.-Class of '91 an der Princeton University, irgendwo in Vermont

quent, intelligent – und genauso getrieben wie ich. Das Tempo in einigen Kursen, besonders den mathematisch orientierten VWL-Seminaren, war brutal. Auf einmal schwamm ich nicht mehr ganz vorne mit, sondern irgendwo im Mittelfeld. Und ich war ein oder sogar zwei Jahre älter als viele meiner Kommilitonen. Ich hatte ja schon den Militärdienst und ein Diplomstudium nebst Austauschjahr hinter mir, während viele meiner Mitstudenten direkt vom Bachelorstudium kamen. Auch das war neu für mich, denn bisher war ich immer einer der Jüngsten gewesen.

Als die Masterstudenten meiner Kohorte nach zwei Jahren abgingen, wurde es still. Irgendwie fühlte ich mich zurückgelassen und laborierte etwas lustlos an der Doktorarbeit herum. Der Direktor unseres Doktorandenprogramms war Ben Bernanke, der spätere Chef der US-Notenbank. Mit einigen Entwürfen, mit denen ich das Thema Bankensystem und ökonomische Entwicklung beleuchten wollte, kam ich nicht recht voran. Es trieb mich in die Welt. So zogen sich Promotionsstudium und Doktorarbeit sieben quälende Jahre hin. Mehr als einmal war ich kurz davor hinzuschmeißen.

Mitte der neunziger Jahre erwarb ich in den USA einige Immobilien: eine Wohnung in einem Apartmentkomplex, ein Reihenhaus in einer anderen Siedlung und ein wunderschönes Grundstück in den Rocky Mountains. Von Unternehmens- und Organisationsberatung alleine – so mein Kalkül – würde man nicht reich. Dazu müsste man Kapital einsetzen, am besten gehebelt. Für einen Pendler zwischen den Welten – Europa, Afrika, Nordamerika – war das wohl etwas zu ambitioniert. Die Kalkulation ging nicht auf. Ich hatte mich übernommen. Als das Geld knapp wurde und ich meine Dissertation immer noch nicht fertig hatte, musste ich mein schönes Grundstück in den Rockies und auch die anderen Immobilien wieder verkaufen.

Nach der ersten UNO-Studie lernte ich eine weitere Lektion: Price Waterhouse Coopers wurde zum Generalunternehmer ernannt, der die Beratungsaufträge für die UNO vergab. Von nun an bekam die kleinere deutsche Konkurrenzfirma keinen einzigen Auftrag mehr. Es dauerte allerdings einige Jahre, bis ich begriffen hatte, was da im Hintergrund lief.

Für Kienbaum arbeitete ich als Freelancer und Projektleiter für das hessische Umweltministerium. Das ging in die Hose. In Tansania beriet ich die Universität von Daressalam. Dann 1995 ein Jahr als »Leiter Beratungsdienste« beim Centrum für Hochschulentwicklung an der Bertelsmann Stiftung. Damals war ich davon überzeugt, dass Hochschulen »moderne Managementmethoden« benötigten. Heute, nachdem das Studium massiv verschult ist und Professoren nach Punkten für ihre Publikationen evaluiert werden, weiß ich, dass wir auf dem Holzweg waren.

In dieser Zeit erschien im Frankfurter Campus-Verlag mein zweites Buch, *Amerika für Geschäftsleute*.[4] Ich hatte mich intensiv mit der amerikanischen Unternehmenskultur und interkulturellen Unterschieden insgesamt auseinandergesetzt. Bei Bertelsmann in Gütersloh hatte mich zudem der »umgekehrte Kulturschock« kalt erwischt. Und der beruht auf folgender Tatsache: Wenn man in ein fremdes Land geht, ist man auf die andere Kultur neugierig und in gewisser Weise darauf vorbereitet, Neues zu erleben. Hat man sich eingelebt und kehrt irgendwann zurück in die Heimat, ist man vielleicht nicht mehr darauf vorbereitet, dass die Uhren dort anders ticken. So war es bei mir. Gelegentlich eckte ich an mit meiner extravertierten »amerikanischen« Art.

Etwas später – ich war von Kienbaum zu Arthur D. Little gewechselt und hatte endlich die Promotion abgeschlossen – wurde ich Leiter und Coach einer Projektgruppe des Bundesministeriums für Wirtschaft. Das junge Team aus dem Haus arbeitete äußerst engagiert. Das kam auch mir zugute, denn auf diesem Weg lernte ich so ziemlich jede Abteilung, Unterabteilung und jedes Referat im Hause genauer kennen. Der Organisationsplan, den das interne Team entwickelte, war schlank und ambitioniert. Ich erinnere mich ziemlich genau, wie das Gesicht des Leiters der Organisationsabteilung im Haus versteinerte, als er den Plan zum ersten Mal sah. Obwohl der Minister den Ansatz grundsätzlich gut fand, gelang es der Abteilungsleiterebene, das Ganze Schritt für Schritt zu verwässern, bis von den Reformen nichts mehr übrig war.

Eine weitere Lektion gelernt. Ich nahm mir vor, von jetzt an nur noch mit Entscheidern zu arbeiten: Unternehmensinhabern, Chefs, auch Privatpersonen und Privatanlegern. Das Vermögen war mir dabei fast egal: Ich wollte mit Menschen zu tun haben, die entscheiden, nicht mit Menschen in Organisationen, die sich auf vielfältigen und komplexen Wegen abstimmen müssen. Das erwies sich als einer der besten Entschlüsse meines Lebens.

Bei Arthur D. Little bekam ich ein sehr gutes Gehalt, für das ich mich ordentlich reinhängte. Doch mein Boss hatte wohl etwas zu ambitioniert geplant und zu viele Leute eingestellt. Und so hieß es bereits nach knapp einem Jahr: »Max, du musst gehen.« Die Aufträge waren knapp geworden und mein Gehalt sollte eingespart werden. Es war, wie man das aus Filmen kennt: Ich musste meine Sachen packen, mein Chef hinter mir. Allerdings durfte ich mich noch von den Kollegen verabschieden, bevor ich meine Schlüssel abgab. Eine richtige »amerikanische« Kündigung also, mit allem Drum und Dran.

Glücklicherweise gelang mir der nahtlose Wechsel zu einer kleinen inhabergeführten M&A-Boutique in Meinerzhagen im heimischen Sauerland. Dort arbeitete ich mich in den Baustoffhandel ein. Das war für mich ein ganz neues Terrain. Der Boom in den neuen Bundesländern war abgeebbt. Viele Baustoff-, Heizungs- und Sanitärgroßhändler hatten sich im Vereinigungsrausch übernommen und mussten nun verkaufen oder fusionieren. In meinen wenigen Monaten im M&A-Geschäft konnte ich einige Mandate akquirieren und begleiten.

Ich war raus aus der Organisationsberatung und in einem wesentlich dynamischeren Geschäft. Rückblickend waren meine frühen Erfolge bei der UNO wie der schnelle Aufstieg auf einen 4000er-Gipfel gewesen – wo ich doch auf den Achttausender wollte. Ich musste also erstmal den ganzen Weg wieder runter, um einen neuen Aufstieg zu beginnen.

*

Nach meiner Kündigung durch Arthur D. Little hatte ich mich breit orientiert. Ein Studienfreund und Mitdoktorand aus Princeton hatte bereits arrangiert, dass ich eine Einladung zu einem Probevortrag an der Boston University erhielt. Im April 1998 sprach ich dort zum Thema »The Euro and the Future of the European Union«.[5] In Deutschland hatten gerade einhundertfünfundfünfzig Ökonomen den Aufruf »Der Euro kommt zu früh« unterschrieben, der in der *FAZ* veröffentlicht worden war.[6] Auch ich warnte in meinem Vortrag, dass die ökonomischen Voraussetzungen für eine Währungsunion nicht gegeben seien und dass die Kunstwährung Euro spätestens innerhalb vom zehn Jahren ernsthafte Probleme bekommen werde. Die Amerikaner waren damals sehr besorgt, dass der Euro dem Dollar seinen Rang als Weltreservewährung streitig machen würde. Mein euroskeptischer Vortrag kam beim Auswahlausschuss gut an. Ich erhielt eine Professorenstelle mit guter Aussicht auf eine Lebensstellung.

Also packte ich nach nur nach wenigen Monaten im M&A-Geschäft wieder meine Koffer, um in die USA überzusiedeln. Leicht fiel mir das nicht, hatte ich mich doch in Köln eingelebt und einen Freundeskreis gefunden. Es war der Spätsommer 1998. Der Neue Markt warf seine Schatten voraus. Am 10. März 1997 war mit der Mobilcom AG das erste Unternehmen in diesem neuen Marktsegment an die Börse gegangen. Bald schon sollte eine Flut von Börsengängen folgen. Milchbubis, kaum aus der Schule, sammelten mit oftmals mehr als wackeligen, aber mit großem Enthusiasmus vorgetragenen Geschäftsideen zwei-, ja dreistellige Millionensummen ein.

An der Boston University hatte ich am Department of International Relations sechs Semesterwochenstunden in internationaler Ökonomie zu lesen. Meine Hoffnungen, auch mit der Business School zusammenzuarbeiten, zerschlugen sich schnell. Ich führte einige interkulturelle Trainings zur Zusammenarbeit von deutschen und amerikanischen Teams für Automobilzulieferer und für Versicherungsunternehmen durch und bereitete mich sorgfältig auf meine Vorlesungen vor, aber der Lehrbetrieb erfüllte mich nicht wirklich. Das sollte es sein? In Boston fand ich keinen rechten Anschluss. Regelmäßig pendelte ich nach Köln.

An der Boston University, 1998

Bereits im Dezember 1998, wenige Monate nachdem ich in Boston gelandet war, erlebte ich so etwas wie einen visionären Moment. Auf dem Internetportal The Motley Fool (fool.com) war mir die frische, freche und fundierte Analyse der amazon.com-Aktie begegnet. Seit ungefähr zwei Jahren interessierte ich mich wieder für Aktieninvestments und hatte meine Kenntnisse in Aktien- und Kennzahlenanalyse vertieft. Nachdem ich die Amazon-Analyse gelesen hatte, war mir klar: So etwas brauchte Deutschland auch. Bei Motley Fool kamen die neue Welt des Internets, mein Interesse an den Finanzmärkten und am Publizieren und mein Streben nach Aufbau einer eigenen Marke in einer Art und Weise zusammen, die genau zu mir passte. Kaum wieder zurück in den USA, begann ich zielstrebig zu verhandeln und zu planen, um einen deutschen Ableger von The Motley Fool zu gründen. Ich war vierunddreißig Jahre alt.

Die Verhandlungen mit den europäischen Vertretern von The Motley Fool zogen sich dahin. Ich stellte ein Team aus Freunden und Bekannten zusammen, die mit mir die deutsche Repräsentanz bilden sollten. Nach einem halben Jahr konnten wir in der Firmenzentrale den beiden jungen Gründern von fool.com, Tom und David Gardner, unser Konzept präsentieren. Das Ergebnis: Drei meiner Arbeits- und Studienkollegen erhielten Jobangebote. Ich wurde jedoch mit einem Scheck abgefunden. Ich bekniete meine »Freunde«, mit mir weiterzukämpfen und einen neuen Geldgeber zu suchen, aber sie zogen es vor, in die Dienste der US-Firma zu treten.

Im Nachhinein war sonnenklar, was passiert war: Die Unternehmensinhaber wollten keinen Partner und Mitgesellschafter für Deutschland. Das aber war für mich die Voraussetzung gewesen. Und die europäischen Repräsentanten von Motley Fool in London wollten keine starke deutsche Repräsentanz. Next lesson learned. Jetzt erst recht!

Ich suchte fieberhaft weiter und ging ein kurzlebiges Joint Venture mit dem Finanzportal *wallstreet:online* ein. Im Sommer 1999 konnte mein kleiner Informationsdienst starten. Mein junges Team arbeitete motiviert und engagiert, wenn auch nicht immer strukturiert. Aber so war die »New Economy«. Weitaus waghalsigere Geschäftsideen als meine wurden mit viel Kapital ausgestattet. Zu Spitzenzeiten erreichten einige der Unternehmen, die teilweise noch gar keinen Gewinn machten, Börsenwerte von hunderten Millionen, wenn nicht Milliarden D-Mark. Unser Büro befand sich obersten Stock eines ehemaligen Industriegebäudes in einer ziemlich abgefahrenen Straße in Köln-Ehrenfeld. Links die Heilsarmee, vor uns die »Strandkorbsauna«, ein Etablissement mit ziemlich eindeutigen Angeboten, rechts ein türkisches Café. Genau die richtige Atmosphäre für diese verrückten Jahre.

Die Motley-Fool-Enttäuschung sollte nicht die letzte gewesen sein. Im Sommer 1999 waren wir schon etwas spät dran, denn ein Dreivierteljahr später, im März 2000, sollte der Neue Markt seinen Höhepunkt erreichen. Auch bei *wallstreet:online* passte meine Vision eines seriösen, langfristigen Informationsdienstes und Kapitalanlagebriefes für Privatanleger nicht wirklich ins Konzept. Nach wenigen Monaten einigten wir uns außergerichtlich und lösten das Joint Venture auf.

Nacheinander ging ich Partnerschaften mit der Freenet AG und der OnVista AG ein. Von beiden Unternehmen wurde ich im Zuge des Zusammenbruchs der New Economy in jahrelange bittere Rechtsstreitigkeiten verwickelt. Freenet hatte eine Million D-Mark in das Joint Venture Institut für Vermögensaufbau (IFVA) investiert und fünfundsiebzig Prozent erworben. Dann sollte der Geschäftsbetrieb trotz guter Anfangserfolge eingestellt werden, weil die New Economy implodierte. Ich meldete Insolvenz für das Joint Venture an, was mir großen Ärger des Freenet-Managements eintrug, und suchte weiter.

Leider wurde es mit der OnVista AG nicht besser. Die Finanzierung des neuen Venture Institut für Vermögensbildung (IFVB) war deutlich bescheidener. Ein Geschäftsführer stellte sich vor meine Mitarbeiter und erklärte: »Der Otte ist gut für die PR, das Geschäft machen wir.« Klar, dass ich mir auch da was einfallen ließ. Was meine Ex-Partner allerdings nicht gerade erfreute. Wieder folgten bittere Streitigkeiten.

Die folgenden gerichtlichen Auseinandersetzungen waren existenziell. David gegen Goliath, jahrelang. Ich lernte in dieser Zeit viel über deutsches Zivilrecht und deutsche Gerichte. Ende 2003 hatte sich mein eigenes Unternehmen, das Institut für Vermögensentwicklung (IFVE), freigeschwommen. Aus dem Keller meines Kölner Reihenhauses veröffentlichten wir unseren Börsenbrief, den *Privatinvestor*.[7] Heute ist daraus eine kleine Unternehmensgruppe mit Verlag, sechs Investmentfonds und einer Beteiligung an einer Vermögensverwaltung für Privatkunden geworden. Der Name Institut für Vermögensaufbau (IFVA) scheint so gut gewesen zu sein, dass ihn später eine andere Firma aus München, mit der ich nichts zu tun habe, übernommen hat.

Bereits zu Zeiten des Neuen Marktes war ich gelegentlich im Fernsehen aufgetreten, vor allem bei n-tv und Bloomberg, einmal sogar im ARD-Mittagsmagazin. Im Econ Verlag veröffentlichte ich zwischen 2000 und 2003 insgesamt sieben Bücher zu Aktien- und Vermögensthemen, bis ich im Jahr 2006 *Der Crash kommt* schrieb, die Frucht langer, sorgfältiger Beobachtung nicht nur der Märkte, sondern auch der menschlichen Geschichte und Psychologie. Als die Finanzkrise zwei Jahre später mit dem Lehman-Kollaps losbrach und sich mit großer Wucht entlud, wurde das Buch zu einem Bestseller und machte mich deutschlandweit bekannt. Banken gerieten in Panik, die Finanzmärkte wackelten. Der Erklärungsbedarf war enorm. Für den ›Crash-Propheten‹ folgten Einladungen in die großen Talkshows, hunderte von Radio- und Zeitungsinterviews und in der Zeit zwischen 2008 und 2017 über fünfhundert Vorträge bei Unternehmerverbänden, politischen Parteien und Stiftungen, Gewerkschaften, Kommunen und Unternehmen. Wie ich es mir dreißig Jahre vorher vorgenommen hatte, war ich eine Marke geworden.

... in die Provinz

Deutschland. Anfang der 2000er Jahre richtete ich mich auf Dauer im Land meiner Geburt ein. Mein Herz hatte entschieden. Ich war froh, zurück zu sein, wähnte mich endlich am Ziel: mittelständischer Unternehmer in einer attraktiven und überschaubaren Großstadt. Köln, das war im Jahr 2000 tatsächlich eine »Weltstadt mit Herz« – Kunststadt und gleichzeitig auch noch Dorf. Karneval, Popkomm und Ringfest gab es auch noch. Nun war ich zu Hause.

Es tat sich wieder was in Deutschland. Daimler kaufte Chrysler, die Telekom kaufte Voicestream und der »Neue Markt« war die heißeste Börse der Welt. Ich kündigte meine Professur an der Boston University, die nach drei weiteren Jahren mit einer Lebensstellung verbunden gewesen wäre, und sprang ins kalte Wasser der New Economy. Ich konnte – und wollte wohl auch – damals nicht ahnen, dass es noch etliche Jahre dauern würde, große Mühen und etliche Rechtsstreitigkeiten zu überstehen wären, bis ich mich zu Recht einen »mittelständischen Unternehmer« nennen durfte. Denn damals hing ich noch am Tropf diverser Kapitalgeber aus der New Economy. Bittere Lehrjahre. Aber darüber werde ich in einem anderen Buch schreiben.

Im Sommer 2001 erhielt ich den Ruf auf eine begehrte C3-Professur für internationale und allgemeine BWL an der Hochschule Worms. Eigentlich sollte ein bereits an der Hochschule angestellter Kollege im Gehalt »gehoben« werden, aber aufgrund von Meinungsverschiedenheiten intervenierten einige Kollegen beim Ministerium in Mainz, das dann den Ruf an mich erteilte. Eine der vielen glücklichen Fügungen in meinem Leben, für die ich dankbar bin, denn das Geld wurde wieder einmal knapp. Ich hatte alles in meine neue Geschäftsidee gesteckt, nur um dann zu erleben, wie die New Economy kollabierte.

Die Gründungsphase meines Unternehmens hätte ich ohne die Wormser Professur nicht überlebt. Den Job zog ich sieben Jahre lang durch, betreute gut hundert Diplomarbeiten und unzählige Seminararbeiten und Unternehmensanalysen. Mein Ziel war es, die Studenten in drei Semestern Hauptstudium so weit zu bringen, dass sie ein Unternehmen analysieren und bewerten konnten. Nach allem, was ich an Rückmeldungen bekommen habe, habe ich das ordentlich gemacht. Ich bringe gerne Menschen etwas bei, ich lehre gerne. Aber noch mehr bin ich Unternehmer. Ab 2008 war ich etliche Jahre unter Wegfall der Dienstbezüge beurlaubt. Ende 2018 gab ich meine Beamtenstelle auf Lebenszeit mit Pensionsanspruch auf.

*

Im Jahr nach Antritt der Stelle in Worms, 2002, kaufte ich ein Reihenhäuschen in Köln, ganz nah an der Universität und den Kneipen und Straßen, die ich schon seit meiner Studentenzeit kannte. In Amerika nennt man Menschen, die sich nicht von ihrem Studienort lösen können und dann dort als akademisches Prekariat oder auch Gelegenheitsjobber weiterleben, »hangers on«. Ich war also eine besondere Art von »hanger on«. Ende 2003 wurde meine Tochter geboren, ein knappes Jahr bevor ich mein vierzigstes Lebensjahr vollendete. »Gerade noch die Kurve gekriegt«, wie es einmal ein jüngerer Kollege in Worms ausdrückte, der ebenfalls spät Vater wurde. Ein Jahr später folgte mein älterer Sohn, 2016 dann mein Jüngster.

Ich begann, wieder mehr zu wandern, vor allem in der Eifel. In den achtziger Jahren, meinen eigentlichen Studienjahren, hatte ich nach der Militärzeit erst einmal von Landschaften genug gehabt – die Lüneburger Heide aus der Perspektive des Marschierenden oder Kriechenden war nicht unbedingt dazu geeignet, schöne Landschaftserlebnisse zu fördern. In den frühen Neunzigern war ich mal mit meinem Bruder am Grand Canyon gewandert. Später im Jahrzehnt, als ich an der Boston University lehrte, hatte ich Bergtouren in New Hampshire unternommen. Im Großen und Ganzen bin ich aber von 1984 bis 2004 – meinem zwanzigsten bis vierzigsten Lebensjahr – ein Stadtmensch gewesen.

Die Professur in Worms hatte mich dem Landleben wieder nähergebracht. Die schönen Kindheitstage in der Pfalz bei der Familie meiner Mutter kamen mir in Erinnerung. Die ehemals stolze alte Reichsstadt befand sich zwar wie die meisten deutschen Mittelstädte im Niedergang; doch man sah ihr trotz starker Kriegszerstörung ihren einstigen Wohlstand noch an. Und die Pfälzer, oder richtiger die Wonnegauer, sind ein lustiges Völkchen. Ein ausgesprochen gutes Klima herrschte hier, die Weinstraße, die »Toskana Deutschlands« war nicht weit weg, der Wein und das Essen waren hervorragend. Ich war in der Provinz, auf dem Lande angekommen. Vielleicht verklärte ich sie noch etwas aufgrund meiner schönen Kindheitserinnerungen, aber angenehm war es in Worms.

Beim Joggen an der Pfrimmanlage, einem schönen Park, der von der Pfrimm durchzogen und von etlichen Schrebergärten gesäumt ist, stiebitzte ich mir 2005 einen Apfel vom Baum und biss hinein. Er roch und schmeckte, wie mir viele Jahre kein Apfel mehr geschmeckt hatte. Wunderbar. Das war die letzte Bestätigung, dass ich etwas in meinem Leben vermisste. Das Land. Die tiefe, fast mythische Verbindung dazu, die ich in meiner Jugend im Sauerland an besonderen Stellen gespürt hatte.

In den Jahren 2004 und 2005 unternahm ich erste Touren. Was lag näher als die Eifel, diese große, vielfältige, menschenleere Grenzregion zu Belgien und Luxemburg südwestlich von Köln. Den Lieserpfad nach Manderscheid – »Wanderscheid« – erkundete ich als eine der ersten Strecken. Mit leichter, liebevoller Ironie nennt ihn Manuel Andrack in seinem Buch *Du musst wandern* die »schönste Wanderstrecke Deutschlands«.[8] Das nett geschriebene Buch des ehemaligen Harald-Schmidt-Sidekicks belebte mein Interesse am Wandern weiter. Im Frühjahr 2006 veranstalteten wir ein Treffen für die Mitarbeiter unserer wachsenden Firma in einem kleinen Hotel über Bad Münstereifel. Dabei meine damals zweieinhalbjährige Tochter und mein ein Jahre jüngerer Sohn. In Erinnerung geblieben sind mir die nächtliche Ruhe und die Klarheit der Luft. Wenn man so etwas nur eine gute halbe Stunde vor der Haustür hat, warum sollte man dann nach Mallorca oder in die Alpen?

Meine allererste Route von einigen Stunden führte von Urft über das Kloster Steinfeld, Marmagen, Nettersheim und den alten Römerkanal entlang wieder zurück nach Urft. Auf den letzten Streckenabschnitten wandert man das Urfttal entlang und blickt auf einen wunderschönen alten Hof mit viel Land und Fischteichen. Gut Neuwerk. Ich war begeistert. So etwas könnte mein Traumanwesen sein. Später stand der Hof tatsächlich zum Verkauf und ich habe mit den Besitzern, einem pensionierten Lehrer und einer Lyrikerin verhandelt. Aber da war ich schon in Eifeldorf angekommen.

Die Landschaft auf dieser Tour war bestimmt von rollenden Hügeln, neben den Fichten auch Laubwald und Lärchen, dazu Kornblumen und Mohn, die in meinem heimischen Sauerland nicht allzu oft vorkommen. Von bestimmten Punkten aus kann man bei gutem Wetter weit über die Voreifel und die rheinische Tiefebene bis Köln schauen. Direkt angrenzend zur Wanderroute liegt der Kartstein. Auch er hat etwas Mythisches, nicht zuletzt weil es hier eine große Höhle, die Kakushöhle, gibt, in der Neandertaler und später Rentierjäger gehaust haben und in der eine große Menge an Artefakten und Knochen gefunden wurde. Nicht allzu weit vom Ort dieser ersten Begegnung mit der Eifel bin ich schließlich hängen geblieben.

Mein Wunsch war geboren. Ich wollte ein Objekt auf dem Land erwerben. Bereits in den ersten Jahren in Worms war ich einige Male hinausgefahren – in das Zweibrücker Land, das Land meiner Vorfahren, oder zum geheimnisvoll aufragenden Donnersberg, der wie der Brocken im Harz die Landschaft beherrscht, oder auf den Morsbacherhof, den Geburtshof meiner Mutter in der Nordpfalz. Am Anfang suchte ich noch sehr breit. Ich ging es hobbymäßig an, ohne Zeitdruck. Ich wollte den jeweiligen Genius Loci in mich aufnehmen. Mich mit den Alternativen vertraut machen.

Die Pfalz gefiel mir. Hier gab es liebliche Dörfer, ein angenehmes Klima, die Vegetation, die ich von den Verwandtenbesuchen in meiner Kindheit kannte und liebte, und großzügige Hofanlagen. Hier hätte mein Traumanwesen stehen können. Über längere Zeit schaute ich mir einige Häuser im Pfrimmtal und seinen Höhen an – und bin froh, dass ich nicht gekauft habe. Riesige Windräder, damals nur in der Ferne auf der Ebene zu sehen, haben vom ganzen Tal Besitz ergriffen und seinen Charakter völlig zerstört.

Nach und nach wurden die Kriterien klarer. Eine Stunde Fahrzeit nach Köln sollte das Maximum sein. Ab 2008 schaute ich mir verstärkt Objekte in der Eifel an. Heute ist mir klar: Wenn man in der Eifel ein altes Haus haben will, gibt es nur drei Kategorien. Das erste sind die Bauernhöfe. Winzige Haupthäuser, meistens mit einer quer stehenden Scheune dahinter, in der Ortsmitte, eines neben dem anderen. Vielleicht ein kleines Stück Garten dabei. So ist das eben in einer Landschaft, die anders als die Kölner Bucht oder große Teile der Pfalz bis nach dem Zweiten Weltkrieg bitterarm war. Kategorie zwei sind die Gebäude mit einem gesellschaftlichen oder kommerziellen Zweck: alte Schulhäuser, Bahnhöfe, Pfarrhäuser oder Mühlen. Schließlich Kategorie drei: die Burgen. Jedes Jahr kamen welche auf den Markt. Sie waren auch gar nicht so teuer. Aber die hohen Kosten für die Unterhaltung schreckten doch. Also blieb Kategorie zwei übrig.

Im Spätsommer 2009 hatte ich genug vom »Windowshopping« und fing an, Nägel mit Köpfen zu machen, schon alleine der Kinder wegen. Die waren nun fünf und sechs. Wenn es etwas mit dem Landsitz für die beiden werden sollte, dann bald. Die Wahl fiel mir gar nicht so leicht. Letztlich war ein Pfarrhaus das für mich geeignete Objekt, trotz leichter landschaftlicher Vorbehalte. Die Größe war ausreichend für meine schon damals stattliche Bibliothek. Die einzig verbliebene Gaststätte des Dorfes lag in Sichtweite. Ein wichtiger

Standortfaktor, denn viele Dörfer hatten so etwas nicht mehr. Etwas weiter die Bäckerei mit Lebensmittelladen, der aber mittlerweile auf das Nötigste reduziert ist. Und ein großer Garten. So etwas wollte ich unbedingt haben, denn ich wollte mich auch am Gemüseanbau versuchen. Ich hatte mein Refugium gefunden.

So landete ich in Eifeldorf. Das Haus in der etwas raueren Landschaft, mit weitem Blick darüber, auf einem kleinen Hügel ist ein durchaus imposanter Ziegelbau mit klaren Proportionen, hohen Decken, einer denkmalgeschützten Treppe, zweistöckig. Es liegt neben der Kirche am Ortsrand. Wenn man die Auffahrt zur Kirche hinaufschaut, nimmt man die weiße Kirche und schräg dahinter das Pfarrhaus fast als Einheit wahr. Rechts neben der langen Auffahrt die Gedenksteine für die im Zweiten Weltkrieg Gefallenen.

Ein großer Garten. Weit hinten der Waldrand. Nach fünf Jahren Suche war ich am Ziel angekommen.

In der Eifel angekommen – Abendstimmung

Die Sippe

Kinderaugen sehen scharf und die Tatsachen der nächsten Umgebung, das Leben der Familie, des Hauses, der Straße werden bis in ihre letzten Gründe gefühlt und geahnt, lange bevor die Stadt mit ihren Bewohnern in den Gesichtskreis tritt und während noch die Worte Volk, Land, Staat keinen irgendwie greifbaren Inhalt besitzen.

OSWALD SPENGLER, *DER UNTERGANG DES ABENDLANDES* (1919)

Vom fünfjährigen Knaben bis zu mir ist nur ein Schritt; vom Neugeborenen bis zum fünfjährigen – eine riesige Entfernung;

LEO TOLSTOI, *KINDHEIT KNABENJAHRE JUGENDZEIT* (1851–1857)

Mein Vater

Mein Vater Max. Ein nicht allzu groß gewachsener Mann voller Energie und Selbstdisziplin. Ehrgeizig. Hilfsbereit. Ehrlich. Eine nicht immer ideale Kombination. »Manchmal zu ehrlich«, so sein Jugendfreund und Nachbar Walter Düring, mit dem er Ende 1944, siebzehnjährig, zur Wehrmacht eingezogen wurde. Max wollte nicht auf die höhere Lehranstalt. Dort hätte er die Naziideologie aktiv vertreten müssen. Dann lieber Dienst an der Waffe.

Der langjährige *FAZ*-Herausgeber und Hitler-Biograph Joachim Fest beschreibt in seiner Autobiographie *Ich nicht*, wie sich bei seinem Vater verschiedene Identitäten mischten: das Republikanische, das Preußische, das Katholische und das Bildungsbürgertum. Nach der Machtergreifung der Nationalsozialisten wird der Vater zwangspensioniert, lebt aber beharrlich seinen inneren Widerstand gegen das Regime. Er lehnt es ab, zu Kreuze zu kriechen, und muss sich in der Folge mit materiell äußerst beengten Verhältnissen arrangieren.[1]

Wie Nicolaus Sombarts *Jugend in Berlin* und Sebastian Haffners *Geschichte eines Deutschen* gibt Fests Buch einen tiefen Einblick in das Berliner Bürgertum vor und während des Dritten Reichs. Spannend ist auch *Nazis, Women und Molecular Biology – Confessions of a Lucky Self-Hater* des aus einer deutsch-jüdischen Familie stammenden Molekularbiologen Gunther S. Stent, in dem er ebenfalls seine Kindheit in Berlin beschreibt.[2]

Die Verfasser der genannten Memoiren kamen aus gutbürgerlichen Verhältnissen, mein Vater nicht. Er wurde als jüngstes von drei Geschwistern in die Familie eines schlesischen Kleinbauern und Lohnarbeiters geboren, die in den zwanziger Jahren ein paar Jahre echter Armut erlebte. Aber er gehörte ungefähr zu derselben Generation. Wie bei Joachim Fests Vater mischten sich bei meinem Vater Preußisches, Republikanisches und der Drang nach Bildung. Katholik war er allerdings nicht, sondern gläubiger und engagierter Protestant. Er wie seine beiden Geschwister waren intelligent, Produkte eines einfachen, aber guten und behütenden Elternhauses und des hervorragenden preußischen Schulsystems, das bis in jedes Dorf reichte. Auch diejenigen, die nicht privilegiert waren, hatten früher in Deutschland eine Chance.

Einmal war mein Vater, der Nichtschwimmer, in einem Ertüchtigungslager der Hitlerjugend einfach von einer Brücke in einen Fluss geworfen worden. »Um ihn abzuhärten.« Dieses Erlebnis hinterließ Spuren. Erst mit über vierzig Jahren hat er sich wieder ins Wasser getraut und Schritt für Schritt sein Trauma überwunden. Am Ende war er stolz darauf, eine ganze Bahn schwimmen zu können, ohne an den Beckenrand zu müssen.

Sein älterer Bruder Gerhard hatte ebenfalls seine Erfahrungen mit dem Nationalsozialismus gemacht. Einmal kam er verspätet vom Dienst bei der Reichsbahn zum HJ-Appell und meldete sich beim HJ-Führer »Hitler-Langer«, einem Nachbarsjungen, den er von klein auf kannte: »Du musst schon entschuldigen, wir hatten länger Dienst.« Er wurde zusammengebrüllt und sollte Haltung annehmen, was mein Onkel, ein Dick- und Trotzkopf mit hohem Gerechtigkeitsempfinden, nicht tat. Das brachte ihm einen Eintrag in der Akte in der regionalen Parteizentrale. Damit war er vorbelastet.

Immer wieder betonte mein Vater, wie dankbar er dafür gewesen ist, nie in einem echten Gefecht gestanden zu haben. Eine der schlimmste Erfahrungen musste er machen, als zwei »Goldfasane« – so nannte man die Parteifunktionäre aufgrund ihrer goldbraunen Uniformen – aus dem nahe gelegenen Neustadt seine Kaserne besuchten. Sie forderten ihn auf, sein Gewehr zu zeigen. Mein Vater gab es ihnen, worauf er zusammengebrüllt wurde, dass ein deutscher Soldat niemals sein Gewehr aus der Hand gibt. Stundenlang bekam er eine Einzelbehandlung und wurde schneebedeckte Hänge hinauf- und hinuntergehetzt. Das habe ich erst später von seinem Freund Walter Düring erfahren, mit dem er zusammen eingezogen wurde und die Kriegs- sowie die ersten Nachkriegsmonate verbrachte. Gegen Kriegsende wurde ein von ihm und seiner Einheit begleiteter Flüchtlingstreck beschossen, aber wirkliche Kampfhandlungen blieben ihm glücklicherweise erspart.

Anders mein etwas älterer Onkel Kurt. Ein einziges Gefecht in der Normandie hat er miterlebt. Allerdings als Maschinengewehrschütze. Erst spät erzählte er davon. Wie die Amerikaner in langen Reihen direkt auf seine Stellung zukamen. Und wie er sie in Scharen niedermähte. Wie eine Platte lief in Kurts letzten Jahren immer wieder die Schilderung dieses Gefechts ab. Wie er in letzter Sekunde von seinem österreichischen Unteroffizier gewarnt wurde: »Kurt, raus da! Stellungswechsel!« Wie einem anderen Kameraden, der nicht schnell genug war, der Unterkiefer weggeschossen wurde. Wie er seinen Unteroffizier später gerne noch einmal getroffen hätte, um ihm zu danken.

Eines der ganz wenigen Photos, die ich von meinem Vater (links) als jungem Mann besitze

Heimatland:

1.) Es liegt so still am Waldessaume,
Mein Heimatort, Mein Heimatland.
Es ist das Land von manchem tiefen Traume,
Es ist die Perle in dem Bande,
Es ist die Krone aller Lande
's ist mein liebes Heimatland.

2.) Heimatland, Vaterland
Welches Wort spricht mehr von Herzlichkeit
Welches Wort ist mehr auf dieser Welt
Welches Wort leuchtet mir so weit
Welches Wort ist mehr denn 1000 Held
Als Vaterland. Als Heimatland.

3. Heimatland, Heimatland
Wie ein güldend glänzender Stern
Wie ein herrlich funkelnd Band
leuchtest mir in weite Fern
d'mein geliebtes Heimatland

4.) Heimatland, Heimatland
Welch ein Licht in trüben Tag/ dunkler Nacht
"   "   "   trüben Tagen
Welcher Trost auf stiller Wacht
Welch ein Land für das wir's wagen
Fürs Heimatland, fürs geliebte Land.

5.) Heimatland, Heimatland
Du prächtig Land der vielen Länder
O Heimatland, o geliebtes Land
Du verbindest mich durch 1000 edle Bänder
O Heimatland, O Heimatland
O mein geliebtes Heimatland.

Gedicht, das mein Vater als Siebzehnjähriger schrieb, als er seine Heimat mit unbestimmtem Ziel verlassen musste. Er sollte sie nie wiedersehen.

6.) O stilles Land
   O trautes Land
   O Land der stark umwachsten Treue
   O Land der Sehnsucht, Land der Werke
   O Land der Heimat, Heimatland.

7.) O herrlich Land
   O schönes Land
   O Land der guten vollen Macht
   O Land an dem meine Herze hing
   O Land für das ich stets gewacht

8.) O Land aus dem ich fremdwärts ging
   O Land in dem ich ließ die Lieben
   O Land an dem ich ewig hing
   O Land der Hoffnung bist du mir geblieben?

9.) O Land in dem mein Liebchen wohnt
   O Land aus dem ich hin geschieden
   O Land auf dem mein Hoffen thront
   O Land, wohl dem, dem es geblieben.

10.) Mein Heimatland ist ewig schön
   Mein Heimatland ist ewig hin
   Mein Heimatland kann nicht vergehn
   „Mein Heimatland muß ewig sein!"

   Buchelsdorf. Am 11. Jan. 1945.

   Max Otte

Für Max endete der Krieg glimpflich. Gefangennahme in Schwerin. Entlassung nach kurzer Zeit. Als Achtzehnjähriger mit seinem Freund ein Dreivierteljahr im ausgebombten Deutschland unterwegs, um seine verstreute Familie zu finden. Auf Bahnhöfen geschlafen. Die Schwester in Bayern ausfindig gemacht. Der Bruder in Russland. Vater und Mutter noch in Schlesien.

Wie Millionen anderer aus den Ostgebieten des Deutschen Reiches war Max im Westen gestrandet. Während meine Tante und mein Onkel ihr Leben lang von Schlesien träumten, war er fest entschlossen, sich in der neuen Heimat ein neues Leben aufzubauen. Als Hilfsarbeiter (›Knecht‹) beim Bauern Fritz Becker auf dem sauerländischen Berghof in Erkelze verdiente er sich seine Ausbildung zum Lehrer in Minden und Wilhelmshaven. Zehntausende Fichten pflanze er im Akkord. Ganze Hänge. Anfang der sechziger Jahre stand er dann im Beruf. Wie sehr ihn der Abschied aus Schlesien geschmerzt hat, kann ich nur erahnen. Nie sprach er davon. Erst als er schon lange nicht mehr da war und ich ein gestandener Mann in den besten Jahren, gab mir Mutter ein lädiertes DIN-A4-Blatt mit einem Gedicht: »Heimatland«. Mein Vater hat es als siebzehnjähriger Wehrmachtssoldat im Januar 1945 geschrieben. Vielleicht in der Vorahnung, dass er seine Heimat mit ungewissem Ziel und für immer verlassen musste, vielleicht auch angesichts des möglichen Todes im Gefecht.

Etwas ungelenk, pathetisch – herrje, es war gegen Ende der NS-Zeit und er keine achtzehn Jahre alt! –, aber nicht ganz untalentiert. Den Zettel hat mein Vater immer bei sich getragen: in Kriegsdienst und Gefangenschaft und der mehrmonatigen Suche nach den engsten Angehörigen in unzähligen Bahnhöfen Deutschlands, verpflegt in Rotkreuzsuppenküchen – und vielleicht hat der Zettel auch ihn getragen.

Er war nicht besonders groß von Statur, vielleicht 1,66 Meter, aber stark und mutig. Als Berufsschullehrer aus Leidenschaft hatte er es auch mit rauen Burschen zu tun. Einmal bedrohte ihn ein Schüler, der ihn um einen Kopf überragte. Andere Schüler wollten sich vor meinen Vater stellen, doch er sagte, dass er damit alleine fertig werden müsse. Er fasste den Burschen fest am Kragen, schüttelte ihn und redete ein paar ernste Worte mit ihm. Danach war Ruhe. Und mein Vater hatte sich bleibenden Respekt verschafft. Nie hätte mein Vater so etwas zu Hause erzählt. Erst als ich selber die Schwelle zum fünfzigsten Lebensjahr überschritten hatte und mein Vater bereits mehr als dreißig Jahre tot war, erzählte mir einer seiner ehemaligen Schüler die Geschichte.

Mein Vater, ca. 1975

Vaters Offenheit und Respekt gegenüber allen Menschen hat einen tiefen Eindruck auf mich und meinen Bruder hinterlassen. Er interessierte sich für Lebensgeschichten, sah in jedem Menschen ein besonderes Individuum. Den Alten begegnete er mit besonderem Respekt. Und wenn wir auf unseren Reisen zum Beispiel nach Schwaben oder Norddeutschland kamen, erzählte er uns von den Eigenheiten der verschiedenen deutschen Regionen und des jeweils dort ansässigen Menschenschlages, den Ostfriesen, den Schwaben, den Rheinländern.

Sein Leben stellte mein Vater in den Dienst an der Familie, seinen Schülern, der Gemeinde und der Politik. Er war der Fels, auf den die erweiterte Großfamilie gebaut war. Das muss ihn oft sehr beansprucht haben, denn es wohnten in unserem kleinen Haus »Am Stübel« viele, auch schwierige Menschen auf engem Raum zusammen. Erst spät habe ich verstanden, was mein Vater da geleistet hat. In seiner Freizeit bestellte er seine beiden Schrebergärten – wenn er nicht für die CDU, die Schule oder die evangelische Kirche unterwegs war. Und das war er sehr oft. Denn Vater war ehrgeizig. Großtante Lene meinte später, er sei ein »Streber« gewesen. Dem Wort haftete in dieser Generation nichts Negatives an. Es bedeutete einfach, dass jemand danach strebte, etwas zu erreichen. Er wollte nach oben, sich auszeichnen, in seiner Schule, seiner Kirche, seiner Stadt. Mein Bruder und ich bekamen ihn eigentlich nur zum Mittag- oder Abendessen zu sehen, sonst saß er am Schreibtisch, arbeitete im Garten oder war unterwegs. Vater hielt sich bei unserer Erziehung zurück. Das übernahm meine Mutter, mit der er sich allerdings intensiv austauschte.

In seiner Wahlheimat Plettenberg war Vater ein bekannter und respektierter Mann. Mit ganzem Herzen war er Teil seiner Stadt, seines Dorfes, seines Kollegiums und seiner Gemeinde. Aufkommende Wehmut nach Schlesien – von der es bei seinen Geschwistern und anderen Verwandten genug gab – verdrängte er.[3] Seine alte Heimat hat er nie besucht. Es war zu schmerzhaft für ihn. Hier im Sauerland baute er sich seine neue Heimat. Ich hingegen hatte von Anfang an das Gefühl, mich in Plettenberg nur auf der Durchreise zu befinden. Nein, das Sauerland, das war der Anfang. Ich fühlte mich hier nicht unwohl, aber ich wusste: Von hier aus wollte ich die Welt erobern.

Über Intriganten und Opportunisten in der Politik konnte mein Vater sich aufregen. Ungerechtigkeiten brachten ihn auf die Palme. Für die Schwachen und Benachteiligten hat er sich eingesetzt. In die CDU war er Ende der siebziger Jahre eingetreten, nachdem er lange überlegt hatte, ob es die CDU oder die FDP sein sollte. Schließlich gab das »C« den Ausschlag. Kurz vor seinem Tod wurde er von seiner Partei zum Bürgermeisterkandidaten in der von der SPD dominierten Stadt gewählt. Später hörte ich von mehreren, dass der Max es habe schaffen können. Ich bin mir da nicht sicher. Für meinen Vater war die Kandidatur eine durchaus gern akzeptierte Pflicht. Wahrscheinlich wusste er, dass es aussichtslos war, aber er gab alles. In seinem wohl persönlichsten Buch *Herkunft* schreibt Botho Strauß, dass ihn mit seinem Vater »eine bürgerliche Moral des Scheiterns« verbinde.[4] Bevor Strauß das schrieb, hatte ich genau darüber bereits öfter nachgedacht.

*

Geprägt haben mich auch die Verwandtenbesuche. Vater verwendete viel Energie darauf, die Kontakte zur erweiterten schlesischen Sippe aufrechtzuerhalten. Sie war über Westdeutschland verstreut – mit Schwerpunkten in Nordrhein-Westfalen, an der ostfriesischen Küste und im Hohenlohischen. Ihre gemeinsamen Erfahrungen von Flucht und Vertreibung schufen einen Zusammenhalt, wie wir ihn sonst vielleicht nicht gehabt hätten. Die Aufnahme im Westen war für die Flüchtlinge ja auch oft alles andere als freundlich gewesen, wie es der Historiker Andreas Kosserth in seinem Buch *Kalte Heimat* detailliert beschreibt.[5] Vom Kleinbürger zum Bettler und Bittsteller und dazwischen Angst um das nackte Leben.

Auch bei seiner angeheirateten Verwandtschaft war Vater der große Integrator. Am häufigsten waren wir auf dem Morsbacherhof, dem
Geburtshof meiner Mutter im Tal der Alsenz in der Nordpfalz. Engagiert half mein Vater, der gelernte Landwirtschaftslehrer, seinem
Schwager und Schwiegervater bei der Ernte. Damals war die Landwirtschaft noch nicht in demselben Umfang mechanisiert wie heute.
Zur Erntezeit wurden mehr Hände gebraucht. Heute fahren Lohn-
arbeiter mit großen, hochspezialisierten Maschinen über die Felder
und schaffen, was vor einhundert Jahren einhundert Menschen nicht
geschafft hätten und wofür man vor fünfzig Jahren noch zehn Menschen brauchte. Manchmal half ich mit, aber es gab keinen Zwang.
So konnte ich nach Lust und Laune über die Wiesen und Hügel im
Umland streifen.

Nach meiner Begeisterung für den Wilden Westen, die Raumfahrt,
dann Chemie und Science-Fiction entdeckte ich als Dreizehnjähriger
in der Bibliothek meines Vaters zwei Bücher von José Ortega y Gasset, die mir eine neue Welt eröffneten: die der Sprache, Politik und
Philosophie. Bis dahin war mir der Deutschunterricht immer als etwas Notwendiges, aber Lästiges vorgekommen. Sprachen hätten anders als Naturwissenschaften oder selbst Geschichte keine Logik, so
meine irrige Meinung.

Früh schon diskutierte ich politisch mit meinem Vater. Das hatte
ich vergessen, bis mein Bruder es mir erzählte. Er habe sich bei die-
sen Diskussionen ausgeklinkt. Mein Vater wollte mir zum Beispiel
Carl Schmitts *Tyrannei der Werte* nahebringen. Schmitts Argument:
Eine Politik, die sich nur auf Werte bezieht, kann sehr schnell into-
lerant und inhuman werden.[6] Oder wie es der Philosoph Hermann
Lübbe 1987 im Untertitel seines Buches *Politischer Moralismus* aus-
drückte: *Der Triumph der Gesinnung über die Urteilskraft.*[7] Im
Zeitalter von *Fridays for Future* und *Black Lives Matter* sind solche
Gedanken aktueller denn je.

Noch eins gab mir mein Vater mit: das Wissen, dass die reine, durch keinerlei Traditionen und Werte vermittelte Vernunft sich schnell anmaßt, keine Grenzen anzuerkennen und sich zum Tyrannen erhebt. Wenn sich der Mensch das Himmelreich auf Erden erträumt, führt das schnell in die Hölle – das war der aufgeklärte protestantische Konservatismus meines Vaters.

In den letzten Jahren meiner Schulzeit – und seines Lebens – kam mir Vater oftmals spießig und manchmal auch etwas unzufrieden vor. Die Party zu meinem Geburtstag in unserem Keller löste er sichtlich aufgebracht kurz nach Mitternacht auf, obwohl es nach meinen eigenen Maßstäben nicht besonders laut und lebhaft zuging.

Vater starb am zweiten Weihnachtstag 1983 an einem Herzinfarkt, als ich gerade im Zug saß, der mich zu meiner Kaserne in Lüneburg zurückbringen sollte. Ich habe es oft bedauert, dass ich mich nicht von ihm verabschieden konnte. Er könnte heute noch leben. Viel hätten wir auszutauschen gehabt. Durch seinen frühen Tod sind ihm viele deprimierende und schockierende Entwicklungen in unserem Land erspart geblieben.

Ernst und Emilie Otte –
und Onkel Gustav

Wir wohnten in einem kleinen Haus, wie sie die Flüchtlinge aus den ehemals deutschen Ostgebieten in den fünfziger Jahren millionenfach gebaut haben. Unten Keller und Küche – mehr war bei der Hanglage nicht drin. Im ersten Stock meine Eltern, mein jüngerer Bruder und meine Großeltern. Und oben Onkel, Tante und in einem Zimmer mein Großonkel. Für uns Kinder war das klasse, denn in dem kleinen Haus war immer jemand da, der sich um uns kümmerte. Für meine Mutter, die von einem größeren Bauernhof in die Enge der ins Sauerland verpflanzten schlesischen Sippe gekommen war, waren die ersten Jahre sehr schwer.

Die zwei Zimmer meiner Großeltern waren mit den beiden Zimmern unserer Familie auf der Hauptetage durch eine Schiebetür vorne verbunden. Unsere Küche lang im Geschoss darunter. Zuerst das Treppenhaus, dann die Waschküche, dann unsere Küche. Der hintere Bereich war Keller. Manchmal durfte ich auf den Schultern meines Vaters zur Küche oder davon zurück nach oben reiten.

Im vorderen der beiden Zimmer hatten Oma und Opa ihre Stube, im hinteren ihr Schlafzimmer. Nur eines ihrer drei Kinder schenkte ihnen Enkel; Tochter Elfriede und Sohn Gerhard blieben kinderlos. Gerne setzte ich mich als kleines Kind zu den beiden. Sie wandten sich ihrem ersten Enkelkind mit unendlicher Geduld und Güte zu. Gern schaute ich mit Opa schon als Dreijähriger den neuen Quelle-Katalog oder vor allem ein bestimmtes Tierbuch an, das ich heute noch habe. Er fragte mich dann nach den Namen von Werkzeugen und Tieren und freute sich mit mir, wenn ich sie wusste. Opa weckte meine Begeisterung für Lernen und Gelerntes, Bücher und Zusammenhänge. So wurde ich früh gefördert, ohne dass es eine bewusste Frühförderung gab. Die positive Rückkoppelung aus meinem Umfeld verstärkte den Effekt. Da hatte es mein Bruder schwerer.

Opa Ernst, Jahrgang 1887, war ein einfacher Mann, der im Ersten Weltkrieg mit seiner Artilleriegruppe in den mörderischen Gräben von Verdun gelegen hatte. Ich habe ihn persönlich nicht mehr von dieser Zeit reden hören, aber es gibt ein Bild, das ihn mit seiner Einheit vor ihrem Geschütz zeigt. Gegen Ende des Zweiten Weltkries noch als fast Sechzigjähriger zum »Volkssturm« eingezogen, verbrachte er einige Wochen in Gefangenschaft in Ausschwitz, nachdem das Lager von den Polen und Russen übernommen worden war. Im Westen pflasterte er später Wege und Straßen, um sich etwas dazuzuverdienen. Als ich vier Jahre war, starb er. Was ich von ihm in Erinnerung habe, sind Gelassenheit, Schicksalsergebenheit und Güte.

Die Generationenfolge ist weit in unserer Familie. Schon seit Zeiten meines Uropas Franz haben wir Otte-Männer erst mit Ende dreißig Kinder bekommen. In einer weniger bemittelten Familie dauerte es eben etwas, bis man eine Familie ernähren konnte. Damals wusste ich es noch nicht, dass ich diese Tradition fortsetzen und erst mit neununddreißig Jahren zum ersten Mal selber Vater werden würde.

Oma Emilie, die Güte in Person, stammte aus einer großen Familie mit neun Geschwistern und Halbgeschwistern. Sie war die Älteste, und unter ihrer Stiefmutter hatte sie als junge Frau sehr zu leiden. Ihre letzten Jahre verbrachte sie still und zufrieden bei uns.

Wie ihr Ehemann förderte auch sie mich. Gerne las sie mir Geschichten aus der Kinderbibel von Anne de Vries vor, und zwar aus dem Alten und dem Neuen Testament.[8] Ich hörte also nicht nur von der Liebe und Güte des Herrn Jesus Christus; auch Familienzwist, Mord und Totschlag kamen vor. In den Augen allzu besorgter Eltern mögen diese Geschichten vielleicht etwas hart für Kinder sein, aber Kinder leben in diesem Alter in einer Welt von Gut und Böse, Monstern und täglichen Dramen. Gibt es wirkmächtigere Mythen als die Vertreibung aus dem Paradies, Kain und Abel, die Bezwingung des Riesen Goliath durch den Hirtenjungen David, die Geschichten um den starken Samson oder von der wundersamen Errettung von Daniel aus der Löwengrube?[9]

Über uns wohnten meine Tante Frieda, ihr Mann Kurt und mein kleinwüchsiger Onkel Gustav. Gustav war der Zwillingsbruder meines Opas und starb, als ich dreieinhalb Jahre war, aber ich habe noch Erinnerungen an ihn. Wenn ich das offene Treppenhaus hinaufflitzte – die Türen führten direkt vom Treppenhaus in die einzelnen Zimmer, es gab keine abgeschlossenen Wohnungen –, hatte er immer ein Stück Schokolade für seinen »Schlackaliefa«. Kein Wunder, dass ich ihn in guter Erinnerung behalten habe. Was ein Schlackenläufer ist, habe ich erst vor einigen Jahren nachgeschaut. Das war in den Eisenhütten der Arbeiter, der die Schlacken vom Ofen zu den Halden fuhr.[10]

Onkel Gustav war damals um die neunundsiebzig Jahre alt und eigentlich mein Großonkel. Der würdige und sehr resolute ältere Herr ließ sich jeden Tag als Erstes die Zeitung bringen, die er eingehend studierte und dabei das Weltgeschehen kommentierte. Seinen Kaiser-Wilhelm-Bart richtete er sorgfältig mit Binde und Lockennadel. Er, der laufende Meter, der kaum an die Tischkante reichte, war ein Lebenskünstler. Vor dem Ersten Weltkrieg fand Gustav eine Beschäftigung, wie sie damals für kleinwüchsige Menschen wohl häufig war: als Ansager bei einer fahrenden Varieté- und Zirkustruppe. Den Job hat er wohl mit Bravour und auch gerne gemacht. Vor dem Ersten Weltkrieg war er mit seiner Truppe über den Balkan bis zum Bosporus gezogen. Weit herumgekommen hatte er immer eine unterhaltsame Erzählung parat, ob von einem »Tal des Todes« in Serbien oder davon, wie am Aschermittwoch die lebensfrohen Kölner im Rhein ihr Portemonnaie auswuschen, weil nichts mehr drin war.

Auch stand Gustav mitten im Leben seiner Dorfgemeinschaft. War Dorftanz, dann ließ er sich einfach von einer Dame schnappen und genoss in, oder richtiger: auf ihren Armen einen Walzer oder was auch immer die Kapelle zum Besten gab. In der Familie erzählte man sich die Geschichte von dem Zirkusdirektor, für den mein Opa in den zwanziger Jahren auf Bitten seines Bruders über eine Summe von dreitausend Mark gebürgt hatte. Es kam, wie es kommen musste: Der Zirkus ging pleite, die Bürgschaft wurde eingefordert. Zehn Jahre lang ging es der Familie finanziell sehr schlecht. Dennoch hielt sie zusammen: Gustav wohnte bei der Familie seines Zwillingsbruders in einem Dorf nahe Neustadt in Oberschlesien.

Etwas Gutes kam dennoch von dieser Episode: Ich habe ihr mein Lieblingsessen zu verdanken. Es war ein Ritual. Wenn es oben bei Tante und Onkel Essen gab, hieß es »Assa kumma«. An besonderen Tagen gab es Knoblauchsuppe: Brotsuppe mit heißem Speck, geriebenem Knoblauch, Pfeffer und Salz. Nie habe ich ein Essen mehr gemocht. Das dampfende Wasser über Knoblauch und Brot gießen. Mit Pfeffer und Salz würzen. Der zischende zerlassene Speck hinein. Dazu Pellkartoffeln. Nur zwei Gerichte meiner schwäbischen Stiefgroßmutter vom Bodensee reichten da heran: die sauren Bohnen und die Dampfnudeln.

Im Haus seines Bruders führte Gustav trotz seiner Kleinwüchsigkeit auch in der Nazizeit ein unbehelligtes Leben. Während des Zusammenbruchs des Deutschen Reiches flüchtete er im März 1945 auf dem Pferdewagen der Nachbarn aus Oberschlesien ins Sudetenland, wo sich die Flüchtlinge mehrere Wochen durchschlugen – teils unter freiem Himmel, immer auf der Suche nach der nächsten Mahlzeit. Nach der Kapitulation und Ernsts Entlassung aus der Gefangenschaft kehrten Gustav und meine Großeltern für ein Jahr in die Heimat zurück. Das war eine schwere Zeit, denn im Haus lebten jetzt die neuen Bewohner aus Polen. Für die zurückgekehrten Deutschen blieb ein kümmerliches Dasein.

*

Im Juni 1946 kamen meine Großeltern und Gustav in Viehwaggons in den Westen und landeten in Plettenberg-Ohle in Westfalen, das ihre neue Heimat wurde. Obwohl fast schon im Rentenalter fand Gustav im Ledigenheim des Ohler Eisenwerks zwischen seinem neunundfünfzigstem und siebzigstem Lebensjahr eine Beschäftigung als Aufseher und Pförtner. Er passte auf die Räumlichkeiten auf, regelte den Einlass und weckte die ledigen Männer, damit sie rechtzeitig zu ihrer Arbeit im Eisenwerk kamen. Gerne spielte er nach der Arbeit mit seinen Kollegen eine Runde Skat.

Erst mit siebzig gab er sein Zimmer im Ledigenheim auf und zog in das Haus, das die Familie 1956 gebaut hatte. Zum achtzigsten Geburtstag der Zwillingsbrüder spielte die Dorfkapelle aus Ohle. Daran und an die vielen Blumen und Besucher kann ich mich, wenngleich dunkel, erinnern. Zeichen für eine gelungene Integration. Leider starb mein Onkel Gustav wenige Monate später. Gerne hätte ich alle seine Geschichten von ihm selbst gehört. In Erinnerung geblieben ist er mir dennoch sehr gut.

Frieda, genauer gesagt, »Elfriede«, die ältere Schwester meines Vaters, war introvertiert, meistens zu Hause, gelegentlich wehleidig und kränklich, aber über Briefe und Postkarten und später das Telefon über alles informiert, was in der Sippe passierte. Während sie in den sechziger, siebziger und frühen achtziger Jahren mit ihrem Mann Kurt und Bekannten gelegentlich Reisen unternahm – so Schiffstouren auf der Donau und zum Nordkap –, machte sie später nur noch kurze Verwandtenbesuche. In den letzten Jahren ihres Lebens blieb sie ganz zu Hause.

Kinderlos und mehr als fünfzehn Jahre älter als meine Mutter, sah sie mich auch als »ihren« Sohn an. Ihre bedingungslose Liebe hat mir viel Selbstvertrauen und Geborgenheit gegeben. Doch ihre Wehwehchen konnten gelegentlich nerven. Aus der Sicht meiner Mutter und meines Bruders setzte sie ihre Kopfschmerzen geschickt als ein Kontrollinstrument ein. Einerseits. Andererseits zeigte sie in den späten Gesprächen, die ich mit ihr vor allem seit meiner Rückkehr aus den USA führte, eine bemerkenswerte Reflektiertheit über die innerfamiliären Verhältnisse.

Die schlesische Sippe, 1965, mit Mutter (links) und mir – auf dem Arm
von Tante Frieda. Rechts Oma und Opa Otte.

In Schlesien hatte Frieda in den Hermann-Göring-Werken gearbeitet, die regelmäßig von der englischen Luftwaffe zerbombt und dann wiederaufgebaut wurden. Dort arbeiteten auch jüdische Zwangsarbeiterinnen, die ein elendes Leben führten. Kontakt und Hilfe waren streng verboten; dennoch steckten meine Tante und einige Kolleginnen ihnen ab und zu etwas zu essen zu. Verifizieren kann ich das nicht, aber ihre Schilderungen des Elends der Zwangsarbeiterinnen klangen glaubhaft und mitfühlend. Im März führte einer der berüchtigten Todesmärsche, mit dem Häftlinge aus Auschwitz weggebracht wurden, mitten durch das Dorf. Wer nicht mehr konnte oder flüchten wollte, wurde von den SS-Schergen erschossen. Nur sehr zögerlich sprach meine Tante erst in den Jahren vor ihrem Tod darüber.

Ihre letzten Monate 2015 waren ein qualvolles Dahinscheiden. Im letzten halben Jahr engagierten wir eine Vollzeitpflegerin für sie, so dass sie zu Hause bleiben konnte. Gefesselt ans Bett oder ihre Couch schaffte sie es zunächst noch, für das Allernotwendigste aufzustehen, später auch das nicht mehr. Sie, die kaum noch das Haus verließ, klammerte sich mit aller Macht an ihr Leben. Sie wollte nicht gehen. Dieses Phänomen habe ich auch einmal bei einem guten und schwer kranken Freund kurz vor seinem Ende erlebt.

Bislang hatte ich um das Thema Tod anders als mein Bruder eher einen Bogen gemacht. Als Krankenpfleger und auch in der Familie war er schon in jungen Jahren vielfach damit konfrontiert worden. Ich bin froh, dass ich Frieda in ihren letzten Tagen noch mehrmals sehen konnte. Zum Schluss konnte sie nicht mehr sprechen. Einmal bäumte sie sich auf und bat uns alle – allerdings war nur ich anwesend – um Verzeihung, falls sie Fehler gemacht hatte. Dann durfte sie gehen.

Mein Onkel Kurt, Friedas Mann, der Handwerker, war das uneheliche Kind einer robusten Frau, liebevoll aufgenommen von seinem Stiefvater. Sein schwerbehinderter Bruder kehrte von einer »Kurmaßnahme« der Nationalsozialisten nicht mehr zurück. Er war wohl dem Euthanasieprogramm zum Opfer gefallen.

Kurt war immer gut gelaunt, immer mit einer Bastelei oder Reparatur beschäftigt. Sein Werkzeugkeller mit einer erstaunlichen Vielfalt an Maschinen und Handwerkzeugen, wohlgepflegt und sortiert, ist heute noch in meinem Geburtshaus erhalten. Dafür hatte mein Onkel selber Holzschränke oder Werkzeugkisten mit kleinen Schubladen aus Holz gefertigt, wie sie heute aus Plastik in den Baumärkten zu finden sind. Dieser Werkzeugkeller – ähnliche gab es über hundert Jahre lang in Millionen von Häusern – erinnert mich immer wieder daran, wie viel technisches Können, Geschick und Genie früher flächendeckend über die deutschen Haushalte verstreut waren!

Onkel Kurts Werkzeugschrank

Wie viele Stunden habe ich in meiner Kindheit an seiner Werk-
zeugbank verbracht, wenn er eine neue Maschine baute, seine Se-
gelflugzeuge, ein Möbelstück, oder wenn er eine Figur schnitzte.
Seinen intelligenten Händen gelang einfach alles. Er selbst sagte von
sich, dass er in der Schule nicht gut gewesen sei, als es ums Lesen
und Schreiben ging, aber sofort seine Bestimmung erkannte, als er
handwerklich arbeiten durfte. Man fühlt sich daran erinnert, dass
die Evolution der Menschheit nicht mit der Sprache begann, son-

dern mit dem differenzierten Gebrauch der Hände, wie der Ur- und Frühgeschichtler Olaf Jöris erklärt. Der Universalphilosoph Oswald Spengler nannte diesen Schritt in unserer Entstehungsgeschichte das »Denken der Hand«.[11]

In seinen letzten Jahren schwer dement, lebte Kurt apathisch in einem Altenheim vor sich hin. Der körperliche Verfall des Mannes, der auch noch mit achtzig als Sechzigjähriger durchgegangen wäre, war rapide. Ich bin den schweren Gang ins Altenheim wenige Monate nach dem Tod seiner Frau mit ihm gegangen. Erst als wir nach dem Gottesdienst auf sein neues Zimmer gingen, dämmerte ihm, was gerade passierte. Es wurde ihm nie klar, dass seine Frau gestorben war. Er wähnte sich nur zur Behandlung. Einmal, wenige Monate nach seinem Umzug, schaffte er es tatsächlich, ein Taxi zu organisieren und zurück nach Hause in seine Dachwohnung zu fahren. Dort fand meine Mutter ihn vor. Als ich ihn zu Weihnachten 2017 mit Frau und jüngstem Kind besuchen wollte, war gerade ein Gesangverein da. Kurt stand hinten in der Tür und hörte zu. Wir ließen ihn.

Familiengeschichten

Wenn sie auch in materiell sehr bescheidenen Verhältnissen aufwuchsen, so bekamen mein Vater, Jahrgang 1928, sowie seine älteren Geschwister Elfriede, 1923, und Gerhard, 1926, doch eine gute Ausbildung. Alle drei waren intelligent, wenn auch auf sehr unterschiedliche Weise. Mein Vater, der Menschen- und Bildungsfreund, der gerne Gesellschaft hatte, sich aber auch durchsetzen konnte, mein zurückgezogen lebender Patenonkel Gerhard, der zu Pedanterie und Wutausbrüchen bei Familienfeiern neigte, und die ebenfalls stille und lebenskluge, doch zur Wehleidigkeit neigende Tante bei uns im Haus.

Gerhard hatte ein starkes Gerechtigkeitsempfinden und Sicherheitsbedürfnis. Als Kind war er von seinen Eltern verwöhnt worden und genoss Sonderrechte in der Familie. Für so jemanden schien nach Beendigung der Volksschule eine Lehre bei der Reichsbahn – um 1940 der größte Arbeitgeber in Deutschland – wie geschaffen. Gerhard hatte schon sein Leben von seinem Eintritt als »Bahnbeamter« bis zur Pension vor Augen und sich seine Pensionsansprüche bereits ausgerechnet. Ja, bis in die achtziger Jahre waren fast alle Mitarbeiter der Bahn, auch die Angestellten oder Arbeiter, Beamte.

Doch dann kam der Krieg, in den er achtzehnjährig eingezogen wurde. Als Funker endete das Soldatendasein für ihn in Kladno in Mittelböhmen. Von den Tschechen wurde er den Russen übergeben, wo er mehrere Jahre in einem Arbeitslager in Rostow am Don verbrachte. Ab Weihnachten 1949 durfte er nach Deutschland zurückkehren. Mitte der 2000er Jahre erlitt er zwei Herzinfarkte, einer davon schwer. Als ich ihn an seinem Krankenbett besuchte, phantasierte er und sah auf einmal wieder die Mäuse und den Dreck seines Arbeitslagers. Die erlittenen Verluste müssen tiefe Spuren hinterlassen haben. Sparsam bis an die Grenze des Geizes waren er und seine Frau Dore. Ihr Bankkonto schwoll an, aber sie wohnten weiter in der billigen Eisenbahnerwohnung, in die sie als Erstes eingezogen waren, liefen in alten Klamotten herum, hatten einen sehr alten Herd, in dem man noch Feuer machen musste, und alte, abgewetzte Möbel.

Bei Familienfeiern empörte sich Gerhard regelmäßig über seine ungerechte Behandlung nach dem Krieg. Die Heimat verloren, die Pensionen und Sozialleistungen nicht richtig anerkannt, betrogen durch die Politiker. Es fing langsam an und steigerte sich zu einem lauten Schimpfen. Meistens herrschte darauf in der Runde betretenes Schweigen. Eine ganze Zeit nach dem Tod meines Vaters hat mein Bruder ihn einmal hinausgeworfen. Dann kam er lange nicht. Ich und andere Familienangehörige haben ihn und seine Frau aber weiter regelmäßig besucht.

Aber mein Onkel hatte auch eine großzügige Seite: Seit den siebziger Jahren schickte er Unmengen von Hilfspaketen nach Polen, unternahm regelmäßige Besuche und war dort ein gern gesehener und geachteter Mann. Das konnten mein Bruder und ich erleben, als wir 1991 zusammen mit ihm die Heimat meiner Vorfahren besuchten.

In seinen letzten Lebensjahren lebte er, körperlich stark angeschlagen, aber weiter autark, tapfer mit seiner Frau sein selbstbestimmtes Leben. Nur kurz war er im Altenheim, als seine Mobilität stark nachgelassen hatte. Es gibt Filmaufnahmen, wenige Tage vor seinem Tod, als mein Bruder und ich ihn noch einmal in unser Haus geholt haben und in die Wohnung trugen. Er konnte kaum sprechen, erzählte aber viel und verbreitete trotz schwerster Gebrechen eine gelassene Stimmung. Ich muss annehmen, dass er heiter und gelöst gestorben ist.

*

Die größte Sippe waren die Böhnischs, der Stamm meiner Großmutter väterlicherseits. Bis heute gibt es Familientreffen. (Groß-)Onkel Richard, der schon im Ersten Weltkrieg Soldat war, diente im Zweiten Weltkrieg in der Militärverwaltung in der Ukraine. Was er da gesehen oder auch nicht gesehen hat, weiß keiner aus der Familie. Aber die belgische Familie, bei der er im Ersten Weltkrieg einquartiert war, hat ihn in den sechziger Jahren gesucht und über uns ausfindig gemacht. Bis heute halten unsere belgischen Kriegsbekannten beziehungsweise ihre Nachfahren den Kontakt. Richard lebte in seinen letzten Jahren in einem möblierten Zimmer in Hamburg und verdingte sich bis zu seiner Pensionierung als Wärter im städtischen Park Planten un Blomen. Am Tag vor seinem Tod holte ihn Vater mit dem Auto aus Hamburg ab und brachte ihn in Werdohl ins Krankenhaus. Die Notizen von dieser Fahrt habe ich noch. Als Vater am nächsten Tag wieder ins Krankenhaus kam, war Richard schon gestorben.

Onkel Kurt Böhnisch, eigentlich ein Halbbruder meiner Großmutter und damit ein Großonkel, wohnte in Bestwig im Hochsauerland und hatte eine große Familie. Zu fast allen habe ich heute noch Kontakt. Gelegentlich besuchten er und seine Frau Lene uns. Warum sie »Lenchen« genannt wurde, leuchtete mir nie ein – sie war eine stattliche, eher ernste Frau. Die Verniedlichungsform wollte da nicht so recht passen. Kurt war bei der SS gewesen und wurde vor dem Krieg auch kurzzeitig in Buchenwald eingesetzt. Später war er in seinem Heimatbezirk stationiert. So ist das Schlimmste an ihm vorbeigezogen. Über diese Zeit sprach er nie, außer, dass er seinen Frieden mit dem Herrgott gemacht habe. Ich habe ihn als würdevollen alten Herrn erlebt.

Lisbeth, das jüngste der acht Geschwister meiner Großmutter, war die Integrationsfigur der Familie. Generationen von Nichten und Neffen kannten sie als positive, fröhliche Frau, die am Schicksal aller in der Familie Anteil nahm. Tante Lisbeth – so hieß sie auch bei uns – starb 2020 im Alter von hundertdrei Jahren. Gegen Ende ihres Lebens etwas vergesslich, strahlte sie immer noch etwas Jugendliches aus, ebenso Lebensmut und Lebensbejahung, die ich bei ihr nie getrüb sah. Das war sicherlich auch ihrem tiefen, selbstverständlichen Glauben zu verdanken, der sie sicher durch das Leben geleitete.

Ihren Mann Gustav heiratete sie im Frühjahr 1945 während eines Fronturlaubs. Am nächsten Tag standen russische Panzer in unmittelbarer Nähe. Der Krieg hatte die Heimat erreicht. Die Reste vom Hochzeitsessen blieben stehen, Lisbeth zog mit dem Pferdewagen gen Westen, Gustav wieder gen Osten. Ihr einziges Kind verloren sie bei der Geburt, lebten aber glücklich und zufrieden bis zu Gustavs Tod zusammen. Ein schmuckes kleines Siedlungshäuschen bei Bergisch Gladbach mit großem Garten, in dem sie früher Hühner und Schweine gehalten hatten, war ihr Zuhause. Die Strecke von Plettenberg über Lüdenscheid nach Kürten-Miebach bin ich als Kind oft gefahren, erst im Käfer meines Vaters, später in anderen Autos. Lebensalter später, nachdem ich in die USA ausgewandert und wieder zurückgekommen war, führten mich Jagdeinladungen eines Fleisch- und Wurstfabrikanten aus Wipperfürth wieder genau diese Strecke entlang. Und an der großen Anlage mit Angelteichen, die mir als Kind schon aufgefallen war – eine ABM aus den dreißiger Jahren –, konnten mein älterer Sohn und seine Freunde später zweimal Fische fangen. Betreiber Dennis, ein junger Deutschrusse, war ein Jagdfreund. So schließen sich die Kreise.

Die kinderlose Tante Lisbeth hat auf folgende Generationen ihrer erweiterten Familie und Urgroßneffen einen bleibenden Eindruck hinterlassen. Sie nahm regen Anteil am Geschick ihrer Nichten und Neffen, Großnichten und Großneffen, Urgroßnichten und Urgroßneffen. Jeder kannte sie als die freundliche, zugewandte, immer berechenbare Tante Lisbeth. Mein jüngster Sohn, Jahrgang 2016, hat Lisbeth nur zwei- oder dreimal gesehen. Bei ihrer Beerdigung im Frühjahr 2020 war er das einzige jüngere Kind. »So alt wie Tante Lisbeth« – das hat sich ihm eingeprägt. Auf einer Fahrradtour im Sommer 2020 die Kyll entlang zündete er in einem Kloster eine Kerze für sie an.

Mein Bruder

Ich bin in einer umgekehrten Alterspyramide groß geworden: viele Erwachsene und wenig Kinder. Das hatte viele »Vorteile«, denn die Erwachsenen schenkten uns umso mehr ihrer Aufmerksamkeit. Einen jüngeren Bruder habe ich, Joachim, einundzwanzig Monate nach mir geboren. Nahe genug, um miteinander spielen zu können, nahe genug, um auch gelegentlich Rivalität zu empfinden. Das Magazin *Focus* brachte vor einigen Jahren eine Titelgeschichte, in der zu Recht darauf hingewiesen wurde, dass Geschwister uns mehr prägen als Eltern. Wir sind das ganze Leben mit ihnen zusammen.

Er war der Einfühlsamere von uns, ich eher der Dominantere. Als Kinder waren wir uns sehr nahe, nicht nur räumlich. Lange teilten wir uns ein Zimmer, tauschten uns, jeder in seinem Bett liegend, vor dem Einschlafen gerne aus, phantasierten Geschichten zusammen und ließen die Erlebnisse des Tages Revue passieren.

Brüder, 1968

Mein Bruder entwickelte sich in seiner Jugend zu einem veritablen Sportler und schuf sich so im wahrsten Sinn des Wortes sein eigenes Spielfeld, wo er Bestätigung fand. Ich, die Leseratte mit dem Hang, die vermeintliche eigene Klugheit, zumindest in den späteren Schuljahren, nicht unter den Scheffel zu stellen. Mein Bruder, der Sonnyboy. Bei den Mädchen konnte er besser punkten. Mit achtzehn dann auch noch Resident-DJ in einer angesagten New-Wave-Disco. Als Kind und junger Mann war mein Bruder eine Seele von Mensch, immer gut gelaunt, immer hilfsbereit. Als ich Ende der Siebziger auf eine Sprachreise nach England fuhr, drückte er mir fünfzig D-Mark in die Hand, damit ich eine schöne Reise hätte. Er konnte es nicht ertragen, dass ich all mein Geld für die nächste Gitarre sparen wollte.

Als unser Vater starb, war Joachim siebzehn Jahre alt und ging noch knapp zwei Jahre zur Schule. Während ich bei der Bundeswehr war und dann studierte, trug er die zutiefst traurige Stimmung, die das Haus und meine Mutter ergriffen hatte, voll mit. Der frühe Tod unseres Vaters und die Tatsache, dass mein jüngerer Bruder von der andauernden Trauer der Familie vereinnahmt wurde, hat einen gewissen Schatten über sein sonniges Wesen gelegt, das ich so gerne wieder an ihm erblicken würde.

Nach dem Abitur suchte er sich als Zivildienstleistender die individuelle Schwerstbehindertenbetreuung eines MS-Kranken im Endstadium aus, machte danach eine Lehre zum Krankenpfleger. Er hat sich auf menschlicher Ebene viel zugetraut und auch zugemutet. Heute lebt er als freier DJ und Musikveranstalter in Köln. In seinen zwanziger und dreißiger Jahren unternahm er ausgedehnte Rucksacktouren, vor allem durch Mittelamerika. Deswegen sattelte er mit Mitte zwanzig neben Krankenpflege und DJing noch das Interessenstudium »Regionalwissenschaften Lateinamerika« drauf, bis zu den Vordiplomen in Geschichte und Politik und den bestandenen Übersetzerprüfungen in Spanisch. Ich habe ihm zwei Kolumnen in meinem Börsenbrief gewidmet, denn er hat es trotz eines eher bescheidenen Einkommens geschafft, seine Ansprüche und finanziellen Mittel aufeinander abzustimmen und finanziell unabhängig zu werden.

Unser Verhältnis war immer brüderlich. Mal mehr, mal weniger, wie es eben zwischen Brüdern so ist. In jüngster Zeit hat uns unser gesellschaftspolitisches Engagement näher zusammengerückt. Joachim ist ein künstlerisch-musischer Mensch und seine Antennen sind sehr fein. Schon vor etlichen Jahren bemerkte er, wie sich die Atmosphäre in den USA verändert hatte. Selbst in der ehemaligen Hippiekommune Sandpoint, Idaho, wo einer seiner amerikanischen Freunde wohnte, war das Klima rauer geworden. Vor mir spürte Joachim, dass mit Corona etwas Großes in der Luft lag. Während ich mich im Frühjahr und Sommer 2020 noch über die Entschleunigung freute und glaubte, dass sich der Spuk in Luft auflösen würde, wenn man merkte, dass es kaum Tote gibt, hatte mein Bruder schlimmere Vorahnungen. Er sollte recht behalten.

An meinem dritten Neuen Hambacher Fest nahm er teil, um auch so seine brüderliche Solidarität zu zeigen. Auf beiden großen »Corona«-Demos im August 2020 in Berlin für verhältnismäßige Maßnahmen und für die Grundrechte war er anwesend. Die Demo am 1. August beschreibt er als einen der eindrucksvollsten Tage in seinem Leben. Auf einer Rede am 26. September in Lüdenscheid beschrieb er den Tag so: »Viele hunderttausend waren vereint im Herzen. In Liebe und Gewaltlosigkeit auf der Suche nach der Wahrheit und dem Wunsch nach Selbstbestimmung in Würde und Freiheit.«

Meiner Mutter Land und Stamm

Das liebliche Tal der Alsenz erstreckt sich von seinem Ursprung bei Enkenbach-Alsenborn über Rockenhausen nach Bad Münster am Stein-Ebernburg, wo das Flüsschen in die Nahe mündet. Auf den sanften Hängen standen früher viele Reben. Heute gibt es nur noch vereinzelte Weingüter. Zu Mutters Schulzeit fingen manche Kinder noch Aale in Flüsschen, dass eben darum wohl den Namen A(a)l-senz bekommen hat.

Als ich in 1995 mit meinem Bruder zum sechzigsten Geburtstag meines Onkels nach einer längeren Abwesenheit wieder hinfuhr, wurde mir bewusst, wie sehr hier die Zeit stehengeblieben war. Alte Häuser, große Gehöfte in Pfälzer Sandstein, stille Orte, wenige Neubauten. Ein strukturschwaches Gebiet, früher durchaus vermögend, ohne größere Kriegsschäden. Heute ist die Silhouette des lieblichen Tals bei Mannweiler-Cölln grotesk entstellt durch große Windränder. Zum Glück sieht man sie vom Geburtshof meiner Mutter nicht wirklich. Erst wenn man ein Stück weit fährt, ragen sie auf. Eine moderne Umfahrung führt an etlichen Stellen an den Ortschaften vorbei und etliche kleinere Neubaugebiete sind in dem Tal gewachsen.

Auf einem einsam gelegenen Weiler mit drei Höfen hinter einer Hügelkuppe bei Mannweiler-Cölln hatte mein Großvater Albert in den dreißiger Jahren einen für damals durchaus modernen Bauernhof aus der Zeit um 1890 gepachtet und dann Jahrzehnte später gekauft. Das zu diesem Zweck bereits vor dem und während des Zweiten Weltkriegs angesparte Kapital hatte sich durch die Währungsreform in Luft aufgelöst, so dass er nochmal anfangen musste. Einige Gebäude und Tonnengewölbe gingen sogar auf die Zeit des Dreißigjährigen Krieges zurück. Hinter dem Haupthof lag der »alte Hof« im Vierkantformat, dessen einzelne Häuser als Schuppen, Scheunen, Hühner- oder Schweineställe gebraucht wurden.

Mannweiler-Cölln in den 1950er-Jahren

Landschaft, Vegetation und Klima waren hier so ganz anders als im herben Sauerland. Milder. Lieblicher. Mohnblumen, Kornblumen, ausgedehnte Felder und Schlehenhecken, dazwischen kleine Wälder. Später hörte ich, dass die Nordpfälzer die Südpfälzer um ihr Klima und ihre Böden beneideten. Mir kam es damals im Vergleich zum Sauerland beinahe wie die Toskana vor, die ich damals allerdings noch nicht kannte. Erst mit Mitte dreißig holte ich das nach, da war ich gerade aus den USA zurückgekehrt.

Zwischen dem Hof meines Großvaters und dem Ort lag ein Hügel, »Die Guck«, von dem aus man einen schönen Rundumblick hatte und auf dem wohl schon meine Mutter und ihre Geschwister gespielt hatten. Auch ich stattete dem Hügel regelmäßig Besuche ab. Hier gab es Schieferschichten mit Fossilien. Forscher hatten Gräben gezogen und mit etwas Glück ließen sich noch kleine Versteinerungen finden.

Opa Albert war tiefgläubig, fleißig und auf seine ruhige Art geschäftstüchtig. Er strahlte die würdige Ruhe eines Menschen aus, der seinen Platz in der Welt kennt und damit zufrieden ist. Als Mennonit gehörte er der Weltreligion der Täufer an, eine der großen anerkannten christlichen Konfessionen mit weit zurückreichenden Wurzeln. Heute gibt es Mennoniten vor allem in Deutschland und umliegenden Ländern, Süd- und Nordamerika und auf dem Gebiet der ehemaligen Sowjetunion, wenngleich letztere zum großen Teil nach Deutschland und Kanada ausgewandert sind.

*

Die Täufer nahmen und nehmen es mit der Heiligen Schrift sehr ernst: Jeder Mann und jede Frau konnten nur durch ihren eigenen Glauben gerettet werden. Sie ernährten sich mit ihrer Hände Arbeit, meistens als Bauern und Müller. Eine Sippenstruktur mit Ältesten, basisdemokratisch, fleißig, grundehrlich. Täufer schworen nicht vor Gericht, denn in der Bergpredigt hatte Christus gesagt: »Eure Rede aber sei: Ja! Ja! Nein! Nein! Was darüber ist, das ist vom Übel.« (Matth. 5,37) Sie waren den einfachen Handwerken zugetan. Nur wer die Bibel verstand und sich zu Christus bekannte, konnte gerettet werden. Deswegen konnten auch nur Erwachsene oder zumindest Halbwüchsige sich taufen lassen, denn die Taufe setzt eine bewusste Willensentscheidung voraus.

Eine solche Religionsfreiheit passte den meisten Fürsten vor fünfhundert Jahren nicht, denn es galt der Spruch »cuius regio, eius religio« – wessen Land, dessen Religion. Ungetaufte Kinder hatten keine Religion, waren demgemäß auch keine richtigen Untertanen. Hinzu kam, dass die Täufer keine Geistlichkeit akzeptierten, sondern jeder Mann die Bibel selber lesen sollte. Und jedes Gemeindeglied auch predigen sollte – zumindest theoretisch. Noch ein Instrument weniger in den Händen der Obrigkeit. Und so machen wir es immer noch.

So führten Katholiken wie auch Evangelische einen gnadenlosen Ausrottungskrieg gegen die Täufer, abwertend auch »Wiedertäufer« genannt. Bei den Katholischen landeten sie auf dem Scheiterhaufen, bei den Evangelischen wurden sie ertränkt.[12] Luther predigte gegen sie, weil sie keine geistliche Obrigkeit außer Gott anerkannten. Noch heute setzen viele derjenigen, die wenigstens Halbwissen haben, die Täuferbewegung mit den Exzessen in der Stadt Münster gleich. Als Schüler habe ich selber die eisernen Körbe gesehen, in denen man nach der Rückeroberung der Stadt die Leichen der zu Tode gefolterten Anführer an der Lambertikirche aufgehängt hatte. Aber Münster war die Radikalisierung, die zu nahezu jeder Umwälzung dazugehört, und die große Ausnahme bei den Täufern. Große Teile Norddeutschlands und zwei Drittel Hollands waren durch stille Bekehrung täuferisch geworden und wurden in den folgenden Jahrzehnten überwiegend von evangelischer Seite brutal und gnadenlos »gegenreformiert«.

Die Täuferbewegung ist vielleicht die »deutscheste« aller christlichen Glaubensrichtungen. Der Katholizismus ist universal und den Protestantismus teilt sich Norddeutschland mit Skandinavien. Aber der täuferische Glaube entstand in der Schweiz und breitete sich über Deutschland, Tschechien, Österreich und Holland aus – überall dorthin, wo spätere Generationen der Täufer siedelten. Die mennonitische Glaubensrichtung hätte für Deutschland eine ähnliche Rolle gehabt wie die anglikanische Kirche für England, wenn nicht Mitteleuropa ein solcher Flickenteppich gewesen wäre und hundert Jahre nach Beginn der Reformation in den mörderischen Dreißigjährigen Krieg gestürzt wäre.

Ihren Ursprung hatte die Täuferbewegung im Emmental im heutigen Kanton Bern. Auch dort wurden die Täufer bekämpft. Noch im 18. Jahrhundert verkauften die Schweizer sie manchmal als Galeerensklaven. Im Jahr 1752 machte sich deshalb mein Urahn Christian Hauter auf den Weg in die vom Dreißigjährigen Krieg immer noch stark entvölkerte Westpfalz und ließ sich in der Nähe von Zweibrücken nieder. Etliche Generationen verbreiteten sich die Täufer in der Gegend, bis mein Großvater den Hof in der Nordpfalz pachtete und viel später kaufte. Sein Bruder, ebenfalls im Tal der Alsenz, war Kaufmann und Müller. Dass meine Vorfahren mütterlicherseits eine geschlossene Sippe bildeten, kann ich auch durch genetische Daten meiner Vorfahren verifizieren. Laut Genanalyse befindet sich die größte Konzentration meiner Vorfahren im Kanton Bern.[13]

Seit einigen Jahren schon ging ich zu den Gottesdiensten meiner russlanddeutschen Mennonitengemeinde. Nun war es Zeit, sich konsequent zu Christus zu bekennen. Ich habe 2014 zu meinem fünfzigsten Geburtstag meinen Bund mit Jesus Christus erneuert und habe mich in einem See in der Eifel nach alter Täufersitte taufen lassen. Nur durch das vollständige Untertauchen, so die Bibelauslegung in meiner Gemeinde, ist man wirklich getauft, mit Christus begraben und wiederauferstanden.

Auch meine Gemeinde ist eine Sippe. Wir haben Älteste, aber keine angestellten Prediger. Die männlichen Gemeindemitglieder sind Brüder, die Frauen Schwestern. Die Brüder predigen. Viele von ihnen haben einfache Jobs und Familien mit vier, fünf oder mehr Kindern. Trotz oftmals niedriger Gehälter haben es fast alle geschafft, ein Haus zu bauen oder zu erwerben und ihre Kinder zu wertvollen Mitgliedern nicht nur der Gemeinde, sondern der Gesellschaft zu erziehen. Vor fast zwanzig Jahren erschien in der *Zeit* ein abfälliger Artikel über »ultrakonservative russlanddeutsche Gemeinden«.[14] Ja, hier ist ein Stück Vergangenheit lebendig – Glaube, Fleiß, Friedfertigkeit, Ehrlichkeit, Familiensinn. Von alledem könnte unsere Gesellschaft viel mehr vertragen.

*

Zurück zu meinem Großvater. Ich mochte ihn sehr in seiner schlichten Würde. Er hatte eine Einfachheit, eine Selbstverständlichkeit, im Leben zu stehen, sich seines schützenden Gottes bewusst, sich seiner Rolle in der Welt sicher. Wenn er aus dem Hühnerstall kam, den er im Alter übernommen hatte, sich den Mist an den Eisen vor dem Haus von den Schuhen abstreifte und sich dann von mir beim Schuhausziehen helfen ließ. Wenn er ein Hühnchen schlachtete und ich zuschauen und später helfen durfte. Mittags gab es ein Gläschen Weißwein zum Essen, dann Mittagsruhe, dann noch einmal auf den Hof.

Opa Albert war kurzzeitig Mitglied der NSDAP. Irgendwann hatte ein naher Verwandter ihm erzählt, dass er Parteimitglied werden müsse, wenn aus seinen Kindern was werden sollte. Opa Albert überlegte sich das. Er überlegte lange und gut. Und dann trat er in die NSDAP ein. Es war aber schon Frühjahr 1945. Die Besatzungsbehörden merkten schnell, dass sie es mit einem tiefreligiösen und völlig unpolitischen Menschen zu tun hatten und entnazifizierten ihn umgehend.

Als er dreiundvierzig war, starb seine geliebte Frau Emma im Wochenbett bei der Geburt ihrer jüngsten Tochter. Meine Mutter war zweieinhalb Jahre alt. Ihre erste Erinnerung ist ein Bild: wie die eigene Mutter im Sarg liegt. Was das für ein Kindergemüt bedeutet, kann man nur erahnen. Die neugeborene Schwester Anneliese kam für zwei Jahre zu den nächsten Verwandten auf die Mühle in Rockenhausen.

Albert heiratete in zweiter Ehe die vierzigjährige Maria Graeter vom Bodensee, nachdem sie ihn einmal gesehen und dann »ja« gesagt hatte. Meine (Stief-)Großmutter war eine kluge, würdige, bestimmte Frau. Ihr Vater, Patriot und Reserveoffizier, war kein Mennonit. Die beiden hatten die Optionen nüchtern besprochen – beim Vater bleiben, und alleine, oder auf den Hof einheiraten. Sie entschied sich für den Morsbacherhof. Es war wohl zunächst eine Vernunftehe. Ich konnte mit meiner Großmutter Maria aus dem südlichsten Zipfel Schwabens sehr gut, obwohl sie von ganz anderem Schlag war. Ihr Habitus war preußisch-pietistisch. Für mich hatte sie immer ein offenes Ohr. Interessiert an der Welt, geistig gewandt, war sie außerdem eine hervorragende Köchin.

Mit meinem Großvater alleine wäre es ihr vielleicht etwas langweilig geworden, und so gehörte zum Haushalt der pensionierte

Oberlehrer Ernst Röder, ein typischer Junggeselle, der an fast allen Mahlzeiten teilnahm und ein eigenes Zimmer im Haus hatte. Herr Röder war der intellektuelle Ausgleich, den meine Großmutter auf ihrem abgelegenen Bauernhof dringend nötig hatte. Als Hobbyhistoriker hatte er ein Faible für das Mittelalter ebenso wie für das Fabulieren und Schwadronieren. In der Schule war ich durchaus aufsässig und nicht angepasst, aber für die Alten und ihre Erfahrungen hatte ich immer ein Ohr und Respekt. Ihre Schrullen nahm ich gerne in Kauf.

Oma bezog eine Rente von (sehr) wenigen hundert D-Mark, ich glaube, ungefähr dreihundert, nach heutigem Geld also einhundertfünfzig Euro. Aber ihr fehlte es an nichts. Ihr wunderbarer Gemüse- und Blumengarten, den sie bis ins hohe Alter bestellte, lieferte schmackhafte Nahrung. Ihr soziales Umfeld war intakt, wenn auch die Beziehungen zur Schwiegertochter, die mein Onkel Kurt spät geheiratet hatte, sehr kühl waren.

Nur einmal habe ich meine Großmutter klagen gehört, das war in den letzten Tagen ihres Lebens, als ich sie Anfang der neunziger Jahre von unterwegs in der Eifel mit dem damals geradezu revolutionären Handy anrief. Drei Wochen zuvor hatte sie in erstaunlicher Frische ihren neunzigsten Geburtstag bei ihrer Tochter Anneli in Stuttgart gefeiert. Dann war sie gestürzt. Es plagten sie große Schmerzen, und Palliativmedizin wurde wohl nicht eingesetzt. Wenige Tage nach unserem Telefonat ist sie verstorben.

Zwischen meiner Großmutter und meiner Mutter bestand in den späten Jahren ein liebevolles Verhältnis. In den letzten Jahren und Wochen konnte meine Mutter Maria begleiten. Das war nicht immer so. Als Großmutter als Vierzigjährige in den Hof hineinheiratete, war sie mit vier Kindern und ebenfalls einer Stiefmutter wohl ziemlich ge- und oft überfordert. Mit meiner Mutter, die mit vier Jahren gerade im schönsten Trotzalter war, konnte die an strenge Disziplin gewöhnte preußische Schwäbin nicht so recht umgehen. Ihre Liebe

und Aufmerksamkeit richteten sich lange auf das jüngste Kind, Anneli, bei deren Geburt meine leibliche Großmutter gestorben war.

Onkel Kurt, der Bauer vom Morsbacherhof und zweitältestes der
vier Geschwister – nicht der Onkel Kurt aus meinem Geburtshaus
und auch nicht (Groß-)Onkel Kurt –, war ein lebensfroher und prak-
tischer Mensch, ein geborener Bauer. Von ihm und meinem Großvater Albert habe ich so einiges rund um den Bauernhof erfahren
dürfen. Er kannte die Stimmen der Vögel und interessierte sich für
die Natur. Obwohl er als Bauer viel Zeit allein verbrachte, war er ein
geselliger Mensch und unter anderem Vorsitzender des Gesangver-
eins von Mannweiler-Cölln.

Viel später, als die Wohnung meiner Großeltern zu einem Feri-
enapartment umgebaut war, erfuhr ich von meinem Weinhändler auf
der Zülpicher Straße in Köln, dass er bei meinem Onkel und seiner
Frau zu Gast gewesen und sehr gut aufgenommen worden war. Der
Weinhändler hatte mir nämlich einen Hahnmühle-Riesling aus dem
Alsenztal empfohlen und war gar überrascht, dass ich das Weingut,
das ganz in der Nähe des Morsbacherhofs liegt, kannte. Zu diesem
Zeitpunkt waren auf Betreiben von Kurts Frau Übernachtungen von
Verwandten – mit Ausnahme der direkten Geschwister – nicht mehr
allzu willkommen.

Heinrich, der Älteste der Geschwister, durfte aufs Gymnasium
und Lehrer werden. Er war ein sehr gläubiger Mensch und heiratete Johanna, eine Pfarrerstochter aus Edenkoben. Als Kind gehörten
Familienbesuche bei ihm und seiner Familie zum Pflichtprogramm,
wenn wir auf dem Morsbacherhof waren. Die knappe Dreiviertel-
stunde das Tal der Alsenz entlang bis Rockenhausen, dann über den
mächtigen Donnersberg mit dem an den Berghang geschmiegten
Örtchen Dannenfels mit seiner über sechshundert Jahre alten Kas-
tanie, der »dicken Keschde«, und dem Blick über Hügel und Felder
– in der Ferne die endlose Ebene des Rheintals, durch den Pfälzer
Wald bis zur Neubausiedlung Eisenberg-Steinborn, gehört zu dem

Schönsten, was deutsche Mittelgebirgslandschaften zu bieten haben.

In der Zeit, als ich *Der Crash kommt* schrieb, erwarb ich im Donnersbergkreis bei einer Zwangsversteigerung Felder und Wiesen, ohne zunächst daran zu denken, dass über den Berg ein wichtiger Ort meiner Kindheit lag. Als ich wieder einmal am Haus meines Onkels, diesem nicht ganz unwichtigen Ort meiner Kindheit, vorbeifuhr, kam es mir unglaublich klein vor. Ein kleines, einstöckiges Reihenhaus mit Flachdach. Damals, mit fünf Kindern und vier Erwachsenen, haben wir keine Enge gespürt.

Mein Landbesitz besteht aus ungefähr zehn Hektar Wiesen, Obstwiesen und Ackerland am ehemaligen Kloster Rosenthal in Göllheim. Die beiden größeren dieser Flächen sind an einen Landwirt verpachtet. Die anderen kleineren Wiesen und Obstwiesen liegen verstreut. Rosenthalerhof ist eine Enklave von Wiesen und Ackerflächen, die bereits im Pfälzer Wald liegt. Die Landschaft ist – wie fast überall dort – malerisch, die Bodenqualität mittelmäßig. 1298 fand hier zwischen Albrecht von Österreich und Adolf von Nassau eine der wichtigsten Schlachten des Mittelalters um die Königswürde statt, in der Adolf fiel; er wurde in dem Kloster bestattet.

Mehrmals habe ich mit meinen älteren Kindern auf einem meiner Grundstücke gezeltet und bin dort herumgestreift. Wir fingen Kaulquappen, zündeten ein Lagerfeuer an und besuchten Verwandte. Praktisch war, dass im Ort auch noch ein kleines modernes Hotel war, so dass wir auf die Annehmlichkeiten der Gastronomie nicht ganz verzichten mussten. Erst später wurde mir bewusst, dass meine Obstwiesen in Rosenthalerhof gerade einmal zweieinhalb Kilometer Luftlinie durch den Wald von der Neubausiedlung Eisenberg-Steinborn entfernt liegen, in der damals Heinrich und seine Familie lebten.

Später siedelte die Familie von Heinrich in eine Lebensgemeinschaft mit einer Pfarrersfamilie auf einen Hof im Fränkischen nahe

Hersbruck an der Pegnitz um, wo sie Rehabilitationsmöglichkeiten für Jugendliche anboten. Heinrich gab seine sichere Stelle als Sonderschullehrer auf, um dem Ruf des Herrn zu folgen. Für Heinrich und Johanna folgten weitere Stationen im Dienst des Herrn. Heute leben sie zufrieden in der Nähe ihrer Enkelkinder in Hersbruck an der Pegnitz.

Früher war Heinrich, der ein sehr emotionales Christentum lebte, mir etwas zu exaltiert. Doch später, als über achtzigjährigem, gebrechlichem Greis standen ihm sein unerschütterliches Gottvertrauen und seine Dankbarkeit für sein Leben sehr gut.

In den späten siebziger Jahren war Franken noch sehr traditionell. Hopfen wurde angebaut, Gastwirtschaften gab es überall. Als Dreizehnjähriger habe ich auch dort einige Zeit verbracht. In einer lauen Sommernacht bekam ich meinen ersten Rausch, als ich auf einem Dorffest zwei Krüge Bier leerte. Es waren Literkrüge. Das Bier war wohl nicht besonders stark, sonst wäre der Rausch aufgefallen und meine Aufsichtspersonen hätten etwas gemerkt.

Die jüngere Schwester meiner Mutter, Anneli, war meine Patentante. Nach einer enttäuschten Beziehung wurde sie Krankenschwester, verbrachte einige Monate am Eastern Mennonite College in den USA und ging in den frühen siebziger Jahren freiwillig nach Da Nang in Vietnam, um als Rotkreuzhelferin zu dienen. Aus dieser Zeit gibt es einen regen Luftpostverkehr. Die großformatigen, farbigen Briefmarken aus Südvietnam, von denen Anneli immer einige extra auf die Umschläge klebte, faszinierten mich. Nach ihrer Rückkehr arbeitete sie zunächst in Karlsruhe und führte später ein Altenheim bei Stuttgart. Erst im Ruhestand fand sie den Mann ihres Lebens, ebenfalls aus dem kirchlichen Umfeld, den sie mit knapp siebzig Jahren heiratete.

Und da waren dann noch die Hauters von der Mühle in Rockenhausen. Mein Großonkel Ernst, der frühere Müller, war ein würdevoller Mensch, Kaufmann und Bürger. Einer von Ernsts Söhnen, Helmut, kam uns gelegentlich in Plettenberg besuchen. Einmal brachte er einen Wellensittich mit. Nach Studium und Ausbildung zum Pfarrer merkte er auf der Kanzel, dass er dazu nicht geboren war, und sattelte ein Medizinstudium drauf. In diese Zeit fallen die Plettenberg-Besuche. Helmut führte endlose Prozesse gegen das örtliche Krankenhaus, weil er dort Fehler in der medizinischen Behandlung vermutete. Später baute er die Mühle mit viel Eigenarbeit zu Wohnhaus und Praxis um, heiratete mit über vierzig eine blutjunge Frau, die ihm vier Kinder schenkte, und wurde ein engagierter und hochangesehener Landarzt.

Margrit, Christian und Andreas sind meine einzigen leiblichen Cousins – Andreas mein Jahrgang, Christian und Margrit etwas älter. Andreas ist Zimmermann und Berufsschullehrer geworden und hat zwei Kinder, Christian leitet als Volltheologe eine ordensähnliche evangelische Bruderschaft auf Schloss Triefenstein am Main und Margrit ist Angestellte in einem sozialen Beruf. Als Einzige hat sie sich vom christlichen Glauben abgewandt.

Noch ein Wesensmerkmal scheint sich in unseren Familien in der nächsten Generation fortzusetzen: Nur jeweils einer der Nachkommen hat Kinder. In meiner Familie ich. Bei Hauters Andreas. Und bei zwei Töchtern aus der Böhnisch-Sippe, die so etwas wie Cousinen für mich waren, ist eine ebenfalls kinderlos geblieben.

*

Ich habe es mir bis zum Schluss dieses Kapitels aufgespart, über meine Mutter zu schreiben. In der Kindheit war sie einfach da und kümmerte sich um mich und meinen Bruder – so wie Tante und Onkel, Opa und Oma da waren. Mein Vater hatte die Kindererziehung mehr oder weniger komplett in ihre Hand gegeben. Aber die Eltern berieten sich viel, ohne dass wir dies mitbekamen. Mit mir hat sie in der Grundschule so lange Hausaufgaben gemacht, bis ich mich an die Disziplin gewöhnt hatte und es selber erledigte.

Lore als junges Mädchen

Wenn Vater im Garten gearbeitet hatte, verarbeitete Mutter die Ernte. Im Sommer kam oft frischer Salat auf den Tisch. Oft gab es einfach zwischendurch kalten Tee oder rohes Gemüse als Snack. Zu
Ende des Herbsts wurde Sauerkraut eingelegt. Erst sehr viel später
konnte ich würdigen, welchen Luxus ich als Kind genossen hatte. Schrebergarten – wie spießig fand das der aufstrebende Gym-
nasiast!

Wir hatten schon als Grundschüler Freiheiten, von denen viele
Kinder heute nur träumen. Wir setzen uns auf unsere Fahrräder und
waren irgendwo im Ort unterwegs. Oder im Wald. Dort streifte ich
am liebsten umher, mit einem Freund oder einer Bande. Auf Bäume
klettern, kleine Festungen aus Zweigen und Ästen bauen, da konnte

die kindliche Phantasie sich entfalten. Zu einem festgesetzten Zeitpunkt waren wir wieder zu Hause.

Für ihre Sprösslinge betrieb sie unermüdlich ein reges ›Taxiunternehmen‹, zum Beispiel zum Schwimmverein, in den ich einige Jahre ob meiner schmächtigen Figur ging, damit meine Brust sich weiten möge. Oder zum Gitarrenunterricht in der Nachbarstadt Werdohl, den ich mit zwölf oder dreizehn Jahren aufgab, weil meine Lehrerin ausschließlich Klassik spielen wollte. Nicht einmal Flamenco, den ich auch gerne gelernt hätte, gab es bei ihr. Was mir von Frau Koch – ihr Mann ebenfalls klassischer Gitarrist – bleibt, ist, dass sie mir im Rahmen irgendeines Gesprächs mal gesagt hat, dass sie und ihr Mann es nicht verantworten könnten, Kinder in diese Welt zu setzen. Und die Spanische Gitarre, auf der ich derzeit noch einmal im Jahr Weihnachtslieder spiele, wenn meine Mutter die Nachbarschaft zur Adventsfeier einlädt.

Mutter war trotz ihrer bäuerlich-mennonitischen Herkunft eine moderne Frau, die mir einmal erzählte, dass sie gerne zum Tanz im Dorf gegangen wäre, aber weiter auf dem Feld helfen musste. Auch den Schrebergarten und den Gemüseanbau meines Vaters machte sie mehr unterstützend mit, als dass sie sich wirklich darin wiedergefunden hätte.

Sie blühte auf bei Familienfesten, wenn sie bewirten konnte, war eine lustige, gesellige und fröhliche Frau. Nichts lag ihr ferner als komplexer Humor. Sie wollte, dass es allen gut ging und hatte für fast alle und alles Verständnis. Ihr Glauben war tief und fest. Aber der frühe Tod ihrer Mutter und die prägenden Kleinkindjahre ohne Mutter hatten Spuren hinterlassen.

Vater und Mutter hatten sich auf einem Ausflug der Landjugend im Sauerland kennengelernt. Dann ging alles sehr schnell. Im Winter des Jahres 1963 heirateten die beiden und im ›richtigen‹ Abstand dazu wurde ich geboren. Die ersten Jahre in Ohle waren für Mutter sehr schwer. Hineingedrängt in sehr beengte Verhältnisse, die sie nicht gewohnt war, und eine überneugierige Schwägerin, hielt sie nur die Liebe zu meinem Vater aufrecht, und dann die Sorge um ihre Kinder. Etwas Abwechslung fand sie im örtlichen Turnverein, zu dem sie einmal in der Woche ging, kurz danach auch im Kirchenchor.

Verlobung von Lore und Max, Sommer 1963

Mitte der siebziger Jahre, meine Großmutter war gestorben und unsere räumliche Situation hatte sich erheblich verbessert, nahm ich neue Seiten an meiner Mutter wahr. Sie entdeckte die Liebe zur Töpferei. Noch heute schmücken in der Advents- und Weihnachtszeit ihre Krippenfiguren das Wohnzimmer. Vater vergrub sich tiefer in die Politik, seine Arbeit im Kirchenvorstand, die Arbeit in der Schule. Seit meinem dreizehnten Lebensjahr fuhr ich auch nicht mehr mit meinen Eltern in den Urlaub, nur noch längere Verwandtenbesuche machten wir gemeinsam. War es ein Hauch von Kälte, der durch mein Heim wehte, als die Großeltern weg waren und wir den sehr beengten Verhältnissen meiner frühen Kindheit entflohen waren?

Einmal sprach Mutter mir gegenüber den Wunsch nach einem dritten Kind an. Ich muss zehn, zwölf Jahre alt gewesen sein. Ich erschrak beinahe. Meine ablehnende, ja egoistische Reaktion muss sie gespürt haben. Heute wünschte ich mir sehr, dass da noch jemand wäre.

Dass ich wieder Deutscher wurde, liegt auch an meiner Mutter. Mit siebzehn, noch vor dem frühen Tod meines Vaters, hatte ich meinen Lebensplan gefasst. Ich wollte in die USA auswandern und dort das große Ding drehen. Im Sommer 1982 reiste ich auf eigene Initiative zu entfernten mennonitischen Verwandten in Cleveland. Im nächsten Jahr folgten das Abitur und der Beginn des Wehrdienstes. Am zweiten Weihnachtstag des Jahres starb mein Vater, plötzlich und unerwartet. Mutter und Bruder waren da, während ich im Zug nach Lüneburg saß. Onkel und Tante, die sonst fast nie wegfuhren, waren ausgerechnet an diesem Tag zu einem Verwandtenbesuch unterwegs.

Völlig unvorbereitet hatte die Familie ihren Mittelpunkt, ihre Integrationsfigur verloren. Mutter reagierte mit psychosomatischen Leiden, die ich aber erst später mitbekommen sollte. Als ich in Köln studierte, hatte ich eine tolle Zeit – das »Leben ohne Sorgen«, wie es in einem alten Studentenlied heißt. Regelmäßig fuhr ich am Wochenende vielleicht einmal pro Monat ins Sauerland, und immer spürte ich im Haus die depressive Grundstimmung. Mein Bruder muss es die ganze Zeit voll abbekommen haben. Ich fühlte mich meiner Mutter verpflichtet, habe aber versucht, mich so gut, wie ich konnte, davon abzuschirmen – vielleicht auch aus einem unbewussten Bedürfnis nach Selbstschutz.

Im Jahr 1986 war ich dann am Ziel meiner Wünsche: als Stipendiat der Konrad-Adenauer-Stiftung konnte ich ein Jahr in Washington studieren. Tief tauchte ich in Amerika ein. Aber schon im Frühjahr flog ich für eine Woche nach Deutschland. Und kehrte nach dem Jahr zurück, um bei Karl Kaiser zu studieren, der mir vielleicht an eine Eliteuniversität würde helfen können. So das Kalkül. Aber es war auch der angeschlagene emotionale Zustand meiner Mutter, der zurückzog. Das Kalkül ging auf, aber ich hatte zwischen der Rückkehr nach Deutschland und dem Diplom in Köln 1989 zwei zerrissene und manchmal auch einsame Jahre.

Die neunziger Jahre verbrachte ich, wie ich selber gelegentlich scherzte, im Flugzeug pendelnd über dem Atlantik. Mein deutsch-amerikanisches Leben war zur Normalität geworden. Mutter hatte sich bereits seit Ende der siebziger Jahre bei den Grünen Damen engagiert und wurde später deren örtliche Leiterin. Mit der gleichnamigen Partei hatte das nichts zu tun, es handelte sich um eine freiwillige Krankenhaushilfe. Auch Familienfreizeiten des Diakonischen Werks leitete und begleitete sie. In den neunziger Jahren war sie mehrfach in stationärer Behandlung, so dass sie Mitte der neunziger Jahre ihre psychosomatischen Beschwerden überwand. Anfang der neunziger Jahre besuchte sie mich zweimal in den USA, einmal zu meiner Abschlussfeier für das Magisterexamen. Als ich 1998 als frischgebackener Professor an die Boston University ging, schrieb sich meine Mutter in einen Englischkurs ein. Ich spürte, dass ihre guten Wünsche für mein neues Leben nun ernst gemeint waren und dass sie sich befreit hatte. Aber da war ich im Herzen längst wieder Deutscher.

Eine andere Welt

Ich bin Deutscher: aufgewachsen mit Grimms Märchen und Elvis Presley, Karl May und General Eisenhower, Wagner und James Dean. Woher soll ich meinen Realismus nehmen?

BOTHO STRAUSS, *HERKUNFT* (2014)

Ein erfahrener Bauer, der es wissen musste, Karl Werdes aus Leinschede an der Lenne, hat den Ausspruch getan: Ich will nicht sagen, dass es bei uns im Sauerland immer regnet, aber wenn es nicht regnet, hat es doch immer Lust zu regnen.

CARL SCHMITT, *SAUERLAND – WELT GROSSARTIGSTER SPANNUNG* (1954)

Die Straße

Wenn ich die Straße zu meinem Geburtshaus hinaufgehe, wird für mich fast automatisch die Welt lebendig, in der ich aufgewachsen bin. Vom Dorf hinaus geht es über einen Bahnübergang. Direkt dahinter lag das Haus von Erwin und Anna Ackermann. Er war Rentner – und überzeugter Sozialdemokrat. Seine stille Frau lebte noch lange über seinen Tod hinaus. Gerne saß sie auf einer Bank vor ihrem kleinen Haus, das direkt an der Straße lag und kaum Grundstück aufzuweisen hatte. Vor dem Haus direkt die Straße, dann die Eisenbahnlinie mit Bahnübergang, auf der pro Tag sicherlich um die hundert Züge vorbeidonnerten. Dahinter der steile Berghang.

Nach einem kurzen steilen Stück, an dem die Häuser unseres Dorfschmieds sowie Gast- und Hobbylandwirts Willy Schulte und unseres Bürgermeisters Heinz Baberg lagen, gabelt sich die Straße, beide Wege enden im Wald. Die Straße »Am Stübel« war damit so etwas wie ein Mikrokosmos. Vorne klar durch den Bahnübergang begrenzt, hinten durch den Waldrand.

Über der Gabelung liegt das schöne Haus von »Achenbach« Schmidt, dessen Vornamen sich im Dunkel der Geschichte verloren hat. Achenbach Schmidt hieß er allgemein, weil er sein ganzes Arbeitsleben in einer kaufmännischen Funktion bei der Firma Achenbach verbrachte. Herr Schmidt drehte auch als alter Mann immer noch seine Runden und strahlte Lebensfreude aus. Auch unter den neuen Besitzern ist das Haus ein Schmuckstück.

Das lange flache Stück zieht sich in ungefähr fünfzig bis siebzig Metern Höhe den Berghang an der Eisenbahnlinie entlang, bevor es nach ungefähr siebenhundert Metern im Wald endet. Am hinteren Ende lagen das Anwesen der Familie Lütjen-Achenbach, auf deren Firma in den Tal-Auen man vom gesamten zweiten Teil der Straße einen guten Blick hatte. In einem Abschwung in den achtziger Jahren musste die Firma verkauft werden, auch weil die Hausbank gemauschelt hatte. So zumindest der letzte Inhaber. Frau Lütjen, die Patriarchin der Familie, hatte wieder geheiratet, nachdem ihr Mann verstorben war. Sie hatte fünf Kinder – in den Zeiten des Wirtschaftswunders war das ein Kuriosum. Mit ihrem ältesten Sohn, der das Unternehmen lange als technisches Büro für Dampfkesselbau weitergeführt hat, verbindet mich seit etlichen Jahren ein freundschaftliches Verhältnis.

Das wirklich allerletzte Haus wurde von Millie W. bewohnt. Sie zog ihren jungen Verwandten Hans-Heinrich, der ungefähr in meinem Alter war, bei sich auf. So ganz habe ich die Familienverhältnisse nicht durchschaut. Einmal – so erinnert sich meine Mutter – ermahnte sie mich, dass ein deutscher Junge nicht weint. Heute bewohnt Hans-Heinrich mit seiner Familie immer noch das Haus. Schon als Junge war ich da, um das Pony Florian zu füttern. Später konnten meine älteren Kinder mit dem Hund Lucky, einem Australian Shepherd, spielen.

Den Weg weiter hinter dem Haus ist der Kalkofen zu sehen, eine Grube im Gestein, in der früher Kalk gebrannt wurde. Geht man weiter durch den Wald, gelangt man recht bald zum Schloss Brüninghausen, das am Anfang eines lieblichen Seitentals liegt, das sich in einem langen, sanften Anstieg bis auf die Höhen um Affeln zieht, die sich nördlich an das Lennetal anschließen. Der »Baron«, wie er allgemein genannt wurde, wohnte selber nicht in dem etwas vernachlässigten Schloss, sondern in einem kleinen Neubau mit Schwimmbad etwas talaufwärts. Das Schloss ist in Wohnungen aufgeteilt und vermietet.

Zurück zur Gabelung vorne. An der Stelle, an der sich der Stübel teilt, steigt ein Stück noch ungefähr zweihundert Meter steil an, um dann in einem Waldweg zu enden. Am oberen Ende ein Haus für Arbeiter, in dem während meiner Kindergarten- und Grundschulzeit die Krempels wohnten, mit deren Tochter Petra ich als Junge gelegentlich spielte. Später zogen sie ans andere Ende von Plettenberg, nach Wind-

hausen. Als Kinder waren uns die Begriffe »Eigentum« und »zur Miete« durchaus präsent. Anschaulich wurde es, wenn jemand, der »zur
Miete« wohnte, einfach wegzog und irgendwo eine andere Wohnung
mietete. Das waren dann oft »Arbeiter« und manchmal »Angestellte«.

In der Gabelung ein paar Schrebergärten, von denen mein Vater einen bewirtschaftete. Dazu den Garten an unserem Haus. Die
Gärtnerei war kein Zuckerschlecken. Einerseits lag die Straße an einem steilen Berghang, dem man halbwegs flache Teilstücke abtrot-
zen musste, andererseits kam beim Graben sehr schnell der steinige
Grund zum Vorschein.

Dies und der magere Ertrag schreckten meinen Vater aber nicht
ab. Der Landwirt – er war Landwirtschaftslehrer – steckte einfach in
ihm drin. Helfen mussten wir im Garten nur selten, und gerne machten wir es nicht, denn es war eine schweißtreibende Angelegenheit.
»Verflucht sei der Acker um deinetwillen, mit Kummer sollst du dich
darauf nähren dein Leben lang. Dornen und Disteln soll er dir tragen, und du sollst das Kraut auf dem Felde essen. Im Schweiße deines Angesichts sollst du dein Brot essen, bis dass du wieder zu Erde
werdest, davon du genommen bist«, heißt es in 1. Mose 3,17–19. In
dieser Bibelstelle zur Vertreibung von Adam und Eva aus dem Paradies ist sehr gut reflektiert, dass unsere menschliche Zivilisation zunächst auf einer rapiden Verschlechterung der Lebensbedingungen
aufgebaut war. Die Menschen wurden mit der Sesshaftwerdung kleiner, waren schlechter ernährt und litten unter deutlich mehr Krank-
heiten und Mangelerscheinungen.

In einer seiner tiefgründigen YouTube-Vorlesungen spricht der
schon erwähnte Psychologe Jordan Peterson darüber, was die Geschichte der Vertreibung aus dem Paradies bedeutet. In nur wenigen Sätzen legt er sechs fundamentale Themen dar, unter anderem
die Entstehung des menschlichen Bewusstseins, die menschliche Er-
kenntnis der eigenen Verwundbarkeit, Sterblichkeit und des Todes,
der Ursprung der Fähigkeit zu willentlich bösem Handeln als Aus-

druck der Fähigkeit, diese neu erkannte Verwundbarkeit zu nutzen, und eben auch den Beginn der eigentlichen Geschichte mit allen Mühen und Sorgen, welche das Leben in der Geschichte mit sich bringt. »Unmöglich. Unglaublich. Atemberaubend«, so Peterson.[1]

Mein Vater unterwarf sich den Mühen in seinem Garten. Bei der harten körperlichen Arbeit entspannte er sich. Zum Glück, wie ich heute weiß. Frisches Obst und Gemüse, direkt vom Baum oder aus dem Garten, konnte ich in meiner ganzen Kindheit und Jugend genießen. Der Geschmack ist einfach nicht mit dem von Lebensmitteln zu vergleichen, die die Handelskette durchlaufen und tagelange Lagerung hinter sich haben. Ich bin froh, dass ich nun meinen Kindern etwas davon vermitteln kann. Das Glück, wenn es zum Beispiel darum geht, Kartoffeln aus der Erde zu holen, habe ich in den Augen aller drei sehen können. Im Übrigen kann man sich bei körperlicher Arbeit durchaus entspannen. Der Supercomputer-Pionier Seymour Cray grub immer in einem Tunnel, wenn er mit einem wichtigen intellektuellen Problem nicht weiterkam.

Mein Geburtshaus

Unser Haus lag ungefähr auf der Hälfte des langen, flachen Teils. Bevor man es erreichte, ging es durch ein kleines Waldstück, in dem wir als Kinder häufig spielten. Manche der Bäume erkenne ich heute noch. Vor unserem noch das Haus unseres Nachbarn Karl »Kalle« Schneider. Schneiders und wir hatten in den fünfziger Jahren gebaut. Schon vor der Flucht aus Schlesien kannten Karl und Max sich. Wie bei so unzähligen Flüchtlingen auf der ganzen Welt siedelten sie in der Ferne wieder nahe beieinander.

Unter meinem Geburtshaus nach links und rechts die Straße, dahinter der Hang und davor der Blick auf die Lenne-Auen, mit der Bahnlinie am Fuße des Berges, der Bundesstraße in der Mitte und der Lenne direkt am gegenüberliegenden Berghang. Steil und tief hatte sich der Fluss hier im Laufe der Jahrhunderttausende in den Berg geschnitten, so dass eine steile Wand entstand, die mit Fichten bewachsen war. Oben auf der flachen Kuppe des Sundern, wie der

Blick vom Sundern lenneaufwärts, nach Carl Schmitt »einer der schönsten Ausblicke des Sauerlands«

Berg heißt, die Reste einer keltischen Fliehburg, auf einem Hochplateau links eine moderne Siedlung mit Reihen- und Mietshäusern aus den sechziger Jahren, genannt »die Burg«. In seiner Einleitung zur Merian-Ausgabe über das Sauerland von 1954 nennt der Plettenberger Staatsrechtler Carl Schmitt den Blick von hier lenneaufwärts »einen der schönsten Ausblicke des Sauerlandes«. Allerdings hätten Industrieanlagen den Charakter des Tales bereits teilweise entstellt.[2]

Zurück zum Anblick, der sich von unserem Haus aus bietet. Unten im Tal liegt vor unserem Haus die ehemalige Firma Achenbach, darum vor allem Wiesen, zur linken schließt sich das Dorf an. Meine Grundschule kann ich von unserem Haus aus sehen. Vor allem aber fällt der Blick auf die Steile und dunkle Wand des Sundern in drei- bis vierhundert Metern Entfernung. Auf diese Wand schaute man aus allen Fenstern des Hauses, die eine Aussicht boten. Und auch von Dachterrasse und Garten. Ich hatte diese dunkelgrüne, massive Wand als Kind immer vor Augen. Manchmal durfte ich auch mit dem Feldstecher von Onkel und Tante die Reiher auf der anderen Seite beobachten.

Welche Gedanken sich da wohl unbewusst formten? Einmal, als Dreijähriger, durfte ich mit meinem Onkel von hinten auf einer Leiter das steile Dach hinaufklettern und über den First schauen. Er hatte mir wohl in Aussicht gestellt, von dort weiter schauen zu können. Aber die Bergwand war immer noch da. Auf meine Frage: »Onkel Kurt, was kommt hinter dem Berg?«, hatte er keine rechte Antwort. Meine Phantasie war geweckt. Vielleicht auch der Wunsch, hier wegzukommen, die Welt hinter dem Berg zu erkunden. Wie anders der Eindruck auf dem Hof meines Großvaters, der in einer welligen Ebene mit sanften Fluss- und Bachläufen und schönen Fernsichten liegt.

Vor zwanzig oder dreißig Jahren wurde ein Waldweg in die steile Flanke des Sundern geschnitten, der ungefähr parallel zum Stübel verläuft. Nun kann man sehen, wie steil diese Wand wirklich ist. Man blickt unmittelbar auf dem Flusslauf der Lenne herab, die sich

Der Stübel mit meinem Geburtshaus (das mittlere der fünf Häuser in der Bildmitte)

an diesem Hang abgearbeitet und tief eingekerbt hat. Die Anblicke über das Tal von beiden Seiten ähneln sich durchaus; der Sundern ist aber der schroffere Berg.

Von gegenüber sieht man, dass die Straße Am Stübel auf bestenfalls einem Drittel der Höhe des Berges liegt. Als ich dieses Buch schrieb, ging ich zum ersten Mal ganz hinauf. Oben ist aktuell eine Lichtung, von der ich einen weiten Blick hinüber auf die Höhen um Affeln hatte, auf das katholische, bäuerliche Sauerland, wie es an vielen Stellen zu finden ist. Bauernhöfe liegen auf weiten, teilweise windigen Hochebenen mit großen Flächen und sanften Tälern. Eine ganz andere Welt als das industrielle Sauerland mit den tief eingeschnittenen Tälern, in dem ich überwiegend aufgewachsen bin. Ähnliches erlebe ich, wenn ich nach einer mehrtägigen Bergtour in den Alpen wieder hinabsteige. Die Dimensionen sind andere, aber der Effekt ist derselbe: Innerhalb weniger hundert Meter Höhenunterschied, manchmal nur bei hundert Metern, verändert sich die Welt.

Die Bewohner der ungefähr fünfzehn Häuser des Stübel bildeten einen kleinen, aber durchaus illustrativen Querschnitt durch die
nivellierte Mittelstandsgesellschaft der Bundesrepublik Deutschland
in ihrer besten Zeit. Ich bin im »Modell Deutschland« aufgewachsen. So wurde unser Land in einem SPD-Wahlkampfslogan zur Bun-
destagswahl 1976 bezeichnet. Zu Beginn, quasi an der Pforte, der
pensionierte Arbeiter und Sozialdemokrat, am Ende der Fabrikant.
Dazwischen der SPD-Bürgermeister in seinem schmucken Bau, der
DKP-Aktivist, alteingesessene Ohler und Angestellte, wenige Häuser
mit Mietwohnungen für Arbeiter.

Im Laufe der Jahre hat sich die Zahl der Häuser Am Stübel ungefähr verdoppelt. Der Bau- und Wirtschaftsboom machte es möglich.
Mit den Neubauten hörte es erst in den frühen neunziger Jahren auf.
Besonders attraktiv war die Lage eigentlich nicht, sah man von den
Häusern von Achenbach Schmidt und Bürgermeister Baberg ab, die
das Dorf überblickten, sowie den Häusern der Familien Lütjen und
Wolf am Ende der Straße ab. Und so bleiben die wenigen verbliebenen Grundstücke unbebaut. So gut wie jeden der Zugezogenen
kannte ich persönlich, auch wenn ich meiner Heimat 1983 den Rücken gekehrt hatte.

In vielen der Häuser, in denen damals ein oder zwei Familien
wohnten, leben heute nur noch ein oder zwei Menschen. Viel Leben
ist aus der Straße gewichen, wie bei einem Ballon, aus dem die Luft
entweicht. In einem Haus nicht weit weg von uns lebte das Ehepaar
Frunzke, das mit meinem Onkel und meiner Tante befreundet war.
Die Kinder waren weggezogen. Herr Frunzke war ein nüchterner
Mann. Einige Jahre, nachdem seine Frau gestorben war, wurde er ins
Altenheim verfrachtet. In einem unbeachteten Moment sprang er aus
dem Fenster des zweiten Stocks.

Das Dorf

Mit knapp fünf Jahren sollte ich in den Kindergarten. Auf dem gut anderthalb Kilometer langen Fußweg wechselten sich die Mütter mit dem Bring- und Holdienst ab. Der Weg führte den Stübel herunter, mitten durchs Dorf, vorbei an den Ohler Eisenwerken Theobald Pfeiffer, später Alcan, heute Novelis, auf die andere Lenneseite. Der Mikrokosmos wurde größer. Am ersten Tag jedoch gab es ein mittleres Drama. Im Kindergarten schrie und zeterte ich, wollte dort partout nicht bleiben. Mein Freiheitsdrang schien schon damals recht groß gewesen zu sein! Irgendwie überzeugte man mich, doch dazubleiben. Der Überlieferung nach erklärte ich der Kindergärtnerin Anneliese Pfeiffer im Brustton der Überzeugung: »Dann bleibe ich eben. Aber eins sage ich dir: Morgen komme ich nicht mehr!« Nun, ich kam doch wieder. Am nächsten Tag war mein Widerstand schon etwas geringer, am dritten Tag gefiel es mir sogar im Kindergarten. Anders später bei meinem jüngeren Bruder: Sein eher stiller Trennungsschmerz sollte sich über Wochen, wenn nicht Monate hinziehen.

Ein gutes Jahr später bei meiner Einschulung wiederholten sich die Diskussionen. Am nächsten Tag sagte ich meiner Mama, dass ich ja nun lesen, schreiben und rechnen könne und deswegen nicht mehr zur Schule wollte. Es bedurfte wohl etlicher Überredungskünste und auch nachher noch viel mütterlicher Geduld, bis ich schließlich mehr oder weniger gerne zur Schule ging und meine Hausaufgaben machte.

Wir waren der geburtenstärkste Jahrgang der Nachkriegszeit. Im Kindergarten waren wir ungefähr dreißig Kinder je Gruppe, bei meiner Einschulung vierzig Kinder in der Klasse. Dennoch haben wir eine gute Grundschulbildung genossen. Frontalunterricht kann auch gut sein, es kommt eben stark auf die gelebte Lernkultur an. Im vierten Schuljahr fertigten wir selbständige Aufsätze an. Einen zum Thema Eifel habe ich in meinen alten Unterlagen wiederentdeckt.

In der Grundschule, ca. vierte Klasse, mit Klassenlehrer Martin Zimmer

Zu meinem Grundschullehrer Martin Zimmer hatte ich zunächst ein zwiegespaltenes Verhältnis. Einerseits war er ein pädagogisch hochengagierter Freund der Familie, der sich mit einer Energie für unsere Grundschulklasse einsetzte, wie man sie heute wohl kaum noch findet. Andererseits konnte er gelegentlich launisch sein. Es kam schon mal vor, dass er mit einem Schlüsselbund nach einem unaufmerksamen Schüler warf. Das war damals nicht unüblich – ich habe Ähnliches von einem Bekannten in meinem Alter gehört, der in einer ganz anderen Stadt zur Schule ging. Oft traf es Gamal K., meiner Erinnerung nach der Einzige in unserer Klasse mit einem teilweisen Migrationshintergrund. Sein Vater war Arzt und stammte aus Ägypten, seine Mutter war Deutsche. Heute ist Gamal ein angesehener Rechtsanwalt irgendwo im Norden.

Mit Lehrertypen wie Fred Lipki, unserem Direktor, den wir ab und zu als Vertretungslehrer hatten, kam ich gut aus. Der war streng, aber berechenbar. Vor dem kleinen Mann, immer gut angezogen, recht steif und würdevoll, hatten ausnahmslos alle Schüler großen Respekt – vielleicht, weil er niemals laut wurde.

Im Laufe der vier Jahre, die Martin Zimmer uns als Klassenlehrer begleitete, organisierte er viele Wanderungen in der Heimat und Bustouren durch ganz Nordrhein-Westfalen, die bis heute unvergessen sind. Von einigen dieser Wanderungen gibt es Filme im Netz.[3] Nach der Grundschulzeit organisierte er weiter Klassentreffen. Das bislang letzte fand 2015 statt; auch davon existieren Filme. Schreiben Sie mir mit Angabe der Stelle, wenn Sie mich auf einem der Filme erkennen; ich schicke Ihnen eine kleine Aufmerksamkeit.[4]

Martin Zimmer ist bis heute mit uns befreundet. Als Kirchen- und auch Stadtarchivar wirkte er lange über seine Pensionierung hinaus und schickte meiner Mutter und auch mir immer mal wieder interessantes Fundmaterial. Zwischen seiner jüngsten Tochter und meiner Mutter entwickelte sich im Laufe der Jahre eine Freundschaft, seit diese einmal an einer von meiner Mutter geleiteten Freizeit für junge Mütter teilgenommen hatte.

Bei meinen Erkundungs- und Botengängen als Kind sah ich eigentlich immer jemanden auf der Straße, oft von der Generation der Großeltern. Ich grüßte auch immer, und meistens wurde freundlich zurückgegrüßt. Manchmal entwickelte sich eine kleine Unterhaltung. Mit sieben oder acht Jahren fing ich an, das Kirchenblättchen »Unsere Kirche« der evangelischen Landeskirche auszufahren. Ich hatte Einblick in weitere Haushalte, zumindest einmal im halben Jahr, wenn ich die Abogebühren kassieren ging. Da war etwa das stattliche Haus von Emmy Werdes und ihrem Mann, der wohl in einer der heimischen Firmen eine kaufmännische Anstellung hatte. Mittlerweile stehen auf dem großen Grundstück zwei weitere Häuser. Das malerische Bauernhaus direkt an der Lenne, in dem Frau Schulte wohnte. Das Haus des Fabrikanten Willy Alte. Mittlerweile ist es niedergerissen. Sein Enkel hat auf derselben Stelle einen modernen Bungalow errichtet.

Noch gab es zwei von ursprünglich drei Bäckereien im Ort, zwei Friseure, einen Lebensmittelladen, einen Metzger, zwei Restaurants, zwei Kneipen, ein Schreibwaren- und Lottogeschäft und ein Wollwarengeschäft. Heute gibt es in der ganzen Stadt Plettenberg nur noch einen Bäcker, der nicht Rohlinge aufbackt, sondern seinen Teig selbst herstellt, und das ist weiterhin Bäcker Schubert in Ohle.

Im Ort selber gab es eine Kneipe, die von Dorfschmied Willy Schulte, zwei Gaststätten mit Kneipe, das Hotel Zur Post, das Haus Hasselbach sowie das Restaurant Zamzow. Die Kneipe besuchte mein Vater nur zu ganz seltenen Anlässen, vielleicht drei- oder viermal im Jahr, mein Onkel eine Zeitlang etwas häufiger. Restaurantbesuche mit der Familie waren noch seltener. Im Haus Hasselbach war meine Tante in den fünfziger Jahren einige Jahre in der Küche beschäftigt gewesen. Dort gingen auch Industrielle und Manager ein und aus. Heute wird das Haus von fleißigen Chinesen betrieben; leider hält sich die Gästezahl stark in Grenzen. Im Restaurant Zamzow befindet sich nun eine Arztpraxis, die aber auch bald geschlossen wird. Und dann wird es in ganz Plettenberg, wo wir früher über ein Dutzend Hausärzte hatten, kaum noch welche geben und in Ohle keinen einzigen. Die Gaststätte Zur Post wurde 1986 von Theodoris »Theo« Bulis übernommen, der sie zu einem Restaurant und Veranstaltungsort gemacht hat. Heute ist sie nicht mehr aus Plettenberg wegzudenken. Seine Söhne machen weiter, Theo genießt seinen Unruhestand. Bei meiner Wanderaktion »Spaziergang nach Berlin« kehre ich mit der Wandergruppe gerne nach einer Etappe im Sauerland dort ein.[5]

Neben Metzgerei, Bäckerei und Lebensmittelladen, in die ich manchmal mitgenommen wurde, gab es noch den Friseur Horst Neuser und unseren Dorfarzt Dr. Erdmann Prieve, Jahrgang 1911. Herr Neuser verpasste mir meine ersten Haarschnitte. Ich habe mich sehr gefreut, dass er mehr als fünfundvierzig Jahre später zusammen mit dem Männerchor Ohle (MC 1882 Ohle) auf meinem fünfzigsten Geburtstag auf dem Petersberg in Bonn gesungen hat. Dr. Prieve war ein

Landarzt alten Schlages. Eine Sprechstundenhilfe hatte er nicht; seine Karteikarten füllte er selber aus. Hausbesuche waren selbstverständlich. Ein nüchterner Mann, der seinem Handwerk engagiert nachging. Einmal hat er meinem Bruder eine Platzwunde am Bein ohne Betäubung genäht. Als ich mir als Dreizehnjähriger bei einem meiner Experimente die Stirn mit Schwefelsäure verätzt hatte, reagierte er äußerst gelassen.

Das war der ökonomische Teil des alten Ohle. Zum »offiziellen« Teil gehörten zwei Kirchen (evangelisch und katholisch), das Postamt, der Bahnhof (der schon Anfang der siebziger Jahre auf eine bloße Haltestelle reduziert wurde, die in den Achtzigern ebenfalls weichen musste), eine Grundschule, ein Kindergarten und eine Feuerwehrstation.

In unserem Leben spielte der Glaube eine große Rolle. Die schöne evangelische Kirche, die in ihren ältesten Bauteilen bis ins 11. Jahrhundert zurückreicht, war ein zentraler Ort in meinem Leben. Mit dreizehn Jahren wurde ich dort konfirmiert, viele Gottesdienste habe ich dort gefeiert. Auch später, bis in meine Fünfziger hinein, kam ich zum Weihnachtsgottesdienst hierher, und bis in die letzten Jahre lauschte ich den wunderschönen Klängen des Männergesangvereins. Hinter der Kirche ein Denkmal für die Gefallenen des Zweiten Weltkriegs: »Ruhm ward dem Krieger genug und Jauchzen und grünender Lorbeer. Tränen, von Müttern geweint, schufen dies steinerne Bild.« Etliche Male bin ich von meinem Vater am Totensonntag zum Totengedenken mitgenommen worden. Erst viel später erfuhr ich, dass das Denkmal von Arno Breker geschaffen wurde, einem der bekanntesten Künstler im Dritten Reich.[6]

Unser Pfarrer war Superintendent Otto Grünberg. 1908 geboren, gehörte er zu jener Generation, die den Zweiten und teilweise auch den Ersten Weltkrieg miterlebt hatte und viele von uns Babyboomern nachhaltig prägte. Pfarrer Grünberg hatte in der Nazizeit der Bekennenden Kirche angehört, was Nachteile und Verfolgung mit sich bringen konnte. Gesprochen hat er nicht darüber. Er war ein nüchterner, pietistischer Mann, der die Würde seines Amtes lebte und klar, aber etwas lang und auch nicht besonders aufregend predigte. Wie Dr. Prieve ging er eisern seiner Pflicht nach. Als ich 1977 konfirmiert wurde, hatte er über das Pensionsalter hinaus seinen Dienst versehen und auch den Konfirmandenunterricht für uns abgehalten, weil sich so schnell kein Nachfolger für die Dorfgemeinde finden ließ. Dabei nahm mein Vater – damals als Kirchmeister ehrenamtlich Leiter der »Berufungskommission« – die Suche äußerst ernst.

Die kirchenöffentliche Konfirmandenprüfung geriet zu so etwas wie einer Otte-Show, weil er mich bei mehr als jeder zweiten Frage drannahm und ich meistens die Antworten wusste. Meinen Eltern war das etwas peinlich, aber ich dachte mir damals wenig dabei. Superintendent Grünberg hatte ein Ferienhaus oder eine Ferienwohnung in der Schweiz. Und das zu einer Zeit, als ein Pavillon oder Gartenhäuschen am Sorpe- oder Biggesee der größte vorstellbare Luxus waren. Bürgermeister Baberg begnügte sich mit einer Partyhütte im Wald.

Bei meiner Konfirmation, 1977

Heinz Baberg, der gleichzeitig auch Landtagsabgeordneter und Direktor unseres Gymnasiums war, begegnete ich gelegentlich bei meinen Spaziergängen im Wald und am Berghang. Er hatte etwas von einem Patrizier, einem Honoratioren. Er und mein Vater waren beruflich und politisch Konkurrenten, verstanden sich aber gut. Heinz Baberg stand sicherlich in der politischen Hierarchie unserer Stadt ganz oben. Gleich alt wie mein Vater, starb er nur einen Monat später, ebenfalls an Herzversagen. Sein Grab befand sich ganz in der Nähe des Grabes meines Vaters, wurde allerdings schon vor etlichen Jahren eingeebnet, obwohl seine Frau und seine beiden Söhne weiter in der Stadt lebten. Unsere Familiengrabstätte besteht noch. Ich habe eine Version des Folksongs *Wayfaring Stranger* aufgenommen und bei YouTube eingestellt; dort ist das Grab kurz zu sehen.[7]

Während der Grundschulzeit und auch in den ersten Jahren danach war ich ein Wald-Kind. Und ein Buch-Kind. Im Rückblick eine glückliche Kombination. Organisierter Vereinssport war nichts für mich, schon gar nicht Fußball oder irgendeine andere Art von Ballspielen. Später war ich eine Zeitlang im heimischen Schwimmverein. Ich machte artig mit, aber groß begeistert hat es mich nicht. Einige Mütter meiner Grundschulkameraden hielten mich für etwas merkwürdig, weil ich mich auf einem Kindergeburtstag schon mal mit einem Buch zurückziehen und völlig darin versinken konnte. Kurze Zeit später war ich aber wieder voll da und mittendrin.

Die Berghänge um den Stübel waren mein Revier. Oft bin ich mit einem Freund oder alleine dort herumgestreift. Von einer Lichtung über dem vorderen Teil der Straße konnte man das ganze Dorf überblicken. In der Nähe unseres Hauses floss ein kleines Rinnsal, wenn es geregnet hatte. Dessen Lauf konnte man lenken, kleine Teiche anlegen. Oft kam ich völlig verdreckt nach Hause. Meine Mutter machte dann vielleicht eine kurze Bemerkung, tolerierte es aber.

In der Grundschule und später im Gymnasium war ich immer der Jüngste. Hier unter den Kindern Am Stübel der Älteste. Zumindest in meiner Kohorte. Und ich hatte eine große Klappe, die ich auch im Dorf nicht halten konnte. Manchmal, allerdings selten, gab es dann einen drauf. Ich habe noch alte Kladden, in der ich mir über die Organisation unserer »Bande« Gedanken mache. Im kleinen Waldstück neben Schneiders, unseren Nachbarn, bohrten wir einen kleinen Tunnel in den Berghang, in dem drei bis vier Kinder Platz hatten. Oben umgaben wir es mit einem Wall aus Geäst und hatten so unsere »Festung«.

Etwas später entdeckten wir, dass man in den alten Hohlwegen, in denen die Pferde früher die Baumstämme die steilen Berghänge hinuntergezogen hatte, auch im Sommer ganz gut Schlitten fahren konnte. Die Laubdecke machte es möglich. Das war nicht ganz ungefährlich, denn diese Wege waren wirklich steil, und an den Seiten ragten Steine heraus.

Handys gab es keine, und bis zum Abendessen kümmerte sich niemand darum, was wir machten. In der dritten oder vierten Klasse haben wir für ein paar Mark Zigaretten aus den damals für alle zugänglichen Automaten gezogen. Die feine Nase meiner Mutter merkte sofort, dass wir geraucht hatten. Ihren ruhig und bestimmt vorgebrachten Fragen und ihrem durchdringenden Blick hatte ich nichts entgegenzusetzen. Ich gab es sofort zu. Trotzdem passierte es noch weitere ein- oder zweimal, und jedes Mal blieb mein heimliches Paffen meiner Mutter nicht verborgen. Und dann hörte es auf. Bis auf zwei oder drei Zigarren im Jahr habe ich das Rauchen dann auch nie wirklich angefangen.

Die Stadt oder: Was hat Plettenberg mit Berlin zu tun?

Der Stadtteil Ohle – bis Anfang der vierziger Jahre eine eigenständige Gemeinde – und die Stadt Plettenberg befinden sich im industriellen Einzugsbereich des Ruhrgebiets. Die Lenne mündet bei Hagen in die Ruhr. Von dort führte die Eisenbahnlinie das Lennetal hinauf über Altena, Werdohl und Plettenberg bis Finnentrop und Lennestadt, um dort nach Süden abzubiegen und über Siegen Frankfurt zu erreichen. Die Lenne selber entspringt noch ein ganzes Stück weiter östlich am Kahlen Asten, dem höchsten Berg des Sauerlandes. Altena und Werdohl waren großindustriell geprägt, Plettenberg hatte ähnlich bestimmter Regionen in Schwaben sehr gesunde mittelständische Strukturen.

Noch immer gibt es etliche mittelständische Unternehmen in Plettenberg. Ihre Zahl ist aber sicher auf deutlich weniger als die Hälfte zur Zeit meiner Kindheit geschrumpft. Heftig traf die Stadt der Verkauf des größten Industriebetriebs im Ort, der Firma Schade, an einen amerikanischen Finanzinvestor. Im Mai 2019 folgte der Insolvenzantrag, nachdem es vorher eine erbitterte Auseinandersetzung um Abfindungen und Sozialpläne gegeben hatte, die dem nunmaligen Eigentümer zuwider waren. Kurzerhand hatte er Arbeiter aus Portugal als Streikbrecher einfliegen lassen.[8] Auch die Firma, die mein Schulfreund Hans einmal übernehmen sollte, traf es bereits Anfang der neunziger Jahre.

Weit vor Zeiten des Neuen Marktes hatte Plettenberg einen Börsenstar. In den Neunzigern explodierte die Aktie der Gerüstbaufirma Plettac AG infolge des Wiedervereinigungsbooms. Aber der Vorstand hatte sich wohl übernommen. Im Jahr 2003 musste das Unternehmen sogar Insolvenz anmelden, 2004 wurde es an die französische Altrad-Gruppe verkauft. Das Kaltwalzwerk Brockhaus, wo mein Onkel vierzig Jahre an der großen Blechschere gestanden hatte, wurde an die Firma Wälzholz in Hagen verkauft. Das Ohler Eisenwerk, das über ein imposantes Fabrikgelände verfügte, an dem mich mein Weg zum Rotkreuzkindergarten vorbeiführte, ging zunächst an den kanadischen Alcan- und von diesem an den indischen Aditya-Birla-Konzern.[9]

Altena und Werdohl waren noch stärker vom Strukturwandel betroffen. In Werdohl war bereits in den siebziger und achtziger Jahren der Anteil der türkischen Mitbürger deutlich höher als in Plettenberg. Heute wirkt die kleine Stadtzone von Werdohl, in der ich als Kind nach dem Musikunterricht viele Male war, auf mich sehr fremdländisch. Lange Zeit gab es noch ein selbständiges Warenkaufhaus, das WK Warenhaus, das zuletzt von meinem Grundschulkameraden Peter »Ebbe« Ebener geleitet wurde. Als Jugendlicher ging ich manchmal vor oder nach dem Musikunterricht hinein. Lange Zeit schaffte es das WK, sich durch innovative Angebote zu halten. Im Januar 2020 wurde nach vierundvierzig Jahren die Schließung verkündet. Auch ohne Corona wäre es so gekommen.[10]

Altena, eines der Zentren der Eisenverarbeitung und Drahtzieherei im Mittelalter, ist ebenso übel dran. Direkt am engen Ortseingang steht eine große, scheußliche Industrieruine, gleichsam als unübersehbares Denkmal des Verfalls. Fährt man eines der engen und einstmals mit metallverarbeiteten Betrieben geradezu vollgestopften engen Seitentäler hinauf, begegnet einem überall der Anblick von Verfall und Niedergang. Der Standort der Berufsschule, an der mein Vater zeitweilig unterrichtete, steht leer und ist zum Abriss vorgesehen. Noch Ende 2019 kaufte ich in einem Sportgeschäft in der Fußgängerzone ein paar Wanderschuhe, als ich mit meiner Mutter und meinem jüngsten Sohn da war. Der fachkundige Inhaber beriet mich mit großer Sachkenntnis. Wir kamen ins Plaudern und er legte mir dar, dass man sich schon etwas einfallen lassen müsse, um attraktiv zu bleiben. Ein gutes Jahr später ist das Geschäft Corona zum Opfer gefallen.

Dabei kann sich Altena der ersten Jugendherberge der Welt rühmen. In der über dem Ort thronenden gleichnamigen Burg, die auf das 12. Jahrhundert zurückgeht, gründete der Volksschullehrer Richard Schirrmann 1912 eine Jugendherberge, die er unter dem Motto »Unterkunft für alle« betrieb. Als Kinder waren wir oft in dieser Burg und ihrem veritablen Museum mit Gegenständen aus der Ritterzeit. Besonders angetan waren wir Jungen natürlich von den vielen Rüstungen und Waffen, die unsere Phantasie heißlaufen ließen.

Auch die Jugendherberge ist als Museum zu besichtigen. In der Fußgängerzone von Altena gibt es ein kleines Denkmal, auf dem die Namen von Jugendgruppen festgehalten sind, die bis heute diesen historischen Ort besuchen – die ganze Welt ist dort vertreten. Immerhin, die Burg ist bis heute gut erhalten und nach wie vor ein Schmuckstück. Sowohl meine älteren Kinder als auch meinen jüngeren Sohn interessiert und fasziniert sie. Seit einigen Jahren kann man mit einem Aufzug im Berg hinauffahren und kommt direkt im Burghof an. Die Eventisierung mit Spaßfilmchen hätten sich die Gestalter allerdings sparen können.

Die andere große Attraktion der Gegend ist die Atta-Höhle, eine der größten und schönsten Tropfsteinhöhlen Deutschlands. Die unterirdische Welt mit ihren vielfältigen Tropfsteinformationen, die oft an Lebewesen erinnern, regten meine kindliche Phantasie an. Dass ich *Kleiner König Kalle Wirsch* gelesen hatte, konnte dabei nicht schaden. Als ich mit meinem Jüngsten im Sommer 2020 in der Höhle war, war es doch noch etwas unheimlich für ihn.

Insgesamt war die Welt in Plettenberg in den siebziger Jahren überschaubar und vor allem geordnet. Nicolaus Sombart beschreibt in seinen bereits erwähnten lesenswerten Erinnerungen an seine Kindheit und Jugend in Berlin von 1924 bis 1944 eine großbürgerliche Welt, deren Rhythmus auch durch den Nationalsozialismus nicht wirklich gestört wurde. Sombart wuchs im herrschaftlichen Grunewald auf, in dem das eigentlich durchaus stattliche Haus seines Vaters, einer der berühmtesten Soziologen und Ökonomen seiner Zeit, sich neben den großen Villen der Fabrikanten eher bescheiden ausmachte.

Sombarts Jugenderinnerungen berührten einen Nerv in mir. Und zwar nicht, weil sie mir eine andere Welt offenbarten. Sondern, weil sie mir in vielem so vertraut schienen. Ja, alles lag vierzig Jahre vor meiner Zeit, und alles war zwei oder drei Nummern größer als in meinem kleinbürgerlichen, dörflichen und kleinstädtischen Milieu. Aber die Gesellschaft, in der ich aufwuchs, ähnelte in vielem noch frappierend jener, die Sombart schilderte: Wir hatten unsere Honoratioren, Fabrikanten, Arbeitersiedlungen, eifrige Lehrer und provinziellen Theateraufführungen. Nur von der Kirche, die in meiner Kindheit und Jugend eine wichtige Rolle spielte, lese ich bei Sombart nichts.

Vor über einem Jahrzehnt veröffentlichten der Verleger Wolf Jobst Siedler und der Zeithistoriker Joachim Fest ein Buch, genauer das Protokoll eines Gesprächs, mit dem Titel *Der lange Abschied vom Bürgertum*. Eine verfrühte Feststellung. Das Bürgertum, ob in seiner Form als Groß- oder Spießbürgertum, bewies eine erstaunliche Resilienz. In seinem großartigen Roman *Der Turm* schildert der Dresdner Schriftsteller Uwe Tellkamp, wie das Bürgertum selbst in der DDR weiterlebte, die sich ja als Parole gesetzt hatte, ein »Arbeiter- und Bauernstaat« zu sein. Nach dem Untergang der DDR hatten viele Menschen im Osten den sehnlichen Wunsch, Bürger im traditionellen Sinn zu werden. Der Traum von einem bürgerlichen, weltoffenen Deutschland hielt sich bis zum Sommermärchen 2006 und der folgenden Finanzkrise. Seitdem driftet unsere Gesellschaft immer schneller und spaltet sich in urbane Eliten, die mit dem alten, verwurzelten Bürgertum wenig zu tun haben, und die anderen, die zunehmend zurückgelassen werden.

*

Mit dem Besuch des Gymnasiums weitete sich schrittweise mein Horizont. Ich lernte mehr Menschen und Situationen kennen und »sozialisierte« mich so in einer größeren Welt. Die wichtigsten Bezugspersonen außerhalb der Familie waren natürlich meine Lehrer. Ich fühle mich heute glücklich und privilegiert, in einem der besten öffentlichen Schulsysteme der Welt zur Schule gegangen zu sein. Und ich bin meinen Lehrern dankbar für alles, was ich von ihnen mitbekommen habe, ob schulisch oder menschlich. »Gerne ärgerten wir auch unsere Lehrer, die wurden sowieso immer unfairer«, singt Udo Lindenberg. Das reimt sich zwar schön, aber »unfaire Lehrer« hatte jedenfalls ich nicht. Im Gegenteil, es waren oft großartige Lehrer, die für ihr jeweiliges Fach geradezu brannten. Manche davon Originale, manche sperrig, aber immer am Fortkommen ihrer Schützlinge interessiert.

Das war kein Zufall. Bildung spielte in Deutschland eine wichtige Rolle. Schon Martin Luther forderte 1524 in seiner Schrift *An die Ratsherren aller Städte deutschen Lands, dass sie christliche Schulen errichten und halten sollen.* Wichtige Impulse gingen auch von der damals deutschen Reichsstadt Straßburg im Elsass aus. Das Herzogtum Pfalz-Zweibrücken, in das mein mennonitischer Urahn Christian Hauter 1752 aus dem Berner Oberland einwandern sollte, verordnete 1592 als erstes Territorium auf der ganzen Welt die allgemeine Schulpflicht für Jungen *und* Mädchen. Im Jahr 1711 führte König Friedrich Wilhelm I. in Preußen die allgemeine Schulpflicht ein. England kannte bis zum Ausbruch des Ersten Weltkriegs weder eine allgemeine Schul- noch eine Wehrpflicht.

Im Gymnasium begegnete uns ein großes Spektrum von Persönlichkeiten, und von allen konnten wir profitieren. Einerseits waren da die Lehrer der Kriegsgeneration, andererseits die jüngeren Kollegen, die schon der 68er Generation entstammten. Unser Musiklehrer Benno Jünemann hatte im Russlandfeldzug zwei Finger der linken Hand verloren, aber er spielte hervorragend Klavier und lebte

117

für die Musik. Diese Begeisterung übertrug sich manchmal auch auf uns. Wenn Schüler allerdings unaufmerksam waren und quatschten, gewannen manchmal seine Traumata die Oberhand. Dann konnte er auch schon mal minutenlang die Klasse zusammenbrüllen.

Ich erinnere mich auch an Hans Janssen, CDU-Parteifreund meines Vaters, bereits im Rentenalter. Er war ein hochengagierter Pädagoge am Joachimsthalschen Gymnasium, einer traditionsreichen, vom Großen Kurfürsten gegründeten humanistischen Bildungsanstalt in Templin. Als Offizier überlebte er neun Jahre russische Kriegsgefangenschaft, weil die Behandlung der Offiziere auch im gleichmachenden Kommunismus doch nicht so gleich war. Sein Geschichtsunterricht war anekdotenreich und spannend. Ich muss allerdings gestehen, dass ich als Sohn eines Parteifreundes eine gewisse Vorzugsstellung genoss, während der Sohn einer SPD-Ratsherrin schon mal heftig kritisiert wurde.

Seine Tochter Edda unterrichtete bei uns Musik. Obwohl sie als Oratoriensängerin auch international unterwegs war, war es gerade diese musische Dame, bei der wir auch die Beatles und den Blues analysieren durften, weil das Curriculum es inzwischen so verlangte.

Im evangelischen Religionsunterricht las Lehrer Hack, auch er jenseits der Altersgrenze, in der normalerweise Pensionierungen erfolgen, uns ein ganzes Jahr lang vor allem Tiergeschichten vor. Uns gefiel es. Der Erdkundeunterricht bei der ledigen, ebenfalls kurz vor der Pensionierung stehenden Hertha Wehrmann bestand vor allem aus ausgedehnten Diashows ihrer vielen Reisen. Keine schlechte Art, Erdkundeunterricht abzuhalten. Ich denke im Übrigen, dass es sehr gut war, dass wir in der Grundschule zunächst Heimatkunde hatten und unser Land Nordrhein-Westfalen kennenlernten, später dann Deutschland, dann Europa und zum Schluss die Welt. Diese konzentrischen Kreise schafften Verwurzelung und Orientierung. Allerdings wurde der Heimatkundeunterricht schon seit den frühen siebziger Jahren zunehmend abgeschafft oder zumindest umbenannt.

Ich könnte noch etliche Lehrer beschreiben, zum Beispiel die Milewskis, ein kinderloses Ehepaar, das für die Mathematik lebte. Theodor Zang, unseren leicht exaltierten Kunstlehrer, von dem ich Prinzipien der Bildkomposition lernte. Später promovierte er – aus Trotz, um unseren Schuldirektor zu widerlegen, mit dem er sich über eine Sachfrage gestritten hatte.

Ja, es waren schon die siebziger und achtziger Jahre, aber prinzipiell waren es dieselben Repräsentanten eines preußisch-humanistischen Bildungssystems, wie sie seit über einhundertfünfzig Jahren die deutschen Gymnasien belebten. Wir erlebten schon die reformierte Oberstufe, die 1972 in unserem SPD-regierten Bundesland eingeführt worden war. Statt des Klassenverbandes gab es dort nun ein System mit Grund- und Leistungskursen. Manche Fächer konnte man abwählen, so dass die alte Idee des Abiturs, nämlich umfassend und humanistisch in allen wichtigen Fächern gebildet zu sein, verwässert war. Dennoch funktionierte es bei uns noch ganz gut. Ein Satz bei Wikipedia zur reformierten Oberstufe liest sich fast wie Satire: »Die reformierte Oberstufe wird seit der Einführung 1972 ständig weiter reformiert.« Eine weitere Entwicklung kommt in jüngerer Zeit dazu. Auch in der Schule hat die Evaluationsbürokratie Einzug gehalten: Es wird immer mehr administriert – und immer weniger gelehrt.

Kurz nach der Einführung der reformierten Oberstufe kamen die ersten jungen Lehrer aus der 68er Generation an die Schulen. Einige von ihnen mögen mit den neuen Ideen infiziert gewesen sein, aber in Plettenberg lief alles brav und gesittet ab. Einige gaben sich lockerer, ein besonders moderner Kollege bot uns das »Du« an, doch im Großen und Ganzen änderte der Schulunterricht seine Form nicht. Dadurch, dass nicht alle jüngeren Kollegen so klar und erkennbar Respektspersonen waren oder sein wollten, wurde es für uns Schüler schwieriger, die Grenzen zu kennen. Gelegentlich testeten wir sie aus, was durchaus zu emotionalen Überreaktionen führen konnte.

Einer der Jüngeren hat mich ganz besonders beeinflusst: unser Philosophielehrer Hans-Ulrich »Harry« Völkel. Mit um die Dreißig kam er in den späten siebziger Jahren zusammen mit seiner Frau Elvira, ebenfalls Lehrerin, an das Städtische Gymnasium Plettenberg. Ich hatte mit dreizehn Jahren begonnen, mich für Philosophie zu interessieren und zwei Werke des spanischen Lebensphilosophen José Ortega y Gasset aus dem Bücherschrank meines Vaters gelesen: *Meditationen über die Jagd* und *Der Aufstand der Massen.*[*] Bei den *Meditationen* faszinierte mich, wie Ortega y Gasset ein solches, auf den ersten Blick nicht besonders philosophisches Thema in den Gesamtkontext menschlichen Handelns setzte. *Der Aufstand der Massen*, Ende der zwanziger Jahre geschrieben, ein kulturphilosophisches, um nicht zu sagen kulturkritisches Werk, das sich mit der modernen Massengesellschaft befasst, beeindruckte mich nicht minder. Zwei Jahre später trieb ich *Der Untergang des Abendlandes* von Oswald Spengler auf.[**] Dieses Buch eröffnete mir eine neue Welt: eine ganzheitliche, anthropologische Sicht auf Menschen und Kulturen, die den Eurozentrismus überwand.

Hans-Ulrich Völkel war ein Intellektueller, und er war klar links verortet. Seine sehr leise, überlegte und bedächtige Art brachte das Beste in mir, dem schnellen, wortwitzigen, manchmal auch vorlauten, geistig frühreifen Teenager hervor. In unserem Philosophie-Grundkurs lasen und diskutierten wir Texte von Immanuel Kant, Carl Schmitt und – für mich nach wie vor Krönung der deutschen Philosophie – Georg Wilhelm Friedrich Hegel. Hegels Sprache ist unglaublich komplex, aber sein System der Dialektik (»das Ding

---

[*] José Ortega y Gasset, »Meditationen über die Jagd«, Stuttgart, Gustav Klipper Verlag, 1953. »Der Aufstand der Massen, Stuttgart, Deutsche Verlags-Anstalt, 1952.

[**] Oswald Spengler, »Der Untergang des Abendlandes – Umrisse einer Morphologie der Weltgeschichte«, München, dtv-Taschenbuch, 5. Auflage März 1979.

an sich, das Ding für sich und das Ding an und für sich«) eröffnet einen tiefen Blick in die Dinge. Hat man einen Text Hegels verstanden, kann man alle verstehen. Aber bis dahin ist es ein weiter Weg.

Mit Linksintellektuellen wie Hans-Ulrich Völkel unterhalte ich mich auch heute noch sehr gerne. Sie haben einen Begriff von politischen Strukturen, auch von Macht und Ausbeutung, der den Marktliberalen fehlt, die in den Gebieten, die ich mir als Handwerk ausgesucht habe, dominieren: Ökonomie und Finanzwirtschaft. Später habe ich nicht nur Marktliberale, sondern auch Marktradikale kennengelernt, zum Beispiel als ich Preisträger eines studentischen Aufsatzwettbewerbs der Mont Pèlerin Society war. Auf einer Konferenz der Gesellschaft in Tokio konnte ich Milton Friedman, Gary Becher, James Buchanan und andere treffen. Von Friedrich August von Hayek habe ich noch einen Brief. Gegenüber ihren vereinfachenden und doktrinären Ansätzen habe ich mir immer ein tiefes Misstrauen bewahrt.

Es war ein Genuss, mit Harry Völkel zu diskutieren. Ob das die anderen sieben Teilnehmer in unserem Philosophiekurs auch so sahen, wage ich zu bezweifeln. Manchmal hatte ich das Gefühl, einen Privatlehrer zu haben. Hegel war ja auch nicht ohne. Ich besuchte Harry Völkel drei Jahrzehnte später einmal in seinem stattlichen Haus mit holzvertäfelten Räumen, einer ehemaligen Fabrikantenvilla, die heute in einem Gewerbegebiet nahe einer Hochstraße steht. Mit seinem leisen Humor berichtete er über die Welt – und darüber, dass sich niemand mehr für Philosophie interessiere und es nach ihm wohl keinen Philosophieunterricht klassischen Stils mehr geben würde. Ich habe mich sehr gefreut, dass der früh verwitwete Vater dreier Kinder mit seiner Lebensgefährtin zu meinem fünfzigsten Geburtstag auf den Bonner Petersberg kam. Mit zweiundsiebzig Jahren ist er bei einem seiner Urlaube in Ägypten zu früh gestorben.

Jugend

Mit dreizehn Jahren fuhr ich zum letzten Mal mit meinen Eltern in den Urlaub. Meine Familie war mir einfach zu eng und zu konventionell geworden. Ich wollte die Welt erkunden. Und meine Eltern ließen mich. Dafür bin ich ihnen heute noch dankbar. Überhaupt legten sie – zumindest nach außen – eine unglaubliche Toleranz und Gelassenheit an den Tag. Erst seitdem ich selber Vater bin, kann ich das richtig einschätzen.

Nicht nur mein sozialer, auch mein räumlicher Aktionsradius erweiterte sich. Plettenberg ist groß. Die eigentliche Stadt und ihre ungefähr zwanzig Stadtteile liegen an der Lenne und drei weiteren Flüsschen: der Else, der Grüne und der Oester. Wollte ich von Plettenberg-Ohle im Nordwesten in die Innenstadt, war ich auf das Fahrrad angewiesen – oder auf öffentliche Verkehrsmittel. In die Nachbarstadt Werdohl fuhr meine Mutter mit uns zum Musikunterricht, aber ansonsten hätten sich meine Eltern gehütet, uns ab einem gewissen Alter irgendwohin zu fahren. Da ich nicht so gerne den Bus nehmen wollte, blieb nur das Fahrrad. Ein Mofa mit fünfzehn oder ein Moped mit sechzehn hatte ich nicht, als das möglich gewesen wäre, denn ich hatte von meinen Eltern versprochen bekommen, dass sie den Autoführerschein zahlen, wenn ich darauf verzichtete. Die vielen Kilometer, ob tagsüber oder nachts, sind mir noch gut in Erinnerung. Auf diesen langen Fahrradfahrten konnten die Gedanken sich frei entfalten.

Im selben Jahr verbrachte ich im Herbst eine Woche bei der Weinlese bei meinem »Onkel« Gerhard Glaßer in Oppenheim am Rhein, einem kleinen Reichsstädtchen, auf das das Attribut »verträumt« damals allerdings alles andere als zutraf, denn die viel befahrene Bundesstraße B9 führte mitten durch den Ort. Mittlerweile gibt es eine Umgehungsstraße. Es ging morgens früh raus und dann acht Stunden Reben schneiden. Manche Erwachsene machten länger, aber acht Stunden waren genug für den schmächtigen Jungen, der ich damals war. Zudem gab es ja ein Jugendschutzgesetz. Aber es wurde echtes Geld gezahlt, genauso viel, wie die Großen verdienten: 4,70 D-Mark die Stunde. Am Ende der Woche kam so ein kleines Vermögen zusammen.

Später habe ich oft in den Ferien in Betrieben in Plettenberg gejobbt: in der Produktion beim Industrieofenbau Alte, der mächtig expandierte, so dass die ehemalige Grundschule weichen musste, mit fünfzehn beim schon erwähnten Gerüstbauunternehmen Plettac. Dort wurde meine Arbeitszeit jäh verkürzt, als mir beim Bearbeiten eines Gerüsts ein kleiner Stahlsplitter ins linke Auge flog. Der Augenarzt entfernte ihn problemlos, aber es hätte buchstäblich ins Auge gehen können. Zur Abiturzeit war ich bereits aufgestiegen und konnte in der Verwaltung von Alcan Ohler, heute Novelis, dem früheren Ohler Eisenwerk, arbeiten. Im Studium durfte ich dann die schlanke Konzernverwaltung von Alcan Deutschland in Eschborn im Taunus kennenlernen, wo ich einen Eindruck davon bekam, wie weit weg vom Tagesgeschäft man in einer solchen Einheit ist.

Als Schulkind wollte ich Raketenkonstrukteur werden. Die Mondlandung von Apollo 11 im Juli 1969 hatte die ganze Familie wie geschätzte fünf- bis sechshundert Millionen Menschen, ungefähr fünfzehn Prozent der gesamten Weltbevölkerung, gebannt vor dem Fernsehgerät verfolgt. Dies war das wirklich erste globale Erlebnis der Menschheit.

Mit dreizehn besuchte ich Professor Hermann Oberth, den Lehrmeister von Wernher von Braun, in seinem kleinen Raumfahrtmuseum in Fürth. Oberth hatte in den zwanziger Jahren mit seiner Dissertation *Die Rakete zu den Planeträumen* das Prinzip der Mehrstufenrakete entwickelt und gilt neben dem Russen Konstantin Ziolkowski und dem Amerikaner Robert Goddard als einer der Pioniere der Weltraumfahrt. Ich hatte ihn einfach angeschrieben. Der ältere Herr empfing mich, meine Eltern und meine beiden Vettern freundlich, wendete sich allerdings hauptsächlich meinem Vater zu. Das ärgerte mich etwas. Schließlich hatte ich das Ding eingefädelt.

Bei Hermann Oberth, 1978

Oberth war ein hervorragender Ingenieur und hervorragender Mensch. Allerdings hing er als eher unpolitischer Ingenieur eine Zeitlang ziemlich konfusen politischen Ideen an. Von seinem machtbewussten Zögling Wernher von Braun wurde er irgendwann recht brutal an die Seite gedrückt, so dass beide lange nicht miteinander sprachen. Wernher von Braun war eine wesentlich komplexere Person, dem auch die dunkle Seite der Macht nicht fremd war. Ein Nachdruck der Dissertation Oberths mit seiner persönlichen Widmung steht heute noch in meinem Bücherschrank.

Immer wieder heißt es, dass man sich zunächst einmal um die Probleme auf der Erde kümmern solle, bevor man den Mond angeht. Oder dass man Raketen eben auch zur Kriegführung missbrauche. Aber mein christliches ebenso wie mein naturwissenschaftlich-anthropologisches Weltbild sagen mir, dass ausnahmslos jede Erfindung missbraucht werden kann. Es kommt immer darauf an, was wir daraus machen. Jede Generation, jeder Mensch muss die Aufgabe neu lösen, verantwortungsvoll mit dem, was ihm anvertraut wurde, umzugehen.

Auch die Chemie hatte es mir angetan. Klar, sie ist ja nicht besonders weit vom Thema »Raketen« entfernt. Im Kellerzimmer unseres Hauses – die Küche war nach dem Tod meiner Großmutter in den ersten Stock umgezogen – unterhielt ich eine regelrechte Giftküche. Sei es roter Phosphor, das hochaggressive Kaliumperchlorat oder konzentrierte Schwefelsäure – von unserem Drogisten Fritz Sperber erhielten wir alles. Auch Stoffe, die eigentlich erst ab achtzehn waren. Voraussetzung war ein abgeschlossener Volkshochschulkurs in Chemie bei, eben, Herrn Sperber.

Aber ein fundiertes Wissen in Chemie ist nunmal keine Voraussetzung dafür, dass man verantwortungsvoll mit den Stoffen umgeht, die man so im Schrank hat. Alleine oder zusammen mit meinem Freund Hans experimentierte ich, was das Zeug hielt. Natürlich interessierten uns Sprengstoffe am meisten. Was sonst? Dazu alles, mit dem man Unfug treiben konnte. Römpps Chemiebaukasten »Chemische Experimente, die gelingen« war die Basis.

Einmal synthetisierten wir den äußerst starken Farbstoff Fluorescein, von dem bereits ein Gramm in vierzigtausend Litern Wasser wahrnehmbar ist, und schütteten unser Produkt in die Lenne. Als diese sich daraufhin gelb färbte, nahmen wir erschrocken Reißaus. Dabei waren die Mengen so winzig, dass sie sicher keinen Schaden anrichteten. Ein anders Mal entzündeten wir Naphta. Das Zeug sonderte dicke Flocken ab, die wie schwarze Schneeflocken aussahen und aufstiegen. Dumm nur, dass das nicht weit weg genug von unserem Wohnhaus passierte. Mit der Reinigung der Hauswand mittels Besen waren wir einige Zeit beschäftigt.

Kritisch wurde es, als mir eine Mischung aus Kaliumperchlorat und Schwefelsäure direkt beim Zugeben der Schwefelsäure explodierte. Die Menge war gering, aber ich hatte meine Schutzmaske nicht heruntergeklappt. Teile der Mischung landeten auf meiner Stirn und hinterließen dort Verätzungen. Ich versuchte, die Stellen mit einem basischen Gemisch zu neutralisieren, setzte mich dann aufs Fahrrad und fuhr zu unserem Hausarzt. Der begutachtete die Sache und gab mir eine Salbe. Noch heute habe ich zwei kleine Narben auf der Stirn. Auch das hätte ins Auge gehen können.

Die Königsdisziplin waren natürlich die Sprengstoffe und die Raketen. Einmal mischten wir Kaliumperchlorat und roten Phosphor unter Zuhilfenahme des Lösungsmittels Aceton und füllten die Mischung in die kleinen Plastikbomben, in die man eigentlich jeweils ein Knallplättchen geben sollte. Unser Kalkül: Das Aceton würde sich verflüchtigen und wir würden kleine Bomben mit Aufschlagzünder haben. Wir nahmen unsere beiden Erzeugnisse, gingen die Straße nach hinten zum unbewohnten Teil des Stübels und warfen sie. Die Wirkung erschrak uns. So heftig hatten wir uns die Explosion nicht vorgestellt. Wären die kleinen Dinger in unserer Hand losgegangen, wären zumindest einige Finger weg gewesen.

Unsere Schwarzpulver-Experimente kamen nicht recht voran. Das Zeug brannte einfach zu ungleichmäßig ab. Ich trieb dann einen Lieferanten für kleine Raketentreibsätze auf, die ein berechenbares Schubprofil hatten, so dass man die Flugbahn einigermaßen berechnen konnte oder das Gewicht, das der Flugkörper maximal haben durfte. So konnten wir sogar Zweistufenraketen bauen, auf deren Kopf wir zusätzlich einen Silvesterböller montierten, und diese Richtung Dorf schießen. Diese Treibsätze gibt es heute noch. Man kann sie im Internet bestellen.[11]

Unsere Experimente mögen als Unfug pubertierender Jungen erscheinen, aber mit Römpps chemischen Experimenten wurden Millionen Kinder und Jugendliche an diese Naturwissenschaft herangeführt. Menschen wie Fritz Sperber, der sich genuin für Chemie interessierte, sorgten dafür, dass das Interesse wachgehalten und gefördert wurde. Deutschland hatte seine führende Stellung in der Chemie und anderen Naturwissenschaften vom Kaiserreich bis in die achtziger Jahre hinein nicht von ungefähr. Bildung ist unser wichtigster Rohstoff, und junge Menschen wurden in der Breite und Tiefe in unserem Land vielleicht besser gefördert als irgendwo sonst auf der Welt. In jüngerer Zeit zerstören wir die wissenschaftlich-technische Basis unseres Wohlstands, und bei der Informationstechnologie spielen wir bis auf wenige Ausnahmen nicht mehr mit.

Die naturwissenschaftliche Phase ging langsam in die Phase über, in der man sich als Junge mehr mit der Biologie und der Psychologie befasst – nämlich der Biologie und Psychologie des anderen Geschlechts. In der neunten und zehnten Klasse hatte ich keine rechte Lust auf die Schule. Irgendwie fühlte ich mich den meisten Lehrern überlegen und nahm die Veranstaltung nicht mehr ganz so ernst. In Geschichte und den Fächern, in denen es primär auf den Verstand ankommt, bekam ich gute bis sehr gute Noten. In den Lernfächern Englisch und Latein waren die Noten schlecht. In Geschichte habe ich mal fast ein ganzes Halbjahr blaugemacht, weil ich glaubte, unser Geschichtslehrer Herr Kunze habe mir nichts mehr zu sagen. Beliebter Treffpunkt für alle Schulschwänzer war die Kneipe Bei Mollis in Eiringhausen, die lange eine Institution war. Heute gibt es sie, wie so viele Kneipen, nicht mehr.

Es war meine rebellische Zeit. Auch mit Alkohol machte ich meine ersten – durchaus heftigen – Erfahrungen. Einmal, auf einer Klassenfahrt, ging es bis zum Koma. Auf der vorherigen Fahrt hatten die großen Jungs, die zum Teil zweieinhalb Jahre älter waren als ich, kräftig gebechert. Das beeindruckte mich. Ich besorgte mir also als Dreizehnjähriger im Supermarkt Globus Apfelkorn und Schlehenfeuer. So war das damals. Auf der Klassenfahrt stürzte ich, wie zu erwarten, ab. Mein braver Klassenlehrer wollte schon den Notarzt holen, aber meine älteren Klassenkameraden rieten nach einer kurzen Diagnose davon ab. Bis heute wird mir übel, wenn ich Apfelkorn rieche. Ich wundere mich heute noch darüber, wie tolerant meine Eltern mit dem Vorfall umgingen. Sicher gab es Fragen und Vorwürfe, aber niemals ein lautes Wort.

Lange mochte ich keinen französischen Wein, weil es auf einigen Partys meiner Stufenkameraden französischen »Landwein« aus dem Tetrapack gab – ein übles Gesöff. Es hat viele Jahre gedauert, bis ich merkte, dass französischer Wein etwas ganz Großartiges sein kann. Heute mache ich zusammen mit Marc Josten, einem Winzer von der Ahr, meinen eigenen Pinot Noir.[12]

Von anderen Drogen jeglicher Art habe ich mich ferngehalten. Rauchen war seit meinen Erfahrungen in der Grundschule auch nicht mein Ding. Bei den drei oder vier Gelegenheiten, an denen ich Cannabis rauchte, passierte absolut nichts. Und mit der elften Klasse änderte sich mein Verhalten in der Schule. Ich hatte meine Vision vor Augen, wollte groß rauskommen, nach Amerika. Ich setzte mich auf den Hosenboden. Die Noten wurden schlagartig besser. Party machte ich aber immer noch reichlich.

Freizeiten waren ein wichtiges Spielfeld, denn in meiner eigenen Klasse konnte ich nicht gut punkten. Ich war der Jüngste und damit in meiner körperlichen Entwicklung weit hinter einigen Klassenkameraden zurück. Die ältesten waren immerhin mehr als zweieinhalb Jahre älter als ich – mit dreizehn, fünfzehn oder siebzehn bedeutete das ein ganzes Lebensalter.

Bei einer Jugendfreizeit im Kleinwalsertal war im anderen Flügel eine Mädchengruppe untergebracht. Wir übten das Klettern an der Fassade in den ersten Stock, das »Fensterln«. Es wurden uns auch durchaus bereitwillig die Fenster geöffnet. Aber schon beim zweiten oder dritten Mal hatten es die Betreuer der Mädchenfreizeit herausbekommen und erwischten uns. Da war erstmal Schluss.

Also entdeckte ich – wie so viele andere Jungen – die Musik für mich. Ein Mann mit einer Gitarre – das zog. Und wenn ich in meiner Klasse nicht so viel Erfolg hatte, dann konnte ich doch die jüngeren Girls beeindrucken. Mit fünfzehn hatte ich meine erste Freundin. Obwohl meine recht puritanischen Eltern Inez freundlich behandelten, spürte ich doch deutlich, dass sie die Beziehung missbilligten.

Bei den Eltern von Inez hingegen war ich ein gerne gesehener Gast. Die Liaison endete nach knapp einem Jahr. Inez beschwerte sich gelegentlich, dass ich die Zeit mit ihr in meinem Terminkalender, den ich offensichtlich schon damals führte, genau plante. Nach dem Ende unsere Beziehung standen Schule, Geschäft und Musik wieder im Vordergrund. Manche »Elfmeter« beim anderen Geschlecht habe ich deswegen wohl verpasst.

Vielleicht war die Musik nicht »my first love«, wie es in dem John-Miles-Klassiker heißt, aber sie dauert bis heute an. Meine ersten beiden Schallplatten kaufte ich mit dreizehn Jahren: eine Doppel-LP mit alten Hits von Johnny Cash und *Das ist der Dank* von Ulrich Roski. Eine zugegebenermaßen eigenwillige Kombination. Johnny Cash war aufgrund seiner Gospel-Phase auch in kirchlichen Kreisen akzeptabel. Ulrich Roski hatte ich im Fernsehen gesehen, als er *Des Pudels Kern* vortrug, und ich wollte unbedingt eine Platte von diesem Sänger haben, der mit so unglaublichem Wortwitz ausgestattet war. Heute habe ich selber eine Version von *Des Pudels Kern* aufgenommen und ins Netz gestellt.[13]

Natürlich hatte man auch was von den Beatles, die in den Siebzigern noch sehr präsent waren, während Elvis Presley langsam in der Vergangenheit versank, wenigstens für uns Jüngere. Wer was auf sich hielt, hatte das blaue, rote und weiße Album der Fab Four, obwohl das weiße Album keine Kompilation war und eigentlich nicht in die Reihe passte.

Anders als etliche Retortenprojekte, die seit den achtziger Jahren die Hitlisten stürmten, waren die Beatles eine »echte« Band. Hier waren vier Musiker, die in der Knochenmühle von Liveshows auf der Reeperbahn zu einer perfekten Einheit geschweißt wurden. Ähnliches galt für viele andere Bands der Zeit, zum Beispiel Status Quo und AC/DC. In seinem Buch *Überflieger: Warum manche Menschen erfolgreich sind – und andere nicht* zeigt Malcolm Gladwell, dass es ungefähr zehntausend Stunden Übung braucht, um in einem bestimmten Feld wirklich gut zu werden. Das sind mehr als drei Jahre mit neun Stunden Praxis pro Tag! Diese Bands waren wirklich gut!

Ansonsten hörten wir in den Siebzigern vieles, ohne groß in Schubladen zu denken: The Doors, Status Quo, Deep Purple, ZZ Top, Pink Floyd, Rory Gallagher und andere alte Haudegen, genauso die Synthesizer-Pioniere des sogenannten Krautrock wie Tangerine Dream oder Kraftwerk, auch Hard-Rock von AC/DC, die sehr eigensinnigen The Police und was sonst noch so aufkam. Bei meinem Musikgeschmack gab es zwei Schwerpunkte: Grundsätzlich neigte ich dem einfachen Blues und Rock zu. Besonders die Doppel-Live-LP von Status Quo hatte es mir angetan. Auf der anderen Seite fand ich Musik mit psychedelischen Elementen faszinierend. Auch deutscher Folk, deutscher Rock oder amerikanischer Country war interessant. Was ich damals dezidiert nicht mochte, war Disco. Doch wenn ich heute alte Clips der Bee Gees auf YouTube sehe, muss ich mich vor den Gibb-Brüdern verneigen. Hier war eine andere Band, die in unzähligen Übungsstunden geformt und gestählt wurde, und das zeigt sich in der Perfektion ihrer Harmonien und Songs. Heute höre ich *Stayin' Alive* gerne. Und erinnere mich etwas wehmütig an die experimentelle Atmosphäre der siebziger Jahre, in der vieles ging, was heute nicht mehr geht.

*

Wir waren fest in die evangelische Kirche eingebunden. Mehrfach hatten wir Besuch von Pfarrer Wilde und seiner Frau, die im Pensionsalter aus der DDR in den Westen übersiedeln durften. Einmal sah er meine Plattensammlung von etwa vierzig LPs und war ehrlich betrübt, dass nur eine Klassikscheibe, nämlich vom Händel, dabei war. Und ich schämte mich, denn im *Untergang des Abendlandes* schwärmt Spengler von Beethoven als dem Gipfel der abendländischen Musikkultur. Das Buch hatte ich schon fast zwei Jahre zuvor gelesen. Also besorgte ich mir zeitnah Beethovens neun Symphonien, dirigiert von Herbert von Karajan, und wurde nicht enttäuscht. Diese Symphonien sind in der Tat so ziemlich das Größte, zu dem ein Komponist fähig ist. Mozart mochte ich damals nicht, aber im Laufe der Zeit kann ich seiner verspielten Leichtigkeit immer mehr abgewinnen. Ich kenne etliche Menschen, denen es ebenso ergangen ist.

Hören ist das eine, Musik machen das andere. Nur die Mitgliedschaft in einer Band, am besten als Bandleader, war das echte Ding. Wie viele Kinder meiner Generation hatte ich in der Grundschule mit der Blockflöte angefangen, später dann Wandergitarre gespielt. Mit etwa elf Jahren hatte ich Unterricht bei einer studierten Gitarrenlehrerin. Die wollte allerdings nur klassische Stücke spielen, was ich langweilig fand.

Erst mit dreizehn oder vierzehn Jahren machte es bei mir klick. Auf einmal konnte ich Folk- und Popsongs mit ganzen Akkorden, die ich schlug oder zupfte, begleiten. Die erste Band hieß »JOE« – »Jüngst Otte Experience«, nach »Jimi Hendrix Experience«. Holger Jüngst am Bass, mein Bruder am Schlagzeug, und ich spielte Gitarre und sang. Die ersten Monate müssen grausam geklungen haben. Obwohl wir das Tor der Garage, in der wir probten, mit Styropor und Eierkartons so gut wie möglich isolierten, war unser Lärm sicher etliche Häuser weiter zu hören. Direkt über der Garage hatte mein Vater seinen Schreibtisch. Über seine Geduld und Toleranz wundere ich mich heute noch.

Später dann, mit der von der New Wave beeinflussten Band »Täuschung« erreichten wir eine gewisse regionale Bekanntheit in Plettenberg und im Lennetal. Wir spielten funkiger, moderner und sangen deutsch. Künstler der Neuen Deutschen Welle wie Nena, Extrabreit, Fehlfarben, Joachim Witt, Ideal und andere stürmten gerade die Hitparaden. Meine Neigung zu Blues, Rock und Englisch konnte ich nicht mehr umsetzen, denn die Rolle des Bandleaders hatte Jörg übernommen. Aber ich ordnete mich ein, wenngleich mir das nicht leichtfiel. Der Erfolg gab uns jedoch recht. Wir waren ein eingespieltes Team und brachten energiegeladene Auftritte und durchaus originelle Eigenkreationen zustande. Sogar zwei Singles mit eigenen Liedern spielten wir in einem guten Tonstudio in Lüneburg ein. Keine Ahnung, wie ich an diese Adresse gekommen war.

Die Band »Täuschung«, ca. 1982

Meine anderen drei Bandkollegen leben heute noch in Plettenberg. Zwei von ihnen waren Brüder und Söhne des Inhabers eines Drogeriefachgeschäfts, der dritte Sohn des Inhabers eines Mode- und Pelzgeschäfts am Ort. Beide Geschäfte sind dem Strukturwandel zum Opfer gefallen, wie auch zwei der Jobs meiner Bandkollegen. Beide haben etwas Neues gefunden und machen weiter – einer im Lager eines Industriebetriebs, einer mit einem selbst gegründeten Stadtmagazin. Die Band gibt es wieder – mit Rockklassikern und in etwas veränderter Besetzung. Meine früheren Bandkollegen spielen mittlerweile hochprofessionelle und druckvolle Rockmusik unter dem Namen »Finest Fathers«. Ich habe mich riesig gefreut, vor einigen Jahren mehrere Male mit meinen Freunden aufzutreten, darunter auch zu meinem fünfzigsten Geburtstag.

Erwachen

Was man an seinen Muskeln versäumt hat, holt sich später noch nach; der Aufschwung zum Geistigen, die innere Griffkraft der Seele dagegen übt sich einzig in jenen entscheidenden Jahren der Formung, und nur wer früh seine Seele weit auszuspannen gelernt, vermag später die ganze Welt in sich zu fassen«, schreibt der österreichische Schriftsteller Stefan Zweig kurz vor seinem Tod 1942 im brasilianischen Exil in seinen Lebenserinnerungen *Die Welt von Gestern.*[14]

Ich bin heute noch dankbar, dass meine Seele um mein sechzehntes Lebensjahr herum diesen »Aufschwung zum Geistigen«, diese »Griffkraft« erlebte und ich es vermochte, »die ganze Welt in mir zu fassen«. Meine innere Welt ist lebendig. Ich kann Zeit- und Weltreisen unternehmen, mich in den Weltraum beamen – und sitze doch mit geschlossenen Augen in meinem Sessel. Ich habe das vom ersten Moment an als großes Geschenk Gottes empfunden.

Dass Sprache mehr ist als bloßes Sprechen und unmittelbar mit dem Denken zu tun hat und dass es sich vielleicht auch lohnt, sich damit zu befassen, merkte ich mit dreizehn, als ich, wie schon erwähnt, den spanischen Philosophen Ortega y Gasset für mich entdeckte. Ortega y Gasset hatte von 1905 bis 1911 in Deutschland gelebt und war von der deutschen Philosophie beeinflusst. Er schrieb aber klar und verständlich und immer mit Bezug auf das konkrete Leben. Ich verstand: Sprache, das Nachdenken über existenzielle Phänomene konnte Spaß machen. Mit meiner großen Klappe hatte ich einem Lehrer gegenüber wohl erwähnt, dass ich Ortega gelesen hatte, und der sagte es meinem Deutschlehrer, was mir wiederum ein anderes Standing und bessere Noten im Deutschunterricht verschaffte.

Später mussten wir ein modernes Gedicht analysieren, das aus der Verteilung der zwei Wörter »Leben« und »Tod« über ein Blatt be-

```
            Licht
Grelles,kaltes einer kleinen und entfernten Sonne
wirft seine Schatten,während ich schreibe.Unzählige
Autos stehen auf dem Schrottplatz-weinende
Assoziationsformen im Sandkasten meines Gedächtnisses.
Ein Sandsturm zieht am Himmel einer Marswüste auf.
            Die Entropie steigt.
In 100 Grad minus taucht mich ein schwarzer Himmel,
während ich allein auf einer einsamen Bergspitze stehe
gleichteitig werden auf weiten Ebene trockene Herbstblätter
durch DEN GROSEN STURM verweht.Sowetische Forscher
erreichten in ihren Laboratorien den
ABSOLUTEN NULLPUNKT!

Über mein Staunen vergesse ich das Frieren

Atombombenregen
Hochenergieentladungen der vernunft
Verwirrte Ordnung

Und da wird die Luft wieder hell und frühlingshaft mild
Ich verlasse mein Schneckenhaus
.Friedlicher Spaziergang im Dschungel.

     .Die Entropie steigt.

Und so gehe ich die verwitterte Asphaltstraße hinunter

auf eine grasbewachsene Müllhalde zu,deren löcherige

Umzäunung mit wucherndem Pflanzenwuchs zu kämpfen hat.

        Bald davor Abkunft zumHause.
        Tod meines Großvaters.
Und weitere KREISE in die dunkle,von Schattenkörpern

durchsetzte,bodenlose Vergangenheit:

tiefer die kosmische Raumspirale


Gedanken werfen flüchtige Schatten im MÜLLEIMER ZEIT:
.Walnußgroßes Sauriergehirn über versumpfter Landschaft.
     .Schnecken am Zeitrand.
              .Erinnerungen an das dukle Zeitalter.
        .Ankunft in Atlantis.
              .Zerbröckelnde Bewußtseinsschalen.
     Doch die Substanz kreist ewig-
     auch hier gilt der Satz von der Energieerhaltung.

        Und trotzdem


     .D i e  E n t r p i e  s t e i g t.
```

Jugendgedicht, 1979

stand und mit »Leben und Tod« endete. Nach der Analyse rückte unser Lehrer damit heraus, dass das Gedicht von unserem Mitschüler Jörn Leogrande, »Leo«, stammte. Leo war ein lebensfroher, künstlerischer Junge mit einem großen Lockenkopf, den er wohl seinem italienischen Vater zu verdanken hatte. Um die zehnte oder elfte Klasse zog die Familie nach Bayern, wo er in der Schule hart zu kämpfen hatte. Heute ist Leo bei einem Finanztechnologieunternehmen.

Das inspirierte mich: Natürlich wollte ich auch Gedichte schreiben! Aquarelle und Ölbilder malte ich schon seit einiger Zeit. Nun also auch schriftstellerische Kreativität. Mein erster Versuch wurde auch von meinem Deutschlehrer gnädig aufgenommen.

Neben Naturwissenschaften und Geschichte hatte mich nun also auch die Philosophie gepackt. Meinen geistigen Urknall erlebte ich mit Spenglers *Der Untergang des Abendlandes*, ich habe es schon erwähnt. Irgendwo hatte ich den Titel gelesen und mir dann in unserer Buchhandlung die dtv-Taschenbuchausgabe besorgt. Spenglers kühner Entwurf beeindruckte mich zutiefst – so sehr, dass ich viele Jahre später einer der Mitbegründer der internationalen Oswald-Spengler-Gesellschaft wurde und den Oswald-Spengler-Preis stiftete. Der erste Preisträger war 2018 der französische Schriftsteller Michel Houellebecq, der zweite Preisträger 2020 der Stanford-Geschichtsprofessor Walter Scheidel.

Ich meine, dass Spengler uns auch heute noch inspirieren kann. Einige seiner Ansichten sind überholt, andere erstaunlich aktuell. Als Erster hat Spengler die Relativität der Kulturen erkannt und den Eurozentrismus ebenso überwunden wie das »unglaubwürdig dürftige und sinnlose Schema Altertum – Mittelalter – Neuzeit«.[15] In vielerlei Hinsicht war er wirklich ein Prophet. Karl Popper behauptete, dass es sinnlos sei, nach Gesetzmäßigkeiten der Geschichte zu suchen, weil Geschichte »prinzipiell offen« sei. Ich bin nicht dieser Meinung. Ich stimme im Gegenteil meinem Mitstreiter David Engels zu, dass gerade in der Suche nach großen Mustern, Erklärungen und Gesetzmäßigkeiten der Sinn der Geschichtswissenschaft liegt und Poppers Position geradezu nihilistisch ist.

Erst ein oder zwei Jahre später brachte mir Hans-Ulrich Völkel im Philosophieunterricht Kant und später Hegel nahe. Kant hatte ein großartiges, logisch geschlossenes System entwickelt, dem ich durchaus etwas abgewinnen konnte. Allerdings war es für mich eher ein System theoretischer und ethischer Maximen als eine Reflexion der Lebenswirklichkeit. Da gefiel mir Hegel besser, auch wenn für ihn der »preußische Staat« Gipfel und Höhepunkt der Geschichte darstellte. Es ist nicht einfach, sich durch seine unglaublich komplizierten Sätze zu quälen. Aber wenn man ihn einmal verstanden hat, kann es eine kleine Offenbarung sein. Man kommt auf einer neuen Ebene des Denkens an. Wer einmal »drin« ist, so behaupte ich, den packen seine großartigen und lebensnahen Gedanken.

Nach Hegel schafft sich das Denken seine eigenen Voraussetzungen – das Bewusstsein bestimmt das Sein. Und das Sein kann wieder auf das Bewusstsein zurückwirken. Der Kern der Hegel'schen Gedankenwelt ist die Dialektik, dass also Gedanken oder Ideen sich konkretisieren müssen und aus dem Prozess etwas Neues entsteht. Man könnte auch sagen, Hegel dachte in iterativen Prozessen:

> Das Wahre ist das Ganze. Das Ganze aber ist nur das durch seine Entwicklung sich vollendende Wesen. Es ist von dem Absoluten zu sagen, dass es wesentlich Resultat, dass es erst am Ende das ist, was es in Wahrheit ist; und hierin eben besteht seine Natur, Wirkliches, Subjekt oder Sichselbstwerden zu sein.[16]

Mit Spengler und Hegel explodierte mein Bewusstsein, mein »Geist«, wie Hegel sagen würde. Das innere Wesen der Dinge offenbarte sich. Alles hing mit allem zusammen. Neues sortierte ich unmittelbar in meinen bestehenden Wissensfundus ein. Mühelos begann mein Gehirn, Assoziationen zu knüpfen, von einem Ding zu anderen, von einer Idee zur nächsten zu gleiten.

Joseph von Eichendorffs Vierzeiler *Wünschelrute* – das Motto des Kapitels *Der Seher* – trifft es ganz gut. Ich fühlte mich im Besitz des Zauberwortes. Allerdings war mein Gefühl dabei weniger verträumt-romantisch als himmelsstürmend, berauscht – ein Gefühl der Macht des Geistes. Es war offenbar der Überschwang der Adoleszenz, der sich so bei mir offenbarte. Nicolaus Sombart schreibt in seinen Erinnerungen an einen Jugendfreund: »Als Achtzehnjähriger lebte und webte er frühreif, genialisch in jener ach so deutschen, keinem Nichtdeutschen begreiflich zu machenden Geistigkeit, die sich in gewaltigen, Epochen und Kontinente umspannenden geschichts-philosophischen Systemen unerschöpflich entfaltet und erneuert. (...) Hegel und Spengler waren die großen Referenzen.«[17] Ein wenig erkenne ich mich da wieder: geschichtsphilosophisch frühreif, in vielen anderen noch ein Teenager.

Hegel muss ein lebensfroher Mensch gewesen sein, bei dem der Wein regelmäßig floss und der auch Galanterien nicht abgeneigt war. In meiner Bibliothek steht die zweiundzwanzigbändige Gesamtausgabe seiner Schriften. Wenn ich sehe, was er in seinen einundsechzig Lebensjahren geschaffen und geschrieben hat, kann ich nur tiefen Respekt empfinden. Ebenso geht es mir bei vielen anderen: Bach, Mozart, Beethoven, Kant, den Brüdern Humboldt. Da waren Menschen am Werk, die die Grenzen dessen, was einem menschlichen Geist möglich ist, ausgetestet und erweitert haben. Heute testen wir eher aus, was für einen menschlichen Körper möglich ist, zum Beispiel bei extremen Sportarten.

In der Gegenwart wird Hegel gerne – auch das zurückgehend auf Karl Popper – als »Feind der Freiheit« diffamiert. Wie gut, dass 2020 zu Hegels zweihundertfünfzigstem Geburtstag eine umfangreiche Biographie des Philosophen vom Hegel-Kenner Klaus Vieweg erschien, die den Untertitel *Der Philosoph der Freiheit* trägt. Freiheit hat auch ihre Grenzen, sie ist nichts Absolutes, keine Religion, wie

heute für manche Liberale und Libertäre. Freiheit muss konkret ver-
wirklicht werden. So könnte man Hegel lesen.

Im Gedächtnis geblieben ist mir auch die Aussage meines Lehrers, dass für den Schwaben Hegel die Vollendung der Geschichte der preußische Staat gewesen sei. Nun, die Geschichte hat sich
nicht allzu sehr darum gekümmert und Preußen gibt es nicht mehr.
Bei Hans-Ulrich Völkel behandelten wir auch die Staatstheorie des
Plettenberger Rechtsgelehrten Carl Schmitt, der damals noch lebte.
Schmitt, ein brillanter, aber auch opportunistischer Geist, gehörte zu
den »Märzgefallenen«, die im März 1933 der NSDAP beigetreten waren. Einige Jahre versuchte er, sich dem Regime anzudienen, wurde
aber durch eine Intrige der SS bereits 1936 aus allen Ämtern entfernt,
allerdings nicht ohne zuvor die infame Tagung *Das Judentum in
der Rechtsgeschichte* initiiert und geleitet zu haben. Nach 1945 kam
er in Haft und durfte keine Professorenstelle mehr antreten. Noch
heute werden seine Schriften gelesen. Für den Linksintellektuellen
Völkel war es selbstverständlich, dass wir uns mit dem Sohn unserer
Stadt beschäftigten.

*

Seit ungefähr meinem fünfzehnten Lebensjahr fuhr ich regelmäßig
zu Sprachreisen nach England. Ich begann, systematisch englische
Autoren zu lesen. In meinem letzten Sommer waren wir in Torquay,
einem Seebad im südwestlichen England, wo dank des Golfstroms
sogar Palmen gedeihen. Mittlerweile war mein Englisch sehr gut geworden. Dr. Traynor, unser Lehrer, gab sich große Mühe, uns täglich
die Tiefen und Feinheiten seiner Sprache zu vermitteln. Zwischendurch besuchte ich mit Martin aus Erkelenz, der seit langem Apo-
theker ist, die damals populären Spiele-Arkaden. Pac-Man und ein
Weltraumspiel mit nach heutigen Begriffen primitivsten Graphiken
waren der Renner. Von Dr. Traynor, eine strenge, aber zugewandte Respektsperson im Pensionsalter in leicht abgenutzter Kleidung,

lernte ich auch, dass es so etwas wie eine englische Romantik gegeben hatte. Das Gedicht *The Listeners* von Walter de la Mare über einen einsamen Menschen in einer Welt, die ihm nicht antwortet, geht
mir bis heute nicht aus dem Kopf:

›Is there anybody there?‹ said the Traveller,
　Knocking on the moonlit door;
And his horse in the silence champed the grasses
　Of the forest's ferny floor:
And a bird flew up out of the turret,
　Above the Traveller's head:
And he smote upon the door again a second time;
　›Is there anybody there?‹ he said.
But no one descended to the Traveller;
　No head from the leaf-fringed sill
Leaned over and looked into his grey eyes,
　Where he stood perplexed and still.[18]
(…)

Tief romantisch war auch Jim Morrison, Poet und Sänger der Doors.
Seine Lieder rühren tatsächlich an die Pforten der Wahrnehmung,
die *Doors of Perception*. So lautet ein Buchtitel von Aldous Huxley,
nach dem sich die Band benannte. Morrison war ein echter Poet, ein
Schamane, dessen helle und dunkle Seiten in einem ständigen Kon-
flikt standen. Die Doors waren eine Kategorie für sich. Sie blühten
auf, standen von 1967 bis 1971 ganz oben, bevor Morrison die Band
verließ und kurze Zeit darauf unter nie geklärten Umständen in Paris verstarb. Die anderen Bandmitglieder brauchten lange, um sich
vom Kometen Jim Morrison zu lösen. Zwei von ihnen – Ray Manzarek und John Densmore – schrieben lesenswerte Bücher über die
Zeit. Wer nur eins lesen möchte, sollte zu dem von Manzarek grei-
fen. Densmore galt als Nörgler, was seine späteren Prozesse gegen
die anderen Bandmitglieder bewiesen. Manzarek und Robby Krieger
wollten es noch einmal wissen und gingen mit dem The-Cult-Sänger

Ian Astbury um 2006 auf Tour. Da habe ich sie dann in Dortmund gesehen. Astbury war natürlich nicht Morrison – und versuchte auch gar nicht, Morrison darzustellen –, aber die Musik war sehr authentisch. An diesem Tag brannten überall im Land die Osterfeuer, die noch auf heidnische Zeit zurückgehen. Ich fand das sehr passend. Einen Gänsehautmoment gab es auch: als Keyboarder Ray Manzarek von der Bühne aus erklärte, dass die Doors die Botschaft von Liebe und Frieden aus den Sixties verbreiten wollten und er gegen die Nazis in allen Ländern sei. »Und«, so fügte er hinzu: »Wir haben einen als Präsidenten.« Gemeint war George W. Bush. Manzarek ist 2013 in einer Klinik in Rosenheim an Krebs gestorben.

Bei aller Liebe zur Kunst – und der Liebäugelei damit – hatten es mir doch auch einige Zeilen aus dem *Untergang des Abendlandes* angetan, die mich stets begleiteten: »Wenn unter dem Eindruck dieses Buches sich Menschen der neuen Generation der Technik statt der Lyrik, der Marine statt der Malerei, der Politik der Erkenntniskritik zuwenden, so tun sie, was ich wünsche, und man kann ihnen nichts Besseres wünschen.«[19]

Nicht nur geistig, auch ökonomisch wollte ich unabhängig werden. In meinen letzten Schuljahren verdiente ich mir regelmäßig Geld dazu – sei es durch Ferienjobs oder später durch ein professionell betriebenes Nachhilfebusiness. Meine geschäftlichen Neigungen hatten sich bereits in der siebten Klasse gezeigt. Nach Silvester betrieb ich einen florierenden Arbitragehandel mit Chinaböllern und sonstigem Knallwerkzeug. Man konnte das Zeug vor Silvester bei der Krämerin in unserem Ort, Lene Winner, kaufen. Wenn die Schule wieder anfing, waren die Böller schlagartig mehr wert, da einige Klassenkameraden sich leergeknallt hatten, aber unbedingt weiterböllern wollten. Der Preis für Knallkörper stieg sprunghaft. Ich konnte meine Waren in Einzelstücken mit Gewinnspannen von zweihundert oder dreihundert Prozent loswerden. Damals machte es mir Spaß. Heute ist mir solches Schachern zutiefst zuwider. Seit langem setze ich nicht mehr auf den kurzfristigen Deal, sondern auf langfristige und vertrauensvolle Geschäftsbeziehungen.

Mit sechzehn begann ich das erwähnte Nachhilfebusiness in etlichen Fächern von Englisch bis Mathe auf die Beine zu stellen. Zwar vermittelte ich vor allem den Stoff der früheren Schuljahre, aber es brachte mich auch selbst weiter. Der wohl bekannteste Managementdenker des 20. Jahrhunderts, Peter Drucker, schrieb in seinen Memoiren, dass er erst dann ein Fach vollständig durchdrungen habe, wenn er einen Kurs darin gegeben habe, und dass er neue Inhalte am besten dadurch lernen würde, wenn er einen Kurs dazu vorbereitete.[20] In der Abiturzeit gab ich Stufenkameraden Nachhilfe, ohne etwas dafür zu verlangen. Pro bono. Das veranlasste die Autorinnen unserer Schülerzeitung, in meinem Eintrag unter anderem zu schreiben: »Er schleuste so manchen durchs Abitur – Du meine Güte, wie macht er das nur?« Der Terminkalender meines sechzehn- oder siebzehnjährigen Selbst war voll: Schule, Musik, Nachhilfeunterricht, Bücher. Mit dem Vereinssport hingegen mochte ich mich nicht anfreunden.

*

Ende der siebziger Jahre änderte sich die Welt. Die Kneipen waren weiterhin gut besucht. Aber fast jeder Haushalt hatte nun ein Auto, manche sogar zwei. Die Nachbarschaftsfeste wurden seltener, die Menschen mobiler, das Leben flüchtiger. Ich habe das als sehr deutlichen Kontrast zu meinen ersten zwölf oder dreizehn Lebensjahren wahrgenommen.

Die Überlieferung

Wo sind eure Lieder,
eure alten Lieder?
fragen die aus andern Ländern,
wenn man um Kamine sitzt,
mattgetanzt und leergesprochen
und das High-Life-Spiel ausschwitzt.

FRANZ JOSEF DEGENHARDT, *DIE ALTEN LIEDER* (1968)[1]

Geschichten und Geschichte

In seinem Buch *The Storytelling Animal*, das leider nicht auf Deutsch erschienen ist, beschreibt der amerikanische Literaturwissenschaftler Jonathan Gottschall, wie ein einfacher Countrysong ihn bei einer Autofahrt so bewegte, dass ihm die Tränen kamen und er anhalten musste.[2] So groß ist die Macht von Geschichten.

Wir Menschen sind Sinnkonstruktionsmaschinen. Wir brauchen Identität und Sinn. Unser Gehirn ist geradezu darauf spezialisiert. Wir versuchen permanent, die Eindrücke, die auf uns eindringen, in einen Zusammenhang zu bringen, der Sinn ergibt. Geschichten sind Informationsspeicher. Unser Gehirn arbeitet assoziativ und kann sich Sachverhalte besser merken, wenn sie mit einer bekannten Gestalt oder einem bereits bekannten Sachverhalt (oder einer Geschichte) verknüpft sind. Bei Urvölkern haben Tierdarstellungen und Symbole oft direkte Informationsrelevanz. Der Anthropologe John Pfeiffer hat als Erster argumentiert, dass das Einbetten der großen Merkmale der australischen Landschaft in ein Netz von Mythen und Geschichten einen großen Nutzen für die Ureinwohner hat, weil es ihnen hilft, große Mengen geographischer Informationen zu verbinden.[3]

Der Mensch ist ein Geschichten erzählendes Wesen; erst durch Geschichten wird er menschlich. Zwischen dem ersten und ungefähr dem achten Lebensjahr sind Kinder laut Gottschall natürliche Geschichtenerzähler und -erfinder. Sie leben in ihren Geschichten, für sie sind diese Geschichten Wirklichkeit.[4] Wenn man Kinder zusammen in einen Raum bringt, werden spontan Dramen entwickelt und dann vorgeführt, verändert, modifiziert, besprochen. Kinder muss man das Geschichtenerzählen und -erfinden nicht lehren. Es ist eine natürliche Gabe. Dahinter steht bitterer Ernst: »Spiele, in denen Szenarien und Situationen angenommen werden, sind todernster Spaß. Jeden Tag treten Kinder in eine Welt ein, wo sie sich dunklen Mächten stellen müssen, fliehen und kämpfen, um ihr Leben zu retten.‹⁵ Die Sinngebung der Naturvölker beinhaltet Mythen, die den Geschichten der Kinder nicht unähnlich sind: Mächte tauchen auf, treten in Beziehung zueinander. Unmögliche Dinge passieren. Diese Geschichten und Mythen mögen für uns phantastisch klingen, für Angehörige dieser Volker erklären sie, was ist.⁶

Was für Naturvölker gilt, gilt in gewisser Weise sogar für die moderne Geschichtsschreibung. Oswald Spengler schrieb, dass Geschichtsschreibung, Geschichte immer *eine* bestimmte Geschichte sein muss – die des Geschichtsschreibers. Es reichte Spengler nicht, wie es Leopold von Ranke forderte, ›aufzuschreiben, was gewesen ist‹.⁷ Geschichtsschreibung wird erst dann zur Geschichte, wenn sie vom Geschichtsschreiber in einem Sinnzusammenhang gestellt wird oder einen solchen Sinnzusammenhang herstellt. Es ist kein Zufall, dass das Wort »Geschichte« zweierlei Bedeutung hat: einmal die erfundene Geschichte (Fiktion) und das andere Mal die Geschichte eines Landes, einer Familie oder eines Unternehmens.

Als Menschen leben wir in einem Kontinuum, manche bewusst, viele unbewusst. Die Einflüsse der Vergangenheit – unsere Kultur, unsere Geschichte, die Familientraditionen, ja sogar die vor Urzeiten ererbten Gene – beeinflussen unser Verhalten und prägen uns. Manchmal gibt es Brüche in dem Kontinuum, nie aber sind diese total. Etwas nehmen wir mit, auch wenn wir die Geschichte abstreifen wollen.

*

In der Schule lernten wir wenig über neuere deutsche Geschichte – und nichts über Friedrich den Großen oder Otto von Bismarck. Der alte Fritz, das war jemand, der die Kartoffel nach Preußen gebracht hatte. So viel wusste ich von meinem Vater. Und bei Spengler hatte ich gelesen: »Ich bin der erste Diener meines Staates.‹ Wie sehr unterscheidet sich dieser Satz Friedrichs des Großen von: ›Der Staat, das bin ich!‹ Ludwigs des XIV.« Ein Porträt Bismarcks hing in der Wohnung meiner mennonitischen Großmutter, außerdem konnte man an vielen Orten Denkmälern des Reichskanzlers begegnen. Von dem wusste man immerhin, dass er das zweite deutsche Kaiserreich mitbegründet hatte.

Über George Washington und Abraham Lincoln lernten wir mehr. Goethe und Schiller streiften wir im Deutschunterricht nur kurz, während Heinrich Böll und Günter Grass höher im Kurs standen. Und doch, trotz meiner frühen Faszination für die USA und englischsprachige Popmusik, empfand ich eine Nähe zum traditionellen deutschen Kulturgut. Da war zum Beispiel Eichendorffs Gedicht *Abschied*, das mich unglaublich berührte. Nicht, indem es meine Gefühle explodieren ließ, sondern indem es beständig durch seine stille Kraft auf mich einwirkte.

Ich kann rückblickend nicht sagen, wann mir bewusst wurde, dass wir eine eigene, eine deutsche Kultur haben, die etwas Besonderes und Bewahrenswertes ist. Mein Vater hat das nie groß herausgestellt, obwohl er auch schon einmal Gedichte von Schiller oder Uhland mit großer Emotionalität zitierte. Aber sagen kann ich, welche Handvoll Einflüsse es bewirkten: die mündlichen Erzählungen der Alten. Die Gedichte von Eichendorff. Die Romane von Karl May und Fritz Steuben. *Der ewige Brunnen – Ein Hausbuch deutscher Dichtung* aus der Bibliothek meines Vaters.[8] *Am Lagerfeuer*, eine Schallplatte mit Fahrtenliedern, die ein Hamburger Jugendchor 1963 aufgenommen hatte. Vielleicht auch das Porträt Bismarcks in der Stube meiner Großmutter. Heute hängt es bei mir.

*

Kinder suchen sich ihre Vorbilder. Sie lehnen sich an Autoritäten an. Das ist seit grauer Vorzeit in uns angelegt. Es war lange die Aufgabe der »Alten«, dieses Kontinuum zu vermitteln. Als die Menschen lernten, sich durch Sprache und Zeichen miteinander zu verständigen, hatten die Alten auf einmal eine wichtige Aufgabe. Früher waren sie Ballast gewesen und wurden mitversorgt oder auch nicht.

Jetzt waren sie die Träger der Erinnerung und des Wissens. Die Alten wussten, wie es in besonders heißen Sommern gewesen war oder in extrem kalten Wintern. Wo es noch etwas zu jagen gab, wenn die üblichen Jagdgründe erschöpft waren. Wie es bei dem großen Unwetter vor vielen Sommern gewesen war. Sie blieben am Platz, wo die Zelte aufgeschlagen worden waren, und gaben ihr Wissen den Kindern weiter, wenn die Väter auf Jagd waren oder die Mütter Beeren sammelten. Und so ist der Respekt für die Alten ein wichtiger Bestandteil der meisten Kulturen geworden. Das ist auch ein wesentliches Merkmal, das uns Menschen von unseren näheren Verwandten im Tierreich unterscheidet. Im Tierreich gibt es die Beziehung zur Generation der Großeltern nur vereinzelt, bei traditionellen menschlichen Gesellschaften ist sie konstitutiv.

Ich habe den Alten gerne gelauscht. Und ich hatte viele Alte um mich herum – die Generation der Väter war ja kriegsbedingt ausgedünnt. Die Alten mit ihrer langen Lebenserfahrung, die oft bis in die Zeit vor dem Ersten Weltkrieg reichte, waren für mich Würdenträger. Die Eltern meines Vaters habe ich nicht mehr lange erlebt. Aber mein Großvater und meine Stiefgroßmutter mütterlicherseits haben mich bis an die Schwelle zu meinem Erwachsensein und noch danach begleitet. Dazu andere aus dem Verwandtenkreis und aus dem Dorf.

Mein Vater gab mir das Interesse für Geschichte mit auf den Weg. Für deutsche Geschichte, ja, aber eben nicht nur. Er war nie offen bemüht, mir »Deutsches« zu zeigen. Er war nicht »nationalkonservativ«, er war ein aufgeklärter Bürger der Bundesrepublik Deutschland. Max gehörte zur ersten Nachkriegsgeneration. Seine wenigen Monate in der Wehrmacht ohne Kampfeinsatz fallen nicht ins Gewicht. Es war die Generation, die die Schlagbäume niederriss und eine demokratische Bundesrepublik und ein neues Europa aufbauen wollte. Indem Vater uns Respekt vor den Vorvätern, die Vielfalt unserer Geschichte, unserer Landschaften und Völkerstämme zeigte, geschah das viel nachhaltiger und unaufdringlicher.

Einmal unterhielt ich mich mit einem ehemals sehr aktiven Juso, Mitglied der 68er Generation, über seine Erfahrungen mit Teilnehmern der Kriegsgeneration. Er erzählte mir davon, wie bei etlichen immer wieder die alten Geschichten hochkamen und wie ihn dies abgestoßen habe. Na klar, jede Generation versucht, sich von der vorhergehenden abzusetzen, die 68er vielleicht besonders. Sie waren zum Teil noch in den Trümmern aufgewachsen – für sie der handfeste Beweis für das Scheitern einer größenwahnsinnigen Politik und der Grund, alles »Deutsche« abzulehnen –, aber für die 68er ging es stetig bergauf. Auch als Studienabbrecher ließ sich in der Politik prächtig Karriere machen. Derartig abgesichert, kann man gut über sein Umfeld wettern.

Wir Babyboomer waren da pragmatischer.[9] Auch wir wurden in ein gutes Umfeld mit guten beruflichen Perspektiven hineingeboren, aber wir waren viele. Wir mussten uns anstrengen, wenn es was mit uns werden sollte, und konnten uns nicht mehr jeden Mist erlauben. Und wir waren den Mitgliedern der Kriegsgeneration oder den noch Älteren gegenüber viel aufgeschlossener als die 68er. Wir nahmen diese Menschen mit ihren Stärken und Schwächen, wie sie waren, und profitierten davon.

Ich hatte Respekt vor den Alten. Ich traf sie auf Familienfeiern, Verwandtenbesuchen oder auf meinem Rundgang als Zeitungsbote. Wenn ich als Acht-, Neun- oder Zehnjähriger das Kirchenblättchen austrug und das Geld kassierte (in bar natürlich!), hatte ich mit etlichen älteren Menschen zu tun. Wie es heißt: Es braucht ein ganzes Dorf, Kinder zu erziehen. Ich hatte zwei Dörfer, ein reales und ein virtuelles. Das reale Dorf war Ohle. Das virtuelle war meine weit gespannte Verwandtschaft, zu der wir eifrig Kontakt hielten. Beigetragen haben mag auch, dass sich in meiner unmittelbaren Verwandtschaft damals trotz allgemeinen Babybooms eine umgekehrte Bevölkerungspyramide herausgebildet hatte und es nur wenige Kinder gab. Das lenkte die Aufmerksamkeit der Älteren auf mich und meinen Bruder – und meine Aufmerksamkeit wiederum auf die Älteren.

Die ruhige und gelassene Haltung der Männer und Frauen, die zum Teil zwei Kriege erlebt hatten, die Vertreibung aus Schlesien meiner väterlichen Sippe und ihre Erzählungen hinterließen tiefe Eindrücke auf mich. Ihr Glaube, ihre Bescheidenheit und ihre Lebensbejahung nach oftmals schweren Schicksalen vermittelten Lebensmut, aber auch einen realistischen Blick. In unserer schlesischen Sippe gab es auch einige wenige, die nur der Vergangenheit nachhingen und in Erinnerungen schwelgten, wie schön früher alles gewesen sei. Das waren aber eher die Gegenbeispiele, die mich die charakterlichen Qualitäten der anderen umso mehr erkennen und schätzen ließen.

*

Unsere Ferienziele als Familie waren begrenzt. Der erste Familienurlaub, der kein Verwandtenbesuch war, führte uns in ein größeres Pauschalhotel auf Borkum. Ich war damals vier Jahre alt. Meine Mutter und mein Bruder waren die ganze Zeit über krank. Später ging es in der Regel im Wechsel an die Küste und nach Österreich oder die Schweiz in die Berge. Einmal waren wir zusammen mit der Familie meines Lehrers Martin Zimmer am Lago Maggiore, einmal mit der Familie meines Onkels am Brienzersee in der Schweiz. Das war so ziemlich das Weiteste. Unsere erste Pension am Brienzersee mit Plumpsklo war sogar meinen Eltern zu spartanisch. Wir wechselten die Bleibe.

Dennoch hatte ich das Glück, schon als Kind die ganze Welt zu bereisen, denn ich war eine Leseratte. Mittels meiner Phantasie erschloss ich mir große weite Räume einschließlich der »unendlichen Weiten« des Weltalls. Die Reise- und Abenteuerromane von Karl May, einem urdeutschen Autor, luden geradezu dazu ein. Der hochbegabte, aus einer bitterarmen Familie stammende und in seinen jungen Jahren kleinkriminelle May hatte eine solch blühende Phantasie, dass er sich, als er in den 1890er Jahren im deutschen Kaiserreich zu einem Superstar wurde, zeitweilig darin verlor.[10]

Karl May hat wundervolle Welten geschaffen, in der Gut und Böse aufeinandertreffen. Welten, in denen man sich mit seinen Helden identifizieren und mit ihnen zittern konnte. Den Guten – mag ihr Weg auch voller Herausforderungen und Gefahren sein – gelingt letztlich alles, die Bösen sind wirklich böse. Mays Erzählungen, oft vor grandiosen Kulissen spielend, und die fast schon naiv zu nennende Klarheit vieler seiner Figuren können nicht nur Kinder verzaubern. Mays Geschichten sind das Gegenteil von »rassistisch« – die Archetypen von Gut und Böse tauchen sowohl bei Indianern wie bei Weißen auf, bei Europäern wie bei Orientalen. Winnetou ist ein strahlend reiner Held, Santer der Bösewicht. Ein weiteres: May ist das gegenseitige Verständnis und die Versöhnung der großen Weltreligionen ein wichtiges Anliegen. Damit sind seine Romane für ihre Zeit sehr fortschrittlich.

Nachdem ich in der zweiten Klasse *Winnetou I* gelesen hatte, war ich »hooked« – am Haken. »Gefesselt« trifft es nicht ganz, »(ein-) gefangen« vielleicht am ehesten. Manchmal greife ich auf die englische Sprache zurück, weil ich keine rechte deutsche Entsprechung finde. Aber selten. Eher mache ich mir umgekehrt bei geläufigen Anglizismen einen Spaß daraus, deutsche Begriffe zu suchen. Wie gefällt Ihnen zum Beispiel »Wischfeld« als deutscher Begriff für »touchscreen«?

Zurück zu May. Seine Schaffensperiode deckt sich fast mit der Dauer des Kaiserreichs. Achtet man ein wenig darauf, kann man in seinen Romanen manche emotionale Verfasstheit der deutschen Gesellschaft dieser Zeit erspüren. May, irgendwie ein »ewiges Kind«, schrieb in einer Zeit stürmischen Aufschwungs. »Die Industrialisierung, die wachsende Alphabetisierung und die Gewerbefreiheit sorgten für zahlreiche Neugründungen im Verlagswesen, besonders im Bereich der Unterhaltungsblätter«, vermerkt Wikipedia.[11] Müsste man nicht diesen Satz genau umdrehen, wenn wir die Jetztzeit beschreiben? Wie wäre es mit: »Die Deindustrialisierung, die wachsende Analphabetisierung und die zunehmende Einschränkung der Gewerbe- und Meinungsfreiheit sorgten für ein beispielloses Verlagssterben?«

Das Selbstbewusstsein des Kaiserreichs, aber auch deutsche Innerlichkeit und das deutsche Gemüt klingen in Mays Romanen durch. Auch deutsche Zerrissenheit – und das in einer Epoche, die eigentlich die am wenigsten zerrissene unserer Geschichte war. May arbeitete die Unterschiede zwischen deutscher und amerikanischer Mentalität heraus, obwohl er die meisten seiner Romane verfasste, ohne wirklich über Sachsen, geschweige denn Deutschland oder gar Europa, hinausgekommen zu sein. Zum ersten Mal las ich ausformuliert, was es heißen konnte, Deutscher zu sein. Oder ich hatte zumindest Mays Bild vor mir: Innerlichkeit, unbedingte Ehrlichkeit, Treue, Glaube.

Auf dem Höhepunkt seines Ruhmes neigte May dazu, die Grenzen zwischen Realität und Fiktion zusehends aufzuheben und sein Publikum mit erfundenen Geschichten, die er selber erlebt haben wollte, nicht nur zu faszinieren, sondern auch zu blenden. In seinen späten Lebensjahren wurde May zum engagierten Pazifisten. Den Nachruf auf den 1912 Gestorbenen verfasste die Friedensnobelpreisträgerin Bertha von Suttner. Es war sicher eine Form von Gnade, dass das ewige Kind den Ausbruch des Ersten Weltkriegs nicht mehr miterleben musste.

In den deutsch-jugoslawischen Karl-May-Verfilmungen der sechziger Jahre wird Winnetou von dem Franzosen Pierre Brice dargestellt; der athletisch gebaute frühere Fallschirmjäger war perfekt in dieser Rolle und nahm sie sehr ernst. Als die Parodie *Der Schuh des Manitu* von Michael »Bully« Herbig 2001 ein großer Kinoerfolg wurde, war der eher konservativ eingestellte Brice angesäuert. Kinder bräuchten Helden und Vorbilder, und das sollte man nicht ins Lächerliche ziehen, regte er sich auf.[12] Irgendwie hatte er recht. Auch ich, wie hunderttausende andere Kinder und Jugendliche, nahm Winnetou und Old Shatterhand ernst, wenn sie zu den großartigen Melodien des hochbetagt 2019 verstorbenen Martin Böttcher durch die kroatische Prärie ritten. Klamauk hätte mich da sicher befremdet – der war dem von Ralf Wolter eindrucksvoll dargestellten Sam Hawkens vorbehalten.

Ganz in unserer Nähe, in Elspe, werden seit vielen Jahren Karl-May-Festspiele ausgetragen. In der Grundschule waren wir zum ersten Mal mit unserem Klassenlehrer Martin Zimmer und einigen Eltern dort. Die Laiendarsteller machen einen guten Job, und mittlerweile ist Elspe eine ziemliche Eventlocation. Für mein Grundschüler-Selbst war Elspe eine gute Annäherung an den Mythos von Winnetou und Old Shatterhand, mit einer schönen Kulisse, großartiger Musik und guten Laienschauspielern (die allerdings gerne im breiten sauerländischen Zungenschlag sprachen). Von 1976 bis 1980 und von 1982 bis 1986 verkörperte Mr. Winnetou höchstpersönlich den Apatschenhäuptling. Es war schon etwas Besonderes, wenn Pierre Brice bei einer Vorstellung zur Winnetou-Musik zum ersten Mal einritt. Aber an die Bücher kam Elspe dennoch nicht heran. Da konnte meine Phantasie freier reisen.

Im dritten Grundschuljahr bekam ich den gekürzten Sammelband des *Tecumseh*-Zyklus von Fritz Steuben geschenkt. Von meinen Eltern oder meiner Patentante? Ich weiß es nicht mehr. Ich weiß nur noch, dass ich das Buch während eines Krankenhausaufenthaltes in Werdohl verschlang. Steuben, mit bürgerlichem Namen Erhard Wittek, schrieb zwei Generationen später als Karl May. Er hatte den Ersten Weltkrieg mitgemacht. Seine *Tecumseh*-Romane, entstanden zwischen 1930 und 1939, waren brutaler und realistischer. Auch hier gab es Helden und Bösewichte. Tecumseh war der historischen Figur des großen Shawano-Führers nachempfunden, einem großen

Redner und Krieger, der um 1800 versuchte, eine Allianz aller Indianerstämme gegen das weiße Vordringen zu bilden.

Steuben thematisierte die immer wiederkehrenden Vertragsbrüche seitens der Einwanderer und der amerikanischen Regierung, die Gier und die grausame Selbstgerechtigkeit der Siedler. Man dürfte darin sicher nicht zu Unrecht Anspielungen auf Versailles und den Umgang mit Deutschland nach dem Ersten Weltkrieg vermuten. Diese sind aber sehr dezent angelegt. Auch manche Schilderungen von Gefechten lesen sich wie Berichte aus den Graben- und Schanzenkämpfen des Weltkriegs, an denen Wittek teilgenommen hatte. Dieser historische und politische Hintergrund war mir damals nicht bewusst. Auch nicht, dass Steuben im Gegensatz zu Karl May alles andere als ein Pazifist war. Parallel zu den *Tecumseh*-Romanen verfasste er unter seinem echten Namen eine Reihe von Kriegsberichten mit sprechenden Titeln wie zum Beispiel *Männer – ein Buch des Stolzes*.[13]

Die *Tecumseh*-Reihe ist große Jugendliteratur – historisch einfühlsam, mit vielschichtigen Charakteren, realistisch, komplex. Tecumseh war eine tragische Figur. Natürlich musste er scheitern. Ich erinnere mich, wie mir im Krankenhausbett – ich muss neun Jahre alt gewesen sein – am Ende des Buches bei seinem Tod die Tränen kamen.

Das Schicksal der Indianer durch unerbittliche Weiße, die sich selbst als überlegene Rasse ansahen, beschäftigte mich schon als Junge. Wer *Begrabt mein Herz an der Biegung des Flusses* von Dee Brown oder *Und die Erde wird weinen* von James Wilson gelesen hat und nicht völlig empathielos ist, dem wird das Leiden des ›roten Mannes‹ genauso ins Herz schneiden wie mir.[14] Oder eben wenn man Karl May liest. Oder Fritz Steuben.

Steubens Geschichten waren tragisch, die *Tecumseh*-Romane wie auch seine *Mississipi-Saga* über den Sieur de La Salle, der das Mississippi-Becken für Frankreich in Besitz nahm, letztlich aber ebenfalls scheiterte. Mit Tecumseh und La Salle wurde mir klar, dass nicht nur die Lebensläufe einzelner Menschen tragisch sein können, sondern die Geschichte selbst. Steuben schärfte meinen Blick dafür, dass es oftmals mit »gut« und »böse« nicht so einfach ist, wie es sich viele machen. Wenn Sie die *Tecumseh*-Romane irgendwo antiquarisch für Ihre Kinder erwerben können – tun Sie es!

Der junge Max Otte verschlang Bücher. Und so ist es bis heute geblieben. Nach Karl May und Fritz Steuben hatten die Geschichte der Weltraumforschung und die Personen Hermann Oberths und Wernher von Brauns es mir angetan. Beide trugen dazu bei, ein neues Kapitel nicht nur für die Technik, sondern die Menschheit als Ganzes aufzuschlagen. Heute wissen wir mehr über Wernher von Braun. Dass er Kenntnis hatte von dem berüchtigten KZ Mittelbau-Dora. Dass auch er über Leichen ging. Aber auch, dass er gegen Kriegsende von der SS (deren Mitglied er pro forma war) verhaftet und für einige Tage festgehalten wurde und nur knapp der Hinrichtung entging. Ja, Wernher von Braun hatte auch eine sehr dunkle Seite und stellte sich in den Dienst der Macht. Ein Lied des amerikanischen Mathematikers und Satirikers Tom Lehrer aus den sechziger Jahren bringt es auf den Punkt: »In German oder Englisch, I know how to count down. Und I'm learning Chinese, says Wernher von Braun.«[15]

Irgendwann in dieser Zeit machte ich mit Science-Fiction Bekanntschaft und ich wurde ein Fan. Der Begriff »Science Fiction« fasst ein sehr breites Feld zusammen, das sich von sehr wissenschaftlichen bis zu sehr fiktionalen Werken erstreckt. Spannend ist dabei immer, zu sehen wie verschiedene Autoren sich die Zukunft vorgestellt haben und was dann später tatsächlich eintritt.

Seit H. G. Wells am Ende des 19. Jahrhunderts *Die Zeitmaschine* und *Der Krieg der Welten* schrieb, sind mehr als einhundertzwanzig Jahre vergangen. Viele Science-Fiction-Klassiker sind heute sechzig, siebzig oder achtzig Jahre alt. Okay, damals, als ich sie las, waren sie zwanzig, dreißig, vierzig Jahre alt. Aber es war schon spannend zu sehen, was sich die Autoren ausgedacht hatten und wie sich die Welt tatsächlich entwickelt hatte. Gelegentlich wurden nur ganz normale menschliche Storys in die Zukunft oder den Weltraum versetzt. Auch das konnte nett sein.

Und dann gab es die Mark-Brandis-Geschichten in der Reihe *Weltraumpartisanen*. Die Welt der Zukunft ist geteilt in die EAAU (Europäisch-Amerikanisch-Afrikanische Union) und die VOR (Vereinigte Orientalische Republiken), die in kaltem Krieg miteinander leben. Der Held Mark Brandis (abgeleitet von Mark Brandenburg) hat allerlei Abenteuer zu bestehen, in denen durchaus auch große Fragen thematisiert werden. Ihr Autor Nikolai von Michalewsky stammte aus einer russischen Adelsfamilie und schlug sich in verschiedenen Jobs durch, bis er sich als freier Schriftsteller etablieren konnte. Damals wusste ich das nicht, denn Michalewsky schrieb in Ich-Form und unter dem Pseudonym seines Serienhelden Mark Brandis. Aber ich bin überzeugt, dass seine reiche Lebenserfahrung sich in seinen Jugendbüchern widerspiegelt.

Als Teenager las ich dann mehr über deutsche Geschichte, zum Beispiel Joachim Fests Hitler-Biographie, die ich bis heute für herausragend halte.[16] Als Fest mit der Arbeit daran begann, riet ihm sein Vater ab. Sich mit Zeitgeschichte und dem Nationalsozialismus zu befassen sei doch keine seriöse Geschichtsschreibung, da müsse man sich anderen historischen Epochen widmen. Die Nazizeit, so damals der Tenor, war noch nicht reif für die Historiker. Fest hat sich durch seine inklusive Quellenachweisen tausendeinhundertneunzig Seiten lange akribische Biographie, die sich primär mit der Persönlichkeit Hitlers und ihrer »Entwicklung« befasst, bleibende Verdienste erworben.

Meine Bibliothek

In meiner Bibliothek finden sich Bücher von Autoren aus allen Zeiten, zur Anthropologie (früher sagte man »Völkerkunde«), zur Geschichte, zur Wirtschaft und Gesellschaft. Auch viele Romane, klassische und moderne. Antike Klassiker. Den Kodex Hammurabi und Kodizes der Maya und Azteken. Es finden sich dort auch viele Bücher über Deutschland. Meine Bibliothek ist mein erweitertes Gedächtnis. Unter diesen Zeugen fühle ich mich geborgen. Hinter jedem Buch steht ein Mensch, der ein Anliegen hatte.

Meine Bibliothek, Abteilung jüngere Geschichte, Politik und Gesellschaftswissenschaften

Bücher waren ein ganz wichtiger Teil meiner Kindheit und meiner Jugend. Die ersten Geschichten las mir meine Großmutter aus der Kinderbibel vor. Das Alte Testament. Wie Joseph von seinen Brüdern verkauft wird. Wie der König Zedekia geblendet wird. Aber auch der Mut von David, der nur mit einer Steinschleuder bewaffnet Goliath gegenübertritt. Ich lernte früh, wozu Menschen fähig sind.

Später besuchte ich die Stadtbibliotheken in meiner Heimatstadt Plettenberg und in Werdohl. Oft zweimal die Woche. Und wenn ich ein Buch kaufen wollte, sagten meine Eltern, die mich sonst eher kurzhielten, selten nein. Ich war glücklich in dieser Welt. Hier konnte ich abtauchen, anderen klugen Menschen folgen, in Welten schweben. Manchmal fragte ich sogar nach bestimmten Titeln, nur um die Verkäuferinnen im Buchladen mit meinem Wissen zu beeindrucken. Es schien aber, als interessiere sie dies nicht weiter, solange die Kasse klingelte.

Keinesfalls war ich kontaktscheu. In der Schule oder im Freundeskreis war ich mittendrin. Irgendwann startete ich mit einigen Freunden eine Band. Aber immer wieder kehrte ich für lange Zeit in die Welt der Bücher zurück. In den Sommerferien nach der vierten Klasse las ich Erich von Dänikens *Erinnerungen an die Zukunft*. Über seine These, dass die Götter eigentlich Astronauten gewesen seien, habe ich lange nachgedacht. Ortega y Gasset aus dem Bücherschrank meines Vaters. Dann Gustave Le Bon, *Psychologie der Massen*. Welche Glücksmomente! Welche Beflügelung!

Ein Arzt, dessen jüngste Tochter denselben Kindergarten wie meine älteren Kinder besuchte, meinte einmal zu mir, dass sich Bücher eben nicht manipulieren lassen, während elektronische Inhalte jederzeit geändert werden können. Da hat er recht. Heute müssen Bücher nicht mehr verbrannt werden wie 1933 oder in Ray Bradburys Dystopie *Fahrenheit 451*, die ich als Jugendlicher gelesen hatte. Es reicht, dass Lesen unmodern wird. Oder dass alles auf Kindle gelesen wird.

Besorgen Sie sich Bücher! Es mag die Zeit kommen, wo das nicht mehr so einfach ist. Noch bekommen Sie zum Beispiel *Vom andern Deutschland* des Botschafters Ulrich von Hassell, der für seine Beteiligung am Widerstand 1944 hingerichtet wurde. Das Manuskript war im Laufe der Jahre seitenweise aus Deutschland herausgeschmuggelt worden.[17] Oder das Buch seiner Tochter Fey von Hassell, *Niemals sich beugen,* die in Sippenhaft genommen wurde und zwei Jahre lang nicht wusste, ob sie ihre Kinder jemals wiedersehen würde.[18] Oder auch Stefan Zweigs Lebenserinnerungen *Die Welt von Gestern,* 1942 im brasilianischen Exil kurz vor seinem Freitod geschrieben.[19]

Gedichte und Lieder

Geschichte prägt uns und stellt Sinnzusammenhänge her. *Gedichte* und *Lieder* schaffen das manchmal in wenigen Zeilen. Ein solches Gedicht war und ist für mich *Abschied* von Joseph von Eichendorff. Bei unserem Musiklehrer Benno Jünemann sangen wir »O Täler weit, o Höhen« im Chor und ersetzten auf seine Anweisung »o schöner, grüner Wald« durch »o schöner, deutscher Wald«. In einem alten Eichendorff-Band in meiner Bibliothek ist der Wald jedenfalls »grün« und nicht »deutsch«. Bis heute ist der 1810 entstandene *Abschied* eines meiner Lieblingsgedichte und der stille, fromme, tiefromantische Menschenliebhaber Eichendorff mein Lieblingsdichter.

> Da steht im Wald geschrieben
> Ein stilles, ernstes Wort
> Von rechtem Tun und Lieben,
> Und was des Menschen Hort.
> Ich habe treu gelesen
> Die Worte, schlicht und wahr,
> Und durch mein ganzes Wesen
> Ward's unaussprechlich klar.[20]

Schon als Kind war ich viel in den Wäldern, die direkt hinter unserem Haus begannen. Später wurde gewandert, in der Familie oder mit dem Sauerländischen Gebirgsverein, was wir Kinder oft nicht besonders schätzten oder erst dann, wenn wir am Grillplatz angekommen waren. Um meine Volljährigkeit herum zog ich mich manchmal in den Wald zurück, insbesondere an einen nur mir bekannten magischen Ort, mit offenen Flächen, Gebirgshängen und einem Waldsaum. Dort fühlte ich mich im Einklang mit dem Universum. Ich tankte Kraft und ließ mich von der Großartigkeit der Schöpfung inspirieren. Heute sind die Bäume größer geworden und der Ort hat vieles von seiner Magie verloren. Dafür habe ich neue magische Orte gefunden – einen in meinem Geburtsort im Sauerland und mehrere in meiner Wahlheimat Eifel. Und Eichendorffs wunderschönes Lied geht mir dann nicht aus dem Kopf.

Gelegentlich rezitierte mein Vater, dessen formale Bildung sich auf Realschule und Lehrerseminar beschränkte, Gedichte, zum Beispiel Goethes *Zauberlehrling* und Das Lied von der *Glocke* des Freiheitsdichters Friedrich Schiller. Auch Theodor Storm mochte er: »Am grauen Strand, am grauen Meer, und seitab liegt die Stadt ...«[21] Er rezitierte mit Inbrunst, und es hinterließ Wirkung auf mich. Zu Familienfeiern dichtete er auch schon einmal selber. Ich tat es ihm nach: Ab der siebten oder achten Klasse versuchte ich mich als Nachwuchs-Goethe, meist waren es aber eher mehr oder weniger witzige und humorvolle Zeilen. Um diese Zeit herum war ich unsterblich in eine Klassenkameradin verliebt. Sie zog dann in der neunten Klasse weg, nach Euskirchen in die Voreifel. Als ich sie in den 2010er Jahren in Thüringen aufspürte, konnte sie sich zuerst nicht an mich erinnern. Dann aber fiel ihr ein: »Warst du nicht der Kerl mit den Gedichten?«

*

Die 1955 erstmals erschienene, über tausend Seiten dicke Gedichtsammlung *Der ewige Brunnen* stand in der Bibliothek meines Vaters, so wie er jahrzehntelang in vielen Haushalten stand. Reiners, der sich auch als Kaufmann bewiesen hatte, schuf ein Kompendium deutscher Gedichte, das bis heute wie kein zweites geeignet ist, zu vermitteln, was Millionen unserer Vorväter antrieb. Der *Brunnen* ist in fünfundzwanzig Kapitel (»Bücher«) unterteilt, zum Beispiel *Buch der Kindheit, Jugend und Freundschaft, Buch der Ehe, Mythen und Sagen, Buch des Vaterlandes und Einsamkeit* und *Schwermut.*

In den Neuausgaben ist die Sammlung allerdings stark überarbeitet und angepasst an die vermeintlichen Bedürfnisse unserer Zeit. Unter der Überschrift »Ruin eines Meisterwerks« schreibt ein Rezensent am 28. Februar 2007 bei amazon.de:[22]

Der *Ewige Brunnen* (alte Ausgabe) WAR eine geniale kompilatorische Sonderleistung von Ludwig Reiners, einem Chefdenker der deutschen Sprache, Stilistik und Literatur. Das Konzept seiner Sammlung bestand nicht darin, den Schulkanon an deutscher Lyrik [...] wiederzukäuen, sondern neben den unvermeidlichen Glanzlichtern auch jede Menge kleiner, unbekannter Geistesblitze von Autoren aufzunehmen, die heute so gut wie niemand mehr kennt.

Die Sammlung war unverkennbar aus dem Geist der 50er Jahre heraus gestaltet und versuchte daher, einen Beitrag zur Restauration einer durch NS und zweiten Weltkrieg nachdrücklich ins Wanken geratenen kulturellen Identität zu leisten. Daher war weder anklagende Bußelyrik noch das aggressive Gepränge des Nationalsozialismus, sondern eine recht stille, unaufdringliche, aber doch sehr vielfältige und faszinierende Fülle deutscher Lyrik enthalten. Und Reiners gliederte nicht etwas dumpf chronologisch, sondern thematisch und entfaltete so eine richtige anthologische Dramaturgie! So war es etwa beeindruckend, wenn der Abschnitt namens *Buch des Kampfes* mit Goethes *Prometheus* wie mit einem mächtigen Paukenschlag anfing.

Albert von Schirnding [...] zerstört dieses Konzept nun nachhaltig, indem er die wohldurchdachte Sammlung brachial und unsensibel mit allem Möglichem, was an Lyrik seit Reiners' Tagen hinzugekommen ist, vollstopft und reduziert das Werk so auf eine bloße Massenauswahl, wie sie in jedem Buchhandlungsregal in Mengen herumstehen. Dass dies überhaupt nicht ins Konzept der Sammlung passt, interessiert ihn offenbar nicht.

[...] Liebe Lyrikfreunde: Versucht lieber, die alte Ausgabe zu bekommen, die bis vor kurzem überall greifbar war. Warum muss heute alles, was gut und bewährt ist, nachträglich verpfuscht werden?

Von der offiziellen Kritik wird Reiners heruntergeschrieben und herabgewürdigt. Für seine *Stilkunst* wirft man ihm Plagiarismus vor.[23] Ja, Reiners war Mitglied der NSDAP. Im Kriegseinsatz war er nicht, sondern Verkaufsdirektor einer Münchner Garnfabrik. Kriegsverbrechen hat er nicht begangen. Und »gebüßt« hat er auch: Nach der Kapitulation musste Reiners sich ein Jahr als Landarbeiter durchschlagen. In seiner *Sorgenfibel* hat das Multitalent diese schwere Zeit verarbeitet und bereits 1948 eine bis heute aktuelle Lebenshilfe vorgelegt. Was für kleine, schäbige Charaktere sind es, die heute über ihn richten?

*

Ähnlich unaufdringlich und nachhaltig wie *Der ewige Brunnen* wirkte auf mich eine Schallplatte aus der sehr begrenzten Sammlung meiner Eltern. Eine männliche Jugendgruppe singt Wander- und Fahrtenlieder aus der Wandervogelbewegung. Aufgenommen wurde die Platte mit dem Titel *Am Lagerfeuer* 1963, die Lieder sind sparsam und passend instrumentiert.

Es finden sich bekannte Lieder der Jugend- und Wanderbewegung auf dieser Platte, wie zum Beispiel *Wenn die bunten Fahnen weben, Wir sind durch Deutschland gefahren, Wir sind des Geyers schwarzer Haufen, Wir lagen vor Madagaskar* oder *Der Störtebecker ist unser Herr.*

LP-Cover »*Wenn die bunten Fahnen weben*«

Ich frage mich, was passieren würde, wenn heute eine Jugend-gruppe *Wenn die bunten Fahnen wehen* oder *Wir sind durch Deutschland gefahren* im öffentlichen Raum anstimmen würde. Würden sie für »Nazis« gehalten? Oder zumindest ihr Leiter?

Die meisten Menschen wissen nicht mehr, dass die »Wandervögel« – so wurden die Mitglieder der Wanderbewegung genannt – von den Nationalsozialisten unterdrückt und zwischen 1933 und 1935 mit Zwang in die Hitlerjugend überführt wurden, weil das Regime sie als Gefahr ansah. Wer dennoch weiter seine bündischen Lieder sang, setzte sich großer Gefahr für Leib und Leben aus, wie die junge Wi-derständlerin Gertrud Koch in ihrem Buch *Edelweiß* eindringlich schildert.[24] Der 1908 geborene Dichter des schwungvollen Fahrten-liedes *Wenn die bunten Fahnen wehen* Alf Zschiesche musste wie so viele seiner Generation in den Krieg ziehen, kam mit einem Bein weniger zurück und lebte still und bescheiden bis zu seinem Tod 1992 in Mainz. Sein Lied wurde im Dritten Reich ohne die bündische dritte Strophe gesungen, viele seiner Freunde wurden verfolgt.[25]

Zeltlager einer bündischen Jugendgruppe. Den Nazis waren die »Wandervögel« ein Dorn im Auge.

Einige dieser Lieder hörte ich auch in den christlichen Jugendlagern, an denen ich in den Sommerferien einige Male teilnahm: im Frankenland auf Burg Wernfels, auf Spiekeroog und im Kleinwalsertal. Dort sangen wir zur *Mundorgel*, der Sammlung aus Fahrten- und Seemannsliedern, christlichen Jugendliedern und Scherzliedern, die unzählige deutsche Jugendliche begleitet hat. Als ich mir vor einigen Jahren eine Neuausgabe der *Mundorgel* besorgte, war ich entsetzt darüber, dass sie »gereinigt« worden war. Einiges fehlte, zum Beispiel das Afrika-Lied *Wie oft sind wir geschritten*. Es enthält ein Wort, das mittlerweile nicht mehr »korrekt« ist und auf dem Index steht. *Wir sind des Geyers schwarzer Haufen* – ein antiklerikales Kampflied aus der Weimarer Zeit über den Bauernführer Florian Geyer aus dem 16. Jahrhundert – verschwand ebenfalls aus dem Heft. Dabei wurde das Lied von Gruppen in (fast) allen politischen Richtungen gesungen, später auch in der DDR. Wie auch *Wir lagen vor Madagaskar*, Anfang der dreißiger Jahre entstanden, ebenfalls ein Teil des deutschen Kulturguts.

Zuletzt tauchte *Wir lagen vor Madagaskar* auf *Schwarz blüht der Enzian* auf – eines von Heinos durchaus interessanten Spätwerken, auf dem er mit Heavy Metal kokettiert.[26] Heino ist ein Phänomen. In den sechziger, siebziger und achtziger Jahren verkaufte er mit seinen glattgebügelten Volksliedern so viele Schallplatten wie kaum ein anderer deutscher Künstler. In den Neunzigern gewann er durch die Wiedervereinigung viele Fans in der ehemaligen DDR dazu. Für uns Jüngere ging Heino gar nicht – Otto Waalkes hatte ihn in seinem ersten Kinofilm als »Das Grauen« parodiert. Aber bei Tante Frieda und Onkel Kurt, da lief er gelegentlich.

Heino war eigentlich immer unpolitisch. Ja, er hatte auch *Schwarzbraun ist die Haselnuss* gesungen, was ihm viel Kritik einbrachte. Dabei ist es »ein deutsches Volkslied, dessen zahlreiche Text- und Melodievarianten seit dem Ende des 18. Jahrhunderts bekannt sind«.[27] Selbst das afroamerikanische Golden Gate Quartet hatte das Lied im Repertoire. Als Heino der nordrhein-westfälischen Heimatministerin 2018 eine Platte mit Volksliedern schenkte, wollte die Presse einen Skandal daraus machen, weil unter anderem auch Wir sind des Geyers schwarzer Haufen darauf war. Das Lied sei »ein Lieblingslied der SS« gewesen. Auch die *FAZ* war sich nicht zu schade, so etwas zu schreiben.[28] Unterirdisch.

Heino lebt in Bad Münstereifel, ganz in der Nähe von mir. Vor einigen Jahren kündigte man dem gelernten Bäckergesellen den Vertrag mit seinem Heino-Café, weil vier Geschäftsleute der Region Häuser in der Stadt aufkauften, um ein Outlet-Center zu gründen. In wesentlich verkleinerter Form zog das Café ins historische Kurhaus oberhalb Bad Münstereifels um, dessen mittlere Etage Heino und seine Frau Hannelore seit vielen Jahren bewohnen. Heinos Spätwerk ist ganz witzig, der Großteil seines Schaffens ist mir aber zu glatt, zu gebügelt, zu gefällig. Dennoch sehe ich in Heino eine echte deutsche Ikone, von der wir nicht mehr viele haben, einen Mann, der sein Leben fleißig und aufrecht gelebt hat und der in vielerlei Hinsicht Vorbild sein kann. Daraus »Den zynischen Untertanen« zu machen, wie *Die Zeit* in einem Rückblick zum achtzigsten Geburtstag Heinos 2018 mosert, ist selber in höchstem Maße zynisch.[29]

Lagerfeuerromantik und Kameradschaft war eine Erfindung der bündischen Jugend. Später nutzten und pervertierten es die Nazis, aber auch bei den Sozialisten und Kommunisten gab es Lagerromantik, Kampf- und Motivationslieder. Die entsprechende Jugendorganisation der SPD ist die Sozialistische Jugend, die »Falken«. Einige ihrer Lieder waren in Peter Burschs *Folk-Buch* aus den siebziger Jahren zu finden, mit dem unzählige Teenager – darunter auch ich und der Gitarrist der Toten Hosen – Gitarre spielen gelernt haben: *Die Moorsoldaten* zum Beispiel oder *Bella Ciao* oder *Die freie Republik*.

In den 2010ern habe ich mit meinen damals sehr jungen Kindern Elisabeth und Jonathan, deren Mutter aus der früheren DDR stammte, Arbeiterlieder gehört, die Hannes Wader 1977 aufgenommen hatte. Teilweise recht martialische, darunter *Auf, auf zum Kampf, zum Kampf, zum Kampf sind wir geboren ...*, das 1919 aus Empörung über die Morde an Rosa Luxemburg und Karl Liebknecht aus einem monarchistischen Kriegslied umgedichtet wurde. Als meine damals dreijährige Tochter es bei einem Besuch in Chemnitz 2007 auf einer Ritterburg anstimmte – das Ambiente schien ihr passend zum Thema Kampf –, stellten Passanten amüsiert die Frage, in welchen Kindergarten sie denn gehe.

Im Studium lernte ich auch studentisches Brauchtum und alte Studentenlieder aus *dem Allgemeinen deutschen Kommersbuch* kennen. »Student sein, wenn die Veilchen blühen, das erste Lied die Lärche singt ...« Oder: »Wütend wälzt sich einst im Bette, Kurfürst Friedrich von der Pfalz ...« Ich fand das durchaus belebend und interessant. Heute wissen nur wenige, dass die oft als reaktionär diffamierten Studentenverbindungen von den Nationalsozialisten als Gegner betrachtet und zwischen 1934 und 1936 zwangsaufgelöst wurden. Damit erlitten sie dasselbe Schicksal wie der Wandervogel und die bündische Jugend.

Aber in dieser Zeit war ich mit meinen Gedanken schon nicht mehr wirklich in Deutschland, sondern halb schon in Amerika. Selbst dort, in den Vereinigten Staaten, in deren Kultur ich tief eintauchte, begleitete mich Joseph von Eichendorff. Ein Stück Deutschland. Jederzeit konnte ich mich an meinen magischen Ort versetzen.

Ich wünschte mir, die Kinder unserer Gegenwart könnten Lagerfeuerromantik und traditionelle Lieder aus bündischer und Arbeiterbewegung erleben. Aber heute würde das sicherlich als »völkisch« diffamiert. Franz Josef Degenhardt schrieb 1968 nicht ganz ohne Wehmut einen Abgesang auf die Volkslieder:

Tot sind unsre Lieder,
unsre alten Lieder.
Lehrer haben sie zerbissen,
Kurzbehoste sie verklampft,

braune Horden totgeschrien,
Stiefel in den Dreck gestampft.

Seitdem sind mehr als vierzig Jahre vergangen. Die Zeit hat manches relativiert, aber immer weniger kennen die alten Lieder. Es kann nicht verkehrt sein, gemeinsam altes Liedgut zu singen. Da halte ich es mit dem Schriftsteller Johann Gottfried Seume. Einige Zeilen aus seinem Gedicht *Die Gesänge* aus dem Jahr 1804

Wo man singet, lass dich ruhig nieder,
Ohne Furcht, was man im Lande glaubt;
Wo man singet, wird kein Mensch beraubt;
Bösewichter haben keine Lieder.

sind verkürzt allgemein geläufig:

Wo man singt, da lass dich ruhig nieder,
böse Menschen haben keine Lieder.

Mit Gitarre, Neustadt an der Weinstraße, 2019

Seit Urzeiten singen und musizieren Menschen miteinander. Es wäre unendlich schade, wenn meine Generation die letzte gewesen wäre, in welcher unser Liedschatz – und es ist ein großer Schatz – noch in nennenswertem Umfang gepflegt worden wäre. Auf meinem privaten YouTube-Kanal[30] stelle ich gelegentlich Volkslieder ein, die ich neu einspiele, manchmal mit jungen Menschen, die noch in der bündischen Tradition aufgewachsen sind. Ja, es gibt sie noch vereinzelt. Aber wie lange noch?

Auf dem dritten Neuen Hambacher Fest haben wir 2020 bis in die frühen Morgenstunden musiziert. Für die Menschen, die im ehrwürdigen Festsaal des Hambacher Schlosses teilnehmen durften – es war wegen der Corona-Beschränkungen nur eine ausgewählte Schar –, war es ein unvergessliches Erlebnis. Aus Gründen des Persönlichkeitsschutzes der jungen Musiker haben wir in den Videos die Gesichter unkenntlich gemacht.[31]

Ja, es sind schlimme Zeiten!

Die Landschaft

Aber die Menschengeschichte ringt sich so schwer von der Geschichte der Landschaft ab und bleibt mit tausend Wurzeln mit ihr so tief verbunden, dass man ohne sie das Leben, die Seele, das Denken gar nicht verstehen kann.

OSWALD SPENGLER, *DER UNTERGANG DES ABENDLANDES* (1919)

Inzwischen weiß ich, dass die rund 5.500 Quadratkilometer große Eifel ein kleiner »Riese« ist. Ein geographisches und kulturelles Gesamtkunstwerk, für dessen Entdeckung man eine geraume Zeit braucht.

HANS JÜRGEN SITTIG, *TRAUMLAND EIFEL* (2014)[1]

Mein Mikrokosmos

Dort, wo die A1 nach einem langen Anstieg fast an den Rand des Himmels stößt, liegt die Gemeinde Blankenheim. »Wer bei Nettersheim von der Autobahn A1 abfährt, braucht dafür gute Gründe. (...) Wäre die Erde eine Scheibe, bei Nettersheim wäre vermutlich ihr Rand«, schrieb *Die Zeit* einmal.[2] Der Hauptort und seine sechzehn eingemeindeten Dörfer zählen etwa achttausend Seelen auf einer Fläche von einhundertfünfzig Quadratkilometern, etwas kleiner als das Fürstentum Liechtenstein. Die Orte und Örtchen lagern sich auf windige Höhen und quetschen sich in enge Täler.

In einem dieser Dörfer bin ich heimisch geworden. Dort ist mein Mikrokosmos. Auch nach mehr als einem Jahrzehnt entdecke ich jeden Tag Neues: das Schattenspiel des Lichts auf den spätsommerlichen Maisfeldern beim Blick aus meiner Bibliothek. Welche Gemüsesorten in dem rauen Klima auf fünfhundertfünfzig Metern gut gedeihen und welche nicht. Wo besonders schöne Steinpilze zu finden sind. Eine Rotte Wildschweine an einem ausgedehnten Areal mit Baggerseen mitten im Wald, die sich nicht um mich und meinen älteren Sohn Jonathan schert. Dreißig Hirsche, die keine vierhundert Meter neben der viel befahrenen Bundesstraße in Ruhe grasen. Die Motte (ein frühmittelalterlicher Burgtyp), deren von einem Graben umgebener kreisrunder künstlicher Burghügel im sumpfigen Tal der Urft noch so verlassen und einsam da liegt, wie er auch vor neunhundert Jahren gelegen haben muss. Die alte Römerstraße. Der römische Tempelbezirk bei Nettersheim. Die Keltengräber auf der Kartsteinhöhe, um die die Kinder Wälle aus Ästen und »Häuser« errichteten, wobei meine damals dreijährige Tochter architektonisches Geschick bewies. Das Baumhaus, das ich derzeit mit meinem jüngsten Sohn in einem versteckt liegenden Weidengebüsch baue. Die alte Hängebuche, die im Süden des Ortes auf einem bronzezeitlichen Hügelgrab gepflanzt wurde, und die für ihre zweihundert Jahre nicht besonders groß ist. Eine Mutation der Rotbuche, hängen ihre Äste auf allen Seiten fast bis auf den Boden herunter und bieten dem Wanderer einen geschlossenen Innenraum.

Mein Mikrokosmos ist spannend auf eine Weise, wie es New York, Peking oder Tokio nicht sein können. Vertraut und doch immer wieder neu. Unendliche Vielfalt in einem Radius von fünfundzwanzig Kilometern. Bad Münstereifel, in dessen Umgebung ich zur Jagd gehe, mit seinem mittelalterlichen Flair. Kommern mit seinem Freilichtmuseum. Die Kartsteinhöhle, wo Überreste von Neandertalern, allerlei Urzeittieren sowie späteren Jägerkulturen gefunden wurden. Stillgelegte Bergwerke. Stille Täler, dunkle Wälder, lichte Höhen.

Die Gegend ist Quellort von vier Flüssen: Ahr, Kyll, Urft und Erft. Die Ahr windet sich schleifenreich östlich und fließt bei Remagen in den Rhein, weiter nördlich die Erft. Die Urft wendet sich nach Nordwesten, fließt in den Urftstausee, an dessen Höhen die Nationalsozialisten die Ordensburg Vogelsang errichteten, von da in die Rur, welche in den Niederlanden in die Maas mündet. Die Kyll wiederum fließt nach Süden und mündet kurz vor Trier in die Mosel. Hier gibt es noch wildromantische Talabschnitte, durch die keine Straße führt.

2011 waren Hans-Werner Sinn und ich als Redner von einem Unternehmen nach Portugal eingeladen. Dort lernte ich die Schriftstellerin Ulla Hahn kennen. Später habe ich sie und ihren Ehemann Klaus von Dohnanyi einmal in Hamburg besucht. Mit einem begnadeten Blick und trefflicher Sprache beschreibt Hahn Szenen in Deutschland. Ihre autobiographisch eingefärbten Romane – zuletzt: *Wir werden erwartet*[3] – sind spannende Zeitdokumente. Im Oktober 2017 äußerte sie sich im Deutschlandfunk, dass sie sich das Wort »Heimat« nicht madig machen wolle, egal wer es benutze.[4] Gemeint war natürlich die neue Partei, die nach einem großen Wahlerfolg in den Bundestag eingezogen war.

Nun ist Heimat ein ziemlich klar definierter Begriff. Und ein sehr deutscher dazu. Während einer Podiumsdiskussion des ZDF in Brüs-

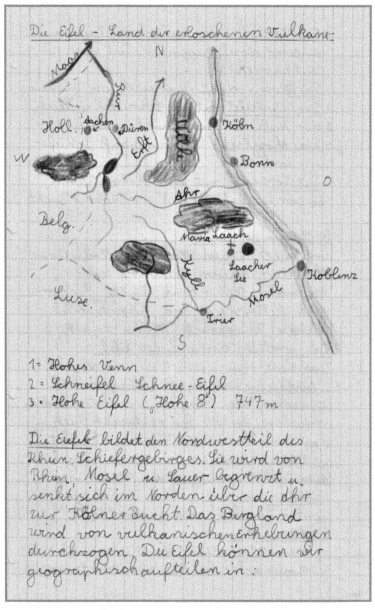

Die Eifel – Schulaufsatz von 1974

sel zu einer neuen Serie über Europa, an der ich teilnahm, wies der Historiker Christopher Clark, Wahlbrite mit australischen Wurzeln und exzellenter Deutschlandkenner, darauf hin, dass es den Begriff »Heimat« sonst nirgendwo in dieser Form gebe. Zumindest für die USA kann ich das bestätigen. »Where are you from?« fragt nicht nach dem Geburtsort, sondern nach dem aktuellen Wohnort. Amerika wurde mir nicht zur Heimat. Familiäre Faktoren spielten sicher eine Rolle, aber es gab auch weitere Kräfte, die mich nach Deutschland zurückzogen.

Schon bei Karl May klingt die Sehnsucht nach der Heimat immer wieder an bei den deutschen Auswanderern, die durch die Prärien und Gebirge seiner Phantasie ziehen. Und bereits Mitte des 19. Jahrhunderts erzählen Heimkehrerromane davon, wie Auswanderer es in der seelischen Ödnis Amerikas nicht mehr aushalten und in das beseelte und wohlgeordnete Europa zurückkehren. Der bekannteste dieser Romane ist wohl *Der Amerika-Müde* des Österreichers Ferdinand Kürnberger, 1855 entstanden. Der 1848er Freiheitskämpfer Kürnberger war selber niemals in Amerika, hat aber viele Stimmungen erstaunlich gut getroffen, besser wahrscheinlich als Karl May.[5]

Zwei Jahrzehnte früher hatte der französische Adlige Alexis de Tocqueville, Historiker und Pionier der vergleichenden Politikwissenschaft im Auftrag der Pariser Regierung eine längere Reise durch die Vereinigten Staaten unternommen. In seinem großen Werk *Über die Demokratie in Amerika* hat er vieles erstaunlich erkenntnisreich festgehalten, was uns heute ungemein aktuell erscheint.[6] So warnte er vor einer Tyrannei der Mehrheit, welche Minderheiten keine Luft zum Atmen ließe. Nicht nur hat sich vieles von dem, was Tocqueville beobachtete, bis heute gehalten, manches davon wird nun im Eiltempo nach Europa exportiert.

In seinem zwischen 1876 und 1878 entstandenen Briefen aus Amerika fängt der polnische Landadelige und spätere Literaturnobelpreisträger Henryk Sienkiewicz eine ganz ähnliche Stimmung ein: grenzenlos pragmatisch, entseelt, zur Übertreibung neigend.[7]

Kleines Detail am Rande: Sinkiewicz besuchte oft Schloss Costaérès, das sich auf der gleichnamigen Insel vor der bretonischen Küste befindet, und schrieb dort einen seiner Romane. Seit 1988 ist das Schloss Zweitwohnsitz von Dieter Hallervorden. In Sichtverbindung dazu liegt gegenüber auf dem Festland ein Haus, das von Gustave Eiffels Sohn 1903 als Sommerfrische erbaut wurde. Und der Vater von Gustave Eiffel, Erbauer des gleichnamigen Turms, stammte aus Marmagen, einem Ortsteil der Gemeinde Nettersheim, womit wir wieder in der Eifel wären. Die Geschichte ist voller solcher Details, wenn man beginnt, danach zu suchen. Überall ragt die Vergangenheit in die Gegenwart hinein.

*

Die Eifel ist meine neue Heimat geworden. Diese weiträumige, menschenleere, sehr unterschiedlich geprägte Landschaft zwischen Aachen, Köln, Trier und Koblenz hat eine Ausdehnung von knapp hundert mal hundert Kilometern. Nach dem Sieg der Koalition über Napoleon wurde sie Preußen als westliche Grenzprovinz zugesprochen – und in Berlin achtete man darauf, dass sich hier, an der Grenze zu Frankreich, Belgien und Luxemburg wenig entwickelte. Bis nach dem Zweiten Weltkrieg war die Region bitterarm. Wer unterhaltsam mehr über die Region wissen will, sollte sich die *Gebrauchsanweisung für die Eifel* des in Dreis-Brück lebenden Autors Jacques Berndorf zulegen, der durch seine Eifel-Krimis bekannt wurde.[8]

Ich mag die Hügel und die weiten Landschaften, auch die Tatsache, dass ein großer Teil der Eifel bereits zu Rheinland-Pfalz gehört und ein deutlich milderes Klima hat als das Sauerland, aus dem ich stamme. In ihrem im vorigen Kapitel erwähnten Buch *Edelweiß*, in dem Getrud Koch von ihrem Leben als fünfzehnjährige Widerstandskämpferin im Dritten Reich in Köln erzählt, findet sich die Formulierung, dass sie bei den Wanderausflügen mit ihrer Gruppe das »liebliche bergische Land« der »schroffen Eifel« gegenüber bevorzugte. Ich kann an der Eifel wenig Schroffes finden. Die Landschaft ist weiträumig. Meistens sehe ich runde Formen, Hügelketten, eine Mischlandschaft aus Wiesen, Äckern und Wäldern, und die Bergrücken halten oft grandiose Fernsichten bereit.

Morgenstimmung in der Eifel

Die Höhen um Eifeldorf sind windig. Der Ort liegt fünfhundert Meter über dem Meeresspiegel auf den Höhen, die sich im Westen und Nordwesten bis zum Hohen Venn ziehen. Oft bläst ein Westwind, der gerne Regen mit sich führt. Ja, es gibt wunderschöne Sommertage in Eifeldorf, und es gibt wunderschöne Wintertage. Auch im Frühling und Herbst kann es schön sein. Aber oft ist es auch unangenehm. In Eifeldorf ist es im Durchschnitt um mehr als vier Grad kälter als in der Kölner Bucht.

Dennoch möchte ich die vier Jahreszeiten unserer Temperaturzone nicht missen. Wie langweilig wäre es, wenn es jeden Tag warm wäre! Wenn das Wetter berechenbar daherkäme. Als meine älteren Kinder in das Alter kamen, dass man Urlaub draußen machen konnte, bin ich sooft wie möglich mit ihnen in Deutschlands Natur gewesen. Nicht immer war es schön. Einmal brachen wir eine geplante Fahrradtour an der Kyll ab – so unangenehm kalt und nass war es. In einem Restaurant wurden wir mit guten Forellen entschädigt.

Außerdem: Die Jahreszeiten bringen uns in direkten Kontakt mit den großen kosmischen Rhythmen. Sie markieren gelebte Zeit. Nicht umsonst spricht man in Naturvölkern davon, wie viele Sommer jemand schon hinter sich gebracht hat. Welches Drängen in der Natur, wenn der Frühling erwacht! Die ersten grünen Triebe. Der Wald ist hell, die Bäume noch ohne Blätter, aber auf dem Waldboden grünt es bereits. Die Pflanzen, die dann wachsen, haben nur wenig Zeit, Energie zu tanken. Zeit, den Bärlauch zu ernten, der an einigen Stellen meiner Heimat im Überfluss wächst. Mit Öl und Salz in Gläsern zu Paste verarbeitet, hält er sich ein ganzes Jahr und eignet sich für Suppen, Pesto und Eierspeisen.

Wie anders die Welt, wenn dann das helle Grün des Frühlings in das sattere des Sommers übergeht. Wenn es nachts so hell ist, dass astronomisch gesehen auch in unseren Breitengraden nie richtig Nacht wird. Wenn im Garten die ersten Früchte reif werden – Erdbeeren, Radieschen und was es sonst noch so gibt. Die satten Tage des späten Sommers, reif mit Früchten, selbst in der Eifel manchmal erstaunlich warm. Wenn man sich aufs Fahrrad schwingen und relativ leicht bekleidet durch die Gegend fahren kann. Aber Vorsicht: Einen Regenüberzug sollten Sie in der Eifel immer dabeihaben.

Der Herbst mit seinen Farben. Mehr Früchte, Haupterntezeit. Die Kartoffeln reinholen. Nie hätte ich gedacht, dass es so viele alte Kartoffelsorten gibt. Aber alle, ob lila, gelb, weiß oder rot, stammen von einer einzigen der hunderten von Sorten ab, die es in ihrem Ursprungsgebiet, den Anden, gibt. Obst dörren. Und Pilze suchen. Maronen, Steinpilze, Röhrlinge findet man, und manchmal den großen Parasol, der paniert oder frittiert ganz hervorragend schmeckt. Eines der ersten Male, wenn nicht das erste Mal, als ich mit meinem älteren Sohn Pilze suchte, war unsere Ausbeute mager. Aber immerhin: Zwei oder drei Steinpilze waren dabei. Während ich etwas richtete, sagte ich zum damals vierjährigen Jonathan, dass er die Pilze schon einmal waschen könne. Als ich dann in die Küche kam, hatte er den ersten Pilz gerade mit Seife gewaschen. Nach einer Schrecksekunde konnten wir doch das meiste retten und haben uns unsere Ernte schmecken lassen.

Und die Winter. Was wären Winter ohne Schnee? Erfreulicherweise gibt es den hier oben noch, wenn auch nicht ansatzweise so viel wie früher. Im ersten Jahr, in dem ich mein Haus hatte, schmolzen die letzten Haufen vor dem Pfarrhaus im Mai.

Meine Frau ist fasziniert vom Licht in der Eifel. Ich war es irgendwie auch, aber erst ihre Beobachtung machte mir klar, welch phantastischen Lichtspiele wir jeden Tag geboten bekommen. Kein Tag gleicht dem anderen. Die Wolken, in beständiger Wandlung, brechen und moderieren das Licht ständig neu: strahlender Sonnenschein, helles, aber diffuses Erleuchten der Landschaft, Spotlights der Sonne auf einigen Wiesen oder Bergen, während es drum herum düster ist, flammendes Rot, bedrohliches Violett, apokalyptisches Gelb – alles habe ich schon gesehen. Und zum Teil innerhalb kurzer Zeit oder auf wenigen Kilometern. Rot oder gelb beleuchtete »Fenster« im Himmel, um die dunkle Wolken stehen. Einen hellen Horizont, wenn die Sonne im Westen untergeht. Ich habe mehrere Tage erlebt, da war Eifeldorf in eine dichte Nebelsuppe gehüllt, kaum sah man die Hand vor Augen. Als ich dann ins Rheinland nach Köln hinunterfuhr, war strahlender Sonnenschein. Und Tage gab es, da war es genau umgekehrt.

Das ist das variable, oft vielfach gebrochene Licht des Nordens. Meine Frau kennt es so aus Vorarlberg nicht. Da kann es im Herbst und Winter ebenfalls unangenehme Tage geben, aber dann scheint wieder die Sonne. Die vielfältige Brechung des Lichts scheint ein Phänomen des germanischen Nordens zu sein. Ich war schwer enttäuscht, als ich als Student das erste Mal im mediterranen Süden war. *Das* sollte das vielgepriesene Licht des Südens sein, vom dem so viele Maler geschwärmt hatten? Am Tag grell, harte Schatten, kaum Zeiten der Dämmerung? Nein, für mich war das kein Licht, das die Seele animierte. Der Norden ist da viel, viel komplexer, wandlungsfähiger, subtiler. Es spielen sich ganze Dramen und Lichtfestspiele am Himmel über Eifeldorf ab.

Das Urfttal mit seinem verbuschten, stark gewundenen und tief eingeschnittenen Flusslauf war eines der ersten Fleckchen, die ich erkundete. Bei einer dieser Touren entdeckte mein Sohn bei einem Halt Süßwassermuscheln im Gewässer. Ich wusste gar nicht, dass es die in unseren Breitengraden noch gibt. Durch das Tal führt die Bahnlinie Trier–Köln mit zu normalen Zeiten immerhin stündlicher Verbindung. Hier sind viele Berufspendler unterwegs, aber auch Touristen und Ausflügler. Spät, so habe ich mir sagen lassen, sollte man auch auf dieser Linie als älterer Mensch oder Frau nicht mehr unbedingt alleine fahren. Der Bahnhof war lange marode, die Unterführung erinnerte mich an die siebziger Jahre, nur in viel schlechterem Zustand. Das Bahnhofsgebäude wurde von der Gemeinde erworben, in der Hoffnung, dass sich ein Investor mit einem schlüssigen Konzept findet. Der könnte es fast geschenkt bekommen.

Kurz vor Nettersheim der römische Tempelberg mit dem Matronenheiligtum. Matronen waren lokale Fruchtbarkeits- und Schutzgöttinnen, deren Kult auf vorrömischen Traditionen beruhte. Ein altes römisches Kastell darunter an der Urft und eine größere Römersiedlung auf dem Weg zum Heiligtum wurden erst vor wenigen Jahren entdeckt, freigelegt und teilweise rekonstruiert. Noch immer gibt die Erde unserer Heimat Erkenntnisse und Schätze preis.

Wenn Sie die langgezogene, moderne B258 von Schleiden auf den waldigen und windigen Höhen südwestlich fahren, kommen Sie irgendwann an einen Kreisverkehr, an dem ein einzelnes Häuschen steht. Rechts geht es nach Schmidtheim und zur Wildenburg, links nach Marmagen, wo die Vorfahren von Gustave Eiffel gelebt haben. Dort steht auch die gleichnamige Höhenklinik. Und ganz in der Nähe ist ein Dorado der Pilzsucher. Aus einem weiten Viertelkreis vom Niederrhein bis zum Ruhrgebiet und Köln stehen ihre Autos zur Pilzzeit am Straßenrand. In den ersten Jahren habe ich gelegentlich hier gesucht. Mittlerweile kenne ich bessere Stellen.

Wenn Sie weiterfahren, fällt die breite Straße über knapp zwei Kilometer gerade in das Tal der Urft ab. Von einem gewissen Teilstück blicken Sie gerade auf den gut sechshundert Meter hohen Aremberg, einen wuchtigen kegelförmigen Solitär mit flachem »Top«. Das hat seinen Grund: Hier stand früher ein Schloss, für das man die Bergkuppe abgetragen hat. In den 1680er Jahren nahmen die Truppen Ludwigs XIV. die Burg ein und sprengten sie. Nach dem Neuaufbau als Schloss, der gegen 1720 begann, wurde das Schloss erneut von französischen Truppen, dieses Mal im Zuge der Revolutionskriege, eingenommen. 1809 erfolgte der endgültige Abriss. So ist es der Eifel spätestens seit der Römerzeit ergangen: Durch- und Aufmarschgebiet für fremde Truppen. Die Eifeler haben es alles erduldet.

Eine enge Straße ohne Leitplanken, wie es sie kaum noch gibt, führt ins Nonnenbachtal, mit dem lieblich und malerisch gelegenen Örtchen Nonnenbach, hinunter. Weiter über die nächste Höhe, und der Blick weitet sich über acker- und wiesenreiche Höhen nach Waldorf (natürlich nicht das Walldorf mit zwei »l«, in dem SAP seinen Sitz hat) bis nach Rheinland-Pfalz hinüber. Noch einmal ein Tal hinunter und wieder hoch auf die Höhen von Ripsdorf, das sich auf der Berghöhe die Straße entlangzieht. Hier hat sich noch eine deutsche Speisegaststätte gehalten, die in weitem Umfeld beliebt ist.

Vor diesen Höhen verlief vom Winter 1944 bis Frühjahr 1945 mehrere Monate die Front zwischen der Wehrmacht und den Alliierten. Die Landser – arme Schweine mit unzureichendem Material in ihren Erdlöchern hockend – waren den Luftangriffen ziemlich schutzlos ausgesetzt. Am 24. Dezember 1944 klärte das Wetter auf. Amerikaner und Engländer nutzten die Chance: »Bereits am 24. Dezember, am Heiligen Abend, luden rund 1400 Bomber und 736 Jagdflugzeuge bei rund 5000 Einsätzen ihre todbringende Last über dem gesamten Eifelraum ab«, berichtet Manfred Jehnen in der Chronik über seinen Heimatort Ahrdorf.[9] Keine Spur von dem Spontanfrieden, den deutsche, französische und englische Soldaten spontan an Weihnachten 1915 an der Front vereinbarten, um diesen Abend gemeinsam zu verbringen.

Überhaupt ist die Eifel neben dem Großraum Berlin das einzige Gebiet auf dem verbliebenen deutschen Boden, in dem massive Kämpfe der Bodentruppen stattfanden. An vielen Stellen begegnet einem noch heute der Zweite Weltkrieg. Überall gibt es Soldatenfriedhöfe. Die Schlacht vom Hürtgenwald war die für die Amerikaner verlustreichste Schlacht des Zweiten Weltkriegs. Warum die alliierten Truppen gegen das unwegsame und waldreiche Gelände vorgingen, das auch einem unterlegenen Gegner ideale Verteidigungsbedingungen bot, statt einfach weiter nördlich über die Ebene durchzubrechen, bleibt ein Rätsel. Ein Planungsfehler, der wahrscheinlich zehntausende an Leben gekostet hat.

Am Hollerather Knie, wo im Frühjahr ganze Täler voller wilder Narzissen blühen, stehen die Panzersperren vom Westwall noch tief gestaffelt. Hier fielen auch die ersten Schüsse der Ardennenoffensive. Erst 2003 stellte ein Geschichtsverein einen Gedenkstein für die Toten auf beiden Seiten auf. Die ganze Gegend ist durchlöchert von Bunkeranlagen. In den fünfziger Jahren flog ein ganzer Berg in die Luft, weil die Sieger in den Anlagen darunter große Mengen Sprengstoff gelagert hatten.[10]

Manchmal gehe ich mit Besuchern an das kleine Kriegerdenkmal in Schuld bei Bad Münstereifel und betrachte mit ihnen die Namen. Dort steht bei knapp vier Dutzend Namen der Name Kastenholz viermal, Brück fünfmal und Waasem siebenmal. Ja, die Bauernfamilien waren kinderreich. Wie viele mögen drei, vier oder noch mehr Söhne in den großen Kriegen gelassen haben? *Der Soldat James Ryan* hätte eigentlich mit deutscher Besetzung gespielt werden müssen.

Von den Ripsdorfer Höhen geht es hinunter nach Alendorf an der Landesgrenze zu Rheinland-Pfalz. Der malerische Ort liegt inmitten von Hängen, die mit Wacholder bewachsen sind. Regelmäßig lässt man sie von Schafen abgrasen, damit die Kulturlandschaft erhalten bleibt. Über dem Ort der Kalvarienberg, ein Hügel mit Kreuzweg, auf dessen Gipfelplateau man mit einem phantastischen Rundblick beschenkt wird. Zwanzig Kilometer östlich die Hohe Acht, der höchste Berg der Eifel, mit dem Nürburgring in der Nähe. Durch überzogene Träume der Landesregierung und gigantische Fehlinvestitionen hat man diesem Erinnerungsort des deutschen Rennsports eine schwere Hypothek aufgeladen. Ein Provinzposse der Unfähigkeit, nach der Kurt Beck, damals dienstältester Ministerpräsident eines Bundeslandes, sich nicht mehr im Amt halten konnte.

Unterhalb des Arembergs führt das wunderschöne, von waldbewachsenen Hängen, zum Teil auch von Wiesen mit Wacholder eingesäumte Lampertstal in nordwestlicher Richtung in einer guten Stunde strammen Fußwegs zurück zur Ahr. Wenn man schlendert, sollte man eher zwei Stunden einplanen. An bestimmten Stellen gibt es hier einige der besten Bärlauchsammelgebiete, die ich kenne. Eine Kuriosität hat das Tal auch aufzuweisen: Ein paar Kilometer nach dem Beginn der Wanderung verschwindet der Lampertsbach im kalkreichen Untergrund und ist einfach weg. Am Ende der Wanderung landet man in Ahrhütte. Noch etwas weiter ist man wieder in Rheinland-Pfalz und kommt zu den Wasserfällen von Nohn, die mein jüngster Sohn so mag. Aber da ist mein Mikrokosmos schon fast zu Ende.

Die Glocken von Eifeldorf

Die Glocken von Eifeldorf läuten dreimal am Tag. Morgens um 7:00, 12:00 mittags und abends noch einmal um 19:00 Uhr. Wenn ich dort bin, rahmen sie meinen Tag ein, so wie die Kirchenglocken über Jahrhunderte den Tag von Millionen Menschen in ganz Europa eingerahmt haben. Damals waren die Glocken als einziger künstlicher Laut im ganzen Land als Zeitmesser zu hören. Je nachdem, wie viel Uhr es schlug, ging man zum Mittag, oder die Arbeit auf den Feldern wurde eingestellt. Ich höre die Glocken sehr deutlich, wenn ich in meinem Haus bin. Und ich höre die Glocken gerne.

Die Kirche wird nur noch in einem bestimmten Rhythmus genutzt. Zwei Bleiglasfenster erinnern an die beiden Bombenangriffe auf das Dorf in den letzten Kriegsmonaten. Die alliierten Flieger hatten laut Air-Force-Legende Chuck Yeager, der zwei Jahre nach dem Krieg als erster Mensch die Schallmauer durchbrach, den Befehl, »auf alles zu schießen, was sich bewegte«, ein Kapitel, auf das er nicht stolz ist, wie er in seinen Erinnerungen schreibt.[11] Beide Male hatten die Bomber schlecht gezielt, so dass ihre tödliche Last detonierte oder in den Äckern hinter meinem Pfarrhaus versackte. Mein Haus und der Schuppen sind die einzigen Gebäude, die etwas abbekommen haben.

Das imposante Pfarrhaus aus roten Backsteinziegeln aus dem Jahr 1890 steht unter Denkmalschutz. Klar und symmetrisch geschnitten ist es; die Räume haben hohe Decken. Ich habe es mit alten englischen und deutschen Möbeln traditionell eingerichtet. Das deutsche Pfarrhaus ist ein Ort des Geistes und der Kultur, schreibt die Journalistin und Autorin Christine Eichel.[12] Zusammen mit der Schule und der Polizeiwache bildete das Pfarrhaus das moralische Rückgrat eines jeden Dorfes, wie Sebastian Hennig in *Unterwegs in Dunkeldeutschland*, der Beschreibung einer Wanderung durch sterbende Dörfer in Sachsen, anmerkt.[13] Feuerwehr, Post, Bahnhof, Bäcker,

Krämer und Gaststätte waren die ökonomische Infrastruktur. Heute sind immer mehr Dörfer zu reinen Wohndörfern verkommen.

*

Manchmal hänge ich nostalgischen Gedanken nach – das Haus lädt dazu ein. Es wurde in Deutschlands vielleicht bester Zeit gebaut. Damals war das Land führend in Wissenschaft und Technik. Die »Zivilgesellschaft« im Kaiserreich, später auch der Weimarer Republik und der frühen Bundesrepublik war unglaublich vielfältig. Fast jeder war in mehreren Vereinen engagiert, hatte er auch eine noch so anstrengende Arbeit. Dienst für die gemeinsame Sache, heute die große Ausnahme, war selbstverständlich. Wenn man heute über »Zivilgesellschaft« spricht, ist das oft nur ein Abklatsch. Das meiste so bezeichnete sind kurzfristige Protestbewegungen. Und wenn nicht ein Konzern oder Sponsor hinter ihnen steht, können sich nur noch wenige Vereine und Initiativen halten.

Einen Konstruktionsfehler hatte das Reich: Anders als in England und Frankreich war die Sozialdemokratie noch von Regierungsämtern ausgeschlossen, Bürgerliche von höchsten Staats- und Militärämtern. Die »preußischen Junker« hatten diesen Bereich fest in der Hand. Dieser Umstand und der angebliche Militarismus Preußens werden heute gerne als Belege für die Rückständigkeit der gesellschaftlichen Entwicklung Deutschlands angeführt. Das Gegenteil ist der Fall. Deutschland setzte in fast allen Bereichen Maßstäbe. Wir hatten eine allgemeine Schulpflicht, Kranken- und Altenversicherung, ein funktionierendes Rechtswesen. Das gab es im ach so fortschrittlichen England alles nicht. Auch war in Preußen vor dem Ersten Weltkrieg ein größerer Teil der Bevölkerung wahlberechtigt, als das im Vereinigten Königreich der Fall war.[14] Es wäre so schön gewesen, wenn wir die Chance gehabt hätten, die Konstruktionsfehler des Kaiserreichs zu beheben!

*

Eifeldorf ist älter als die Stadt Blankenheim. Die alte Römerstraße Köln–Trier, von der im Wald noch ein Stück erhalten ist und restauriert wurde, verlief quer durch das Dorf. Karl der Große, der aus der Eifel stammte, soll hier gejagt haben. Bereits zu Lebzeiten, 751, wird Eifeldorf in einer Urkunde der Abtei Prüm erwähnt. Darauf sind wir »Dörfer« stolz.

Irgendwo hat irgendjemand einmal geschrieben, dass die Stadt, insbesondere die Weltstadt, darauf angelegt sei, den Fremden zu empfangen, das Dorf jedoch darauf, den Fremden abzuwehren. Es bringt ihm instinktiv Misstrauen entgegen. Während die Stadt den Fremden begierig aufnimmt, ihn in ihren Strudel zieht, vielleicht auch verheizt, zeigt sich das Dorf – ein eigener verschworener Mikrokosmos – zunächst verschlossen. Jeder hat seine Rolle, jeder kennt jeden. Dem Fremden kommt allenfalls als Durchreisender im Gasthof eine Rolle zu.

Misstrauen habe ich in Eifeldorf nicht gespürt. Im Dorfladen unterhielt ich mich vor meinem Kauf des Pfarrhauses mit der gerade frisch gewählten Ortsvorsteherin. Nach dem Kauf kam ich mit den direkten Nachbarn ins Gespräch, eine Familie Eifler, die andere »Zugereiste«. Er aus Köln, wie etliche andere im Ort. Ein pensionierter Lehrer, Kirchenvorstand und einer der Vorsitzenden des Heimatvereins, kam vorbei, um einige Fragen zu regeln, die die Gemeinde hatte. Er hatte noch in mehrzügigen Klassen unterrichtet. In den ersten Monaten nach meinem Hauskauf ergab sich mit einigen Leuten ein Gespräch. Ich besuchte gelegentlich die Kneipe. Ansonsten hielt ich den Ball flach.

Richtig »warm« wurden die Dörfer erst mit mir, nachdem ich nach einer beziehungsbedingten Abwesenheit von einigen Monaten, in der auch der Garten verwilderte, zurückkehrte und den Garten wiederherrichtete. Das schien für viele das Signal, dass ich gekommen war, um zu bleiben. Als ich dann auch noch einige Hecken pflanzen ließ und bei der Sanierung des Umfelds der Kirche half, war der Damm gebrochen. Das Dorf hatte mich quasi adoptiert. Zum meinem fünfzigsten

Geburtstag richteten die Vereine sogar ein kleines Dorffest aus, mit Getränkeständen, Musikkappelle, Andacht und abendlichem Fackelzug. Wer hat das schon noch? Diese durch das Dorf erwiesene Ehre ist mir teurer und kostbarer, als es ein Bundesverdienstkreuz wäre.

Mittlerweile kenne ich viele im Ort, etwa die beiden verbliebenen Bauern Martin und Stefan, die vor allem Milchviehhaltung betreiben. Beide haben sich in sogenannten Aussiedlerhöfen niedergelassen. Das sind Höfe, die außerhalb des Ortskerns neu gebaut wurden, um den Ortskern von den typischen Nebenwirkungen der Landwirtschaft zu entlasten. Stefans Hof sehe ich von meinem Haus aus, an Martins gehe ich regelmäßig vorbei. Vor einigen Jahren hat er eine Milchtankstelle eingerichtet, einen Automaten, an dem man sich frische Milch zapfen kann.

Karl, Martins Bruder, ist Postzusteller im Ruhestand und Hobbyrinderzüchter. Seine Charolaisrinder grasen auf den Wiesen hinter meinem Haus und liefern prächtiges Fleisch. Immer wenn genug Dörfer bei Karl bestellt haben – die Mindestmenge sind zwanzig Kilo »gemischt« –, wird ein Rind im dorfeigenen Schlachtsaal des nahe gelegenen Ripsdorf geschlachtet. Dem, der das martialisch findet, sei versichert: In der Mehrzahl aller modernen Schlachthöfe haben es die Rinder und die Schweine schlechter. Der einzige Ausweg: konsequent vegetarisch leben.

Karls Rinder stehen ganzjährig draußen, in Schuppen und teilweise auch in alten Containern. Einmal, als ich mit meinen Kindern vorbeikam, trennten Karl und ein Kollege gerade einen gewaltigen Bullen durch ein Gatter von seiner Herde, um ihn an einen benachbarten Ort zu fahren, wo er eine Kuh beglücken durfte. Ein anderes Mal kam ich vorbei, als eine junge Tierärztin gerade mittels einer flexiblen Drahtsäge ein totes Kalb im Leib seiner Mutter zersägte. Im wahrsten Sinne des Wortes eine »Knochenarbeit«. Als der Kopf zum Vorschein kam, war ich überrascht, wie groß das Kalb war. Wäre die Tierärztin nicht gewesen, wäre die Kuh qualvoll verendet.

Nach Angela Merkels Grenzöffnung im Herbst 2015 waren auch bei uns ein gutes Dutzend Flüchtlinge im ehemaligen Kindergarten untergebracht. Eine Zeitlang sah man relativ viele junge Männer im und um das Dorf spazieren. Was hätten sie auch tun sollen? Vor unserer Kirche gibt es ein paar Bänke für Wanderer. In einer lauen Sommernacht, es war, meine ich, im Jahr darauf, ging ich nach der Arbeit in meiner Bibliothek daran vorbei. Ein junger Araber, Mitte zwanzig, saß mit seinem Handy dort. Einer spontanen Eingebung folgend, setzte ich mich dazu.

Er war hocherfreut, dass sich jemand mit ihm unterhalten wollte. Ahmed, so sein Name, sagte mir, dass er aus dem Irak stamme, und erzählte von seiner Familie. Sein Deutsch war sehr rudimentär, aber irgendwie kamen wir durch. Er erzählte mir von der Unterkunft und dass die Bewohner aus dem Irak, Afghanistan, Syrien, vom Balkan und aus Schwarzafrika kämen, was das Zusammenleben nicht immer einfach mache. In Euskirchen besuchte er einen Deutschkurs. Ich habe ihn dann leider nicht mehr gesehen.

Noch zwei Standortfaktoren hatte Eifeldorf anzubieten, als ich mich entschloss, dort sesshaft zu werden: eine Kneipe und eine Traditionsbäckerei, beides bequemerweise in unmittelbarer Nähe. In der Kneipe, die nur noch auf Sparflamme lief, habe ich viele schöne Abende verbracht, bevor sie 2015 endgültig schloss. Ich komme im nächsten Kapitel darauf zurück.

Unsere Traditionsbäckerei gibt es seit einhundertfünfzig Jahren. Brot und Kuchen sind von hervorragender Qualität. Rita, die Seniorchefin, steht auch im Pensionsalter jeden Tag hinter der Theke, bedient, beaufsichtigt das Personal und ist die Informationszentrale des Dorfes. Hier ist immer Zeit für ein Schwätzchen, oder auch nur für ein paar Worte, selbst, wenn sich dahinter eine Schlange gebildet hat. Juniorchef Markus ist einige Jahre zur See gefahren und führt seinen Betrieb mit Engagement und Leidenschaft für sein Handwerk, so wie man es sich von einem deutschen mittelständischen Betrieb wünscht. Mittlerweile hat er mit Verkaufsfilialen in einige der umliegenden Orte expandiert.

Der Hauptort

Der Hauptort Blankenheim liegt am Ende eines langen Tals. Kuranlagen, Teiche und ein großer Parkplatz zeugen von seiner Vergangenheit als Erholungsort. Viele schöne alte Gebäude sind erhalten, im Ortskern befindet sich in zwei Häusern das Eifelmuseum. Dort entspringt die Ahr in einem Sammelbecken und durchfließt dann eingefasst die Fußgängerzone der gut erhaltenen alten Innenstadt. Das Becken ziert ein etwas antiquiertes, pathetisches Gedicht aus der Zeit um 1900. Immerhin: Es gibt den Lauf der Ahr und den Charakter der verschiedenen Landschaften ganz gut wieder.

Über dem Ort thront die zur Jugendherberge umgebaute Burg. Den Herrn der Unterburg, die großen Gebäude davor, lernte ich einige Jahre nach meinem Hauskauf als intelligenten und charmanten Kosmopoliten kennen. Und noch einige Zeit später führte die Abschlussfahrt der Grundschulklasse meiner Tochter ausgerechnet auf die Burg Blankenheim. Auf einer Wiese wurden 1914 die Grundmauern und Überreste eines römischen Gutshofes entdeckt, wie man sie an vielen Stellen der Eifel fand und findet. Blankenheim war im Mittelalter durch den Bergbau ein reicher Ort. Dort saßen die Bürger und Verwalter, oben im Dorf die Bauern. Bis heute haben beide Ortschaften das nicht vergessen.

Nach dem Mittelalter verwilderte und verarmte die Gegend. Irgendwann waren Blankenheim und das obere Ahrtal ein extrem abgelegenes Gebiet. Der Freiheitskämpfer, Abgeordnete der Frankfurter Nationalversammlung und politische Schriftsteller Ernst Moritz Arndt unternahm von Bonn aus Wanderungen die Ahr hinauf und schrieb einen noch heute lesenswerten Bericht darüber.[15] Seine martialische Sprache passt nicht mehr wirklich in die heutige Zeit. Doch sich mit seinen Schriften für Demokratie und Bürgertum auseinanderzusetzen kann sich auch heute noch lohnen. Deswegen bin ich Mitglied der Ernst-Moritz-Arndt-Gesellschaft.[16]

Blankenheim, circa 1835

Fast zur gleichen Zeit schrieb auch Gottfried Kinkel über die Ahr. Er berichtete darüber, wie ganze Dörfer der Armut entfliehen wollten, ihre Sachen packten und nach Amerika auswanderten. Der Schriftsteller nahm an der Revolution von 1848/49 teil, wurde verhaftet, aber von seinem Schüler Carl Schurz aus dem Gefängnis Spandau befreit und lebte fortan im Exil in den USA, London und zuletzt Zürich, wo er als Professor weiter für eine demokratische Veränderung in Deutschland eintrat.[17]

Der auf einer Burg in Erftstadt-Liblar geborene vierzehn Jahre jüngere Schurz wanderte über den Umweg London in die USA aus, wo er es während des Bürgerkriegs bis zum General brachte, die Deutschen für die Union begeisterte und später Innenminister wurde. Als solcher kümmerte er sich für seine Zeit vorbildlich um indianische Angelegenheiten und versuchte, den korrupten amerikanischen Staatsdienst zu reformieren und so etwas wie ein preußisches Beamtentum zu schaffen. Schurz scheiterte. »Natürlich«, möchte man fast sagen. Noch heute existiert das 1829 durch den demokratischen Präsidenten Andrew Jackson eingeführte »spoils system«, das »Beutesystem«, bei dem nach der Wahl eines neuen Präsidenten mehrere tausend politische Beamte entlassen und durch eigene Gefolgsleute ersetzt werden. So ist natürlich eine sachorientierte Politik kaum möglich.

Im Alter wandte sich Schurz massiv gegen den beginnenden US-Imperialismús. 1898 – im Jahr des Spanisch-Amerikanischen Krieges, in dessen Folge Kuba, Puerto Rico und die Philippinen an die USA fielen – gründete er zusammen mit Persönlichkeiten wie dem Schriftsteller Mark Twain die American Anti-Imperialist League. Mit seinen *Lebenserinnerungen* hat Schurz das Amerikabild der Deutschen entscheidend mitgeprägt.[18] Im Wasserschloss Gracht in Erftstadt-Liblar, wo sein Großvater Verwalter war, ist heute das Universitätsseminar der Wirtschaft untergebracht. Als ich dort um das Jahr 2000 einmal als Unternehmensberater und Professor der Boston University referierte, wusste ich noch nichts von der Vergangenheit des Gebäudes. Heute fahre ich oft die Strecke zwischen Liblar und Köln, die Schurz jede Woche zu seinem Gymnasium in Köln zurücklegte.

In der 116. Straße in New York steht eine Büste zu Ehren von Carl Schurz. Ich bin zufällig darauf gestoßen, als ich ein Investmentseminar bei Bruce Greenwald an der Columbia University besuchte. Genauso, wie ich in Potsdam eher zufällig auf die Statue des preußischen Generals Friedrich Wilhelm Steuben stieß, der entscheidend zum Sieg der amerikanischen Unabhängigkeitstruppen unter George Washington beitrug und heute noch alljährlich im September mit der Steubenparade geehrt wird. Die Statue wurde Kaiser Wilhelm II. aus Zeichen der Freundschaft und Verbundenheit zwischen dem amerikanischen und dem deutschen Volk 1910 vom amerikanischen Kongress geschenkt.

*

Im 19. Jahrhundert setzte mit der Ahrtahlbahn die Renaissance der Gegend ein. Noch vor wenigen Jahrzehnten war Blankenheim ein bekannter und belebter Erholungsort. Bis in die siebziger Jahre hinein führte der Weg zum Nürburgring durch die schöne, aber enge Innenstadt. Heute gibt es eine Umgehungsstraße. Die Stadt verödet – wie viele Orte im ganzen Land – zunehmend. Von den einstmals vierundzwanzig Kneipen und Gaststätten sind fast alle geschlossen. Es gibt noch ein Hotel mit Gastronomie, den Kölner Hof, ein Bistro, eine Pizzeria, ein gutes türkisches Schnellrestaurant und Teilzeitgaststätten. Die schönen Häuser werden von Privatleuten gekauft und als Hobby restauriert, teilweise als Atelier genutzt. Leben ist aber nicht mehr viel im Ort. Immerhin, wir haben noch zwei Arztpraxen, eine Apotheke und ein Gewerbegebiet mit den üblichen Discountern, die unser Land so zu bieten hat.

Unser Eifelmuseum, bis vor einigen Jahren ein Museum alten Stils mit heimat- und naturkundlicher Sammlung, wurde »modernisiert«. Nun stehen da abstrakte Objekte anstelle alter Bauernstuben oder ausgestopfter Tiere. Mein Sohn wollte mit sechs oder sieben Jahren eine alte Pistole, die wir bei Grabungen hinter dem Haus gefunden hatten, unbedingt ins Museum bringen. Wahrscheinlich war es eine Replik. Die junge Dame am Schalter schaute uns bloß hilflos an. In meiner Kindheit hätte das Museumspersonal sicher mitgespielt und den Jungen gelobt, um sein Interesse weiter zu fördern.

Man würde es kaum vermuten, aber noch immer kommen bedeutende Zeugnisse früherer Zeiten ans Tageslicht. Bei Arbeiten für einen Anbau des Museums wurde 1995 in nur neununddreißig Zentimetern Tiefe ein bedeutender Münzschatz von zweihundertneunundfünfzig Silbermünzen entdeckt. In Trier, nur eine Autostunde entfernt, fand man zwei Jahre zuvor den international bisher größten Goldschatz aus römischer Zeit: zweitausendfünfhundertsechzehn Münzen mit einem Gewicht von 18,5 Kilogramm.[19] Er ist heute im dortigen archäologischen Landesmuseum ausgestellt. Auch sonst gibt es in der größten römischen Stadt nördlich der Alpen, die einige Jahre Residenz der Kaiser war, viel Sehenswertes aus Vor- und Frühgeschichte, Römerzeit und Mittelalter zu entdecken; ein Besuch lohnt sich.

Das Freibad oder die
Entdeckung des Mutes

Ein wunderschönes Freibad hat Blankenheim außerdem – oder besser: hatte es. Denn seit 2015 lag es still und wird seit 2018 zu einem Eventpark umgestaltet.[20] Ein Freibad mit Drei-, Fünf-, 7,5- und Zehnmeterturm, von der Art, an der sich seit über hundert Jahren die Deutschen erfreut haben. Ein großes Becken, kleinere Becken. Liegewiesen, die sich ein Stück ein Tal hinaufziehen und auf einer Seite von Wald gesäumt sind. Das Ensemble nahe am Ortskern, vor dem Bad ein großer Teich und eine parkähnliche Anlage. Von dort Blick auf das Verwaltungsgebäude der Stadt, eines der wenigen nicht historischen, und das groß dimensionierte Kriegerdenkmal.

Trotz seiner zentralen Lage hatte ich das Freibad erst im Jahr vor seiner Schließung entdeckt. Zuvor waren wir im Spaßbad in Bad Münstereifel, einer dieser grässlichen Allwetter-gute-Laune-Tempel, die es mittlerweile in etlichen Städten gibt. Auch in meiner Geburtsstadt Plettenberg. Dort hatten sich die Honoratioren der Stadt entschieden, in das Prestigeobjekt Aqua Magis zu investieren und gleichzeitig das Krankenhaus zu vernachlässigen.

Freibäder sind relativ unaufwendig zu betreiben. Allerdings stehen sie das halbe Jahr leer. Und damit ist nicht dasselbe Geschäft zu machen wie mit Allround-Spaßbädern. Nun, das Aqua Magis wird gut angenommen. Und das alte Freibad in Plettenberg, in dem ich manch einen Sommertag verbrachte, wurde zugeschüttet. Heute stehen dort Wohnhäuser. Das Krankenhaus wurde durch eine private Bürgerinitiative gerettet. Vorerst. Wie viel authentischer ist doch die Erfahrung in einem echten Freibad! Du liegst auf einer großen Wiese, Sonne und Wind spielen mit dir; meistens stehen auch echte Bäume da. Du atmest echte Luft, es herrscht nicht die chlorgeschwängerte Atmosphäre eines umgrenzten Bades. Natürlich, Hallenbäder muss es auch geben.

Einmal hatte ich es mir mit meinen Kindern gemütlich gemacht, im Wasser geplanscht und gespielt. Mittlerweile lebte ich schon einige Jahre in Blankenheim, man kannte die ein oder andere Familie und wurde selbst erkannt. Kleinstadtidylle. Wir alle waren vom Einmeterbrett gesprungen. Mein älterer Sohn machte dann mutig einen Köpper vom Dreier, hatte aber den Kopf nicht so richtig zwischen den Armen, so dass es für ihn ganz schön gedröhnt haben muss. Tapfer sagte er nichts, aber nochmal springen wollte er auch nicht.

Ich merkte, dass es mir nicht mehr so leichtfiel wie zu Schulzeiten. Drei Meter sind doch ganz schön hoch, wenn auch bei normalem Absprung nichts passieren kann. Früher hatte ich wohl hin und wieder auch einen Kopfsprung vom Dreimeterbrett gemacht. Diesmal nicht. Die fünf Meter schaute ich mir kurz an, ließ es dann aber. Irgendwie war mir nicht danach. Auch Elisabeth und Jonathan entschieden sich dagegen.

Später sagte mir meine Tochter: »Ich will es einmal probieren!!«, und ging nochmal zur Sprunganlage. Ich lag weit auf der anderen Seite und konnte Elisabeth beobachten, wie sie eine Stunde lang immer wieder auf den Fünfer ging, zum Sprung ansetzte und wieder abbrach. Dann kletterte sie runter auf den Dreier und übte weiter.

Und dann ging sie ganz nach vorne. Tastete sich voran, schaute nach unten. Setzte zum Sprung an. Und brach ab. Wieder herunter. Und dann nochmal nach oben. Erstmal ein paar Jungs vorlassen. Noch ein Versuch. Ganz bis nach vorne. Und wieder zurück. Fast zwanzig Minuten ging dieses Spiel. Ich schaute von der Liegewiese auf der anderen Seite des Beckens zu, gut sechzig Meter entfernt. Bei jedem Versuch bangte ich mit. Zum Schluss hat sie es dann geschafft. Sie sprang. Keiner hat gehört, welch ein Riesenstein mir vom Herzen gefallen ist.

Von Gärtnern und Jägern

Sind wir dazu berufen, unseren Vätern immer ähnlicher zu werden? Ich denke immer mehr, dass da etwas dran ist. Mein Vater, der gelernte Landwirtschaftslehrer, fühlte sich in seinen Nutzgärten wohl, obwohl die Arbeit an den steinigen Schrägen des Stübels kein Zuckerschlecken war. Er konnte verfolgen, wie die Pflanzen wuchsen und welche Düngerkombination sich wie auswirkte. Wenn er im Frühjahr die Beete umgrub, kam immer eine Schaufel Mist aus dem Kaninchenstall mit hinein. Ich schaute mir es einige Male durchaus interessiert an, und mein Vater erklärte mir einiges.

Heute habe ich selbst einen Nutzgarten – ein paar Obstbäume, Spalierobst, einige Hochbeete und Beete in weiten Wiesen. Auf über fünfhundert Metern ist das Gärtnern gar nicht so einfach. Etliches gedeiht nicht. Doch liefert der Garten unter anderem Kartoffeln, Zwiebeln, Mangold, Bohnen, Pastinaken, Grünkohl, Salat, Karotten, Kürbisse und Rote Bete, Zwetschgen, Äpfel und Reneklauden.

Den Garten bestelle ich nur zum Teil selber. Eine passionierte Biogärtnerin aus einem Nachbarort half mir eine Weile. Von ihr lerne ich en passant einige Tricks und Kniffe der Gärtnerei – und auch, wie viel Arbeit es ist. Es reicht nicht, im Frühling irgendetwas in der Erde zu versenken und die Beete einigermaßen unkrautfrei zu halten. Da wir bis in den Mai Frost haben, müssen viele Pflanzen im Haus vorgezogen und dann umgepflanzt werden. Beete werden abgedeckt. Der pH-Wert des Bodens wird gemessen und notfalls durch die Beigabe von Kalk oder anderen Substanzen korrigiert.

Ich entdeckte die faszinierende Vielfalt der alten Obstsorten, von denen heute leider immer mehr vom Verschwinden bedroht sind. Einige davon, zum Beispiel die Apfelsorten Gravensteiner und Rheinischer Bohnapfel, aber auch die Rote Sternrenette und die Goldparmäne habe ich angepflanzt. In Gedanken höre ich meinen Großvater über Ontarioäpfel und den Boskop reden. Einen Boskop habe

Pause während einer Radtour, Sommer 2020

ich noch nicht. Einen Ontario schon. Neben den Sorten Bohnapfel und Jakob Lebel wurde der Ontario 1922 durch die Deutsche Obstbau-Gesellschaft für den Obstbau im Deutschen Reich empfohlen und gehört damit zu den drei Äpfeln, die die Bezeichnung »Reichsobstsorte« führen durften.[21]

»Und wenn ich wüsste, dass morgen die Welt unterginge, so würde ich heute noch ein Apfelbäumchen pflanzen«, sagte Martin Luther. Ich finde diesen Satz sehr schön – das Gute und Richtige tun, auch wenn es scheinbar aussichtslos ist. Ich habe noch einige Obstbäumchen gepflanzt. Ob die Welt morgen untergeht, weiß ich nicht. Wenn ich sehe, wie sich die Ereignisse entwickeln, habe ich allen Grund, pessimistisch zu sein. Aber ich lasse mir von der Sorge um das Morgen nicht den Kern meiner Existenz beeinträchtigen.

Zwei alte Apfelbäume stehen noch in meinem Garten, ebenso drei Zwetschgen und ein alter Birnbaum. Die Apfelbäume sind klein und krumm, und an einigen Stellen haben die Stämme keine Rinde mehr. Aber sie tragen verlässlich jedes Jahr. Die Sorte habe ich trotz Zuhilfenahme eines Buchs über Apfelsorten nicht verlässlich bestimmen können, aber sie ist dem Klima angepasst. Der alte Birnbaum ist nach mehreren fachgerechten Beschneidungen und einer Peelingkur für den Stamm wieder zum Leben erwacht und trägt nun gelegentlich Früchte.

Es ist faszinierend, wie meine drei alten Zwetschgenbäume Früchte mit ganz unterschiedlichem Geschmack und ganz unterschiedlicher Konsistenz produzieren. Zudem reifen die Früchte nacheinander, so dass wir länger Zwetschgen haben. Ein Sturm hat einem der Bäume allerdings vor einigen Jahren den Garaus gemacht. Seine Früchte wurden am frühesten reif und waren sehr süß, lösten sich aber kaum vom Kern, so dass sie schwer zu verarbeiten waren.

Meine Bäume werden nach der Methode Oeschberg-Palmer beschnitten. Mit-Namensgeber Helmut Palmer ist auch als »Remstal-Rebell« bekannt.[22] Von den siebziger bis in die neunziger Jahre kämpfte er störrisch gegen Verwaltungs- und Behördenwillkür und ließ sich mehrfach als unabhängiger Kandidat für Wahlen aufstellen. Schon damals zeigte ihm das System gelegentlich die Zähne. Einer seiner Söhne ist übrigens Boris Palmer, der grüne Oberbürgermeister von Tübingen, der auch vielen in seiner eigenen Partei unliebsam ist. Der Apfel fällt nun mal nicht weit vom Stamm.

Die Fruchtmengen sind zeitnah kaum zu verzehren. In meiner Kindheit kochten wir sie ein. »Einwecken« hieß das, abgeleitet von dem Namen der Firma Weck, die die Einkochgläser mit den Gummiringen produzierte. Es gibt sie noch heute. Diese – wie Melitta, Bahlsen, Brita, Haribo – urdeutsche Firma ist mittlerweile in Bonn ansässig. Die ersten Jahrzehnte der Firmengeschichte lesen sich wie eine Start-up-Story der New Economy oder aus dem Silicon Valley. Nur dass sie ungefähr einhundertdreißig Jahre früher stattfand. Das Einweckverfahren wurde von dem Gelsenkirchener Chemiker Rudolf

Rempel erfunden und 1892 patentiert. Sei jüngerer Bruder, ein Fabrikant in Plettenberg, produzierte die ersten dafür geeigneten Glasbehältnisse. Aber erst der Unternehmer Johann Carl Weck brachte das Produkt groß heraus, nachdem er 1895 das Patent gekauft hatte, nun unter seinem Namen. Ich habe mir wieder Weckgläser zugelegt und selber eingekocht. Und eine Firma Rempel gibt es in Plettenberg immer noch. Sie ist allerdings in der Metallbearbeitung tätig.

Es ist allerdings nicht besonders abwechslungsreich und auch nicht besonders gesund, immer nur eingekochte Früchte zu essen, denn man benötigt dazu viel Zucker. Der Bedarf an Marmelade ist irgendwann ebenfalls gedeckt. Mittlerweile gibt es elektrische Dörrgeräte, die wie große Föne mit Siebeinsätzen funktionieren. Gedörrte Pflaumen, Äpfel, Birnen und Renekloden eignen sich ganz hervorragend als Snack. Auch Gemüse wie Zucchini oder Tomaten lässt sich gut dörren und behält seinen Geschmack. Wobei ich hier bewusst einen Fehler eingebaut habe: Tomaten sind, biologisch gesehen, kein Gemüse, sondern eine Frucht! Genauso wie Erdbeeren nicht zu den Beeren, sondern zu den Rosengewächsen gehören.

So etwas erfährt man, wenn man, wie ich, Bücher über das Gärtnern und altes Wissen liest. Eine faszinierende Welt, ein eigenes Universum, in das ich erst ganz oberflächlich eingetaucht bin. Aber schon dieser oberflächliche Kontakt bereichert und vertieft mein Leben ungemein. Heute ist der Garten überwiegend die Domäne meiner Frau. Aber ich genieße es weiterhin sehr, dort aktiv zu sein. Mein Vater hat auch hier bei mir seine Spuren hinterlassen.

*

Eigentlich sind wir Menschen nomadische Gruppenwesen und opportunistische Omnivoren (das klingt harmloser als »Allesfresser«). Wir bestellen erst seit recht kurzer Zeit den Boden, seit ungefähr vor zwölftausend Jahren im Fruchtbaren Halbmond – jenem Winterregengebiet, das sich mondsichelförmig vom Persischen Golf über Nordsyrien bis zur Sinai-Halbinsel erstreckt – erste permanente Siedlungen entstanden. Die Menschen ernährten sich zunächst aber weiter als Jäger und Sammler. Vielleicht pflegten die ersten Ackerbauern ihre Gärten und Felder nur extensiv. Die Yanomami im Amazonas-Regenwald legen noch heute Gärten mit Fruchtbäumen und Sträuchern an und überlassen diese sich selber. Nach einem oder mehreren Jahren kehren sie zurück, um zu ernten.

Die Geschichte von Kain und Abel, die sich unmittelbar an die Vertreibung aus dem Paradies anschließt, ist an Tiefe und Bedeutung dem Sündenfall von Adam und Eva, den Eltern der beiden, gleichwertig und spiegelt den Wandel von einer Nomaden- zu einer Bauerngesellschaft wieder. Kain, der Ackerbauer, ist neidisch auf seinen Bruder, den Viehzüchter, und sein gutes Leben und ermordet ihn schließlich. Heute wissen wir, dass die Sesshaftwerdung mit einer dramatischen Verschlechterung der Lebensbedingungen für die meisten Menschen einherging: ihre Körpergröße ebenso wie ihre Lebenserwartung nahm ab, sie starben häufiger an Mangelernährung. Ihre nomadischen Verwandten hatten eindeutig das bessere Leben.[23]

Aber die sesshafte Lebensweise setzte sich durch und drang im Laufe der Jahrtausende nach Europa vor. Auch in Amerika und Asien wurden Menschen sesshaft. Der Ackerbau erlaubte es, auf derselben Fläche mehr Menschen zu ernähren, ermöglichte also eine höhere Siedlungsdichte. Außerdem können Bauern besser kontrolliert und zu Abgaben gezwungen werden, da sie an ihr Land gebunden sind. So wiederum konnten sich herrschende Schichten etablieren, deren Aufgabe in der Absicherung der Herrschaft durch Krieg, Religion und Wissenschaft bestand. Die Mythen veränderten sich, nun waren es die Mythen der »befruchteten Erde«, nicht mehr die »tierischen Mächte und Kräfte« des Schamanismus, wie der amerikanische Mythenforscher Joseph Campbell dargelegt.[24]

»Der Mensch, das frei schweifende Wesen, wird als Bauer wieder zur Pflanze«, so der Universalphilosoph Oswald Spengler. Er ist an seine Scholle gebunden. Die Kräfte der Natur und die kosmischen Rhythmen bestimmen sein Leben. Zwar waren, zumindest in den nördlichen Breitengraden, auch Nomaden von Jahreszeiten abhängig, aber Bauern sind es in viel stärkerem Maße. Damit bringen uns das Gärtnern und der Ackerbau in Kontakt mit ganz tiefen Schichten unseres Selbst.

Ich bin jedes Jahr gespannt, wie die Ernte ausfällt. Dieses Mal zum Beispiel sah es nach einer bombigen Obsternte aus. Späte Maifröste haben diese jedoch massiv dezimiert. Ein alter Birnbaum, der viele Jahre kaum Früchte trug, hing auf einmal voll, nachdem er zwei Jahre in Folge fachgerecht beschnitten worden war.

Im meiner Gemeinde feiern wir das Erntedankfest und danken für die Gaben, die wir empfangen haben, so wie ich das Erntedankfest schon in meiner Kindheit gefeiert habe. Diesen christlichen Brauch gibt es mindestens seit dem 3. Jahrhundert. Aber schon in vorchristlicher Zeit haben die Menschen für die Ernte gedankt. Krönung der Ernte ist die Kartoffelernte. Ich habe noch kein Kind erlebt, das nicht fasziniert ist, wenn man die Grabgabel ansetzt, die Kartoffelstauden anhebt und dann das Gold der Erde birgt. Es ist wie eine Schatzsuche. Gebannt und fixiert beobachten die Kinder den Boden, um entdeckte Kartoffeln sofort zu bergen. Aus dem eigenen Boden schmecken sie wirklich unvergleichlich, auch besser als Biokartoffeln. Frisch, auch einige Tage alt, am besten. Aber Kartoffeln lassen sich an einem dunklen und kühlen Ort auch einige Monate aufbewahren. Das kenne ich noch aus der Kindheit, wo wir im Herbst immer einige Säcke im Keller lagerten.

Dieses Jahr ist der Weißkohl prächtig gediehen, der Rotkohl hingegen blieb ziemlich kümmerlich. Zum ersten Mal haben wir Mais angebaut, eine der ältesten Kulturpflanzen überhaupt. Es bedarf nur weniger Mutationen, aber tausender Jahre der Züchtung und der Koevolution, um aus dem in Mexiko vorkommenden Wildgras Teosinte mit seinen unscheinbaren Garben die große Maispflanze entstehen zu lassen. Einige unsere Pflanzen tragen Kolben, aber bei

Weißkohl

weitem nicht alle. Und schon beginnt das Experimentieren: War der Boden richtig »eingestellt«? Hatten wir die richtigen Pflanzen? Der Garten lädt zum Beobachten und Experimentieren geradezu ein.

Im Sommer 2019 erfüllte ich mir einen Kindheitstraum und bereiste zusammen mit einem Freund und seinem Sohn die Anden. Unter anderem besichtigten wir Cuzco, Machu Picchu und die eindrucksvolle Anlage Moray, die aus runden, auf dreitausendfünfhundert Metern Höhe in den Berg eingelassenen Terrassen besteht. Die größte ist siebzig Meter tief, die einzelnen Terrassen haben ungefähr 1,80 Meter Höhe. Erich von Däniken vermutete dort einen Landeplatz für Außerirdische. Bei einem konventionellen Raketenantrieb hätten allerdings die Gase nicht entweichen können, so dass die Anordnung nur bei einem uns nicht bekannten Antrieb funktioniert hätte. Die wahrscheinliche Erklärung ist viel einfacher. In jeder Höhe der Terrasse herrscht ein anderes Mikroklima, so dass die Inka dieses Bauwerk wahrscheinlich als ein großes Experimentierlabor für die Weiterentwicklung von Pflanzen genutzt haben.

Mais, Kartoffeln, Kürbisse, Kakao, Chili – ein Großteil unserer heutigen Kulturpflanzen stammt aus Amerika. Die indigenen Völker Meso- und Südamerikas waren den Europäern in der Landwirtschaft weit voraus. Mit der fortschreitenden Entwicklung der Metalltechnik holten Europa und China auf. Was man nicht mit überlegenem Pflanzenwissen schaffte, schaffte nun die brachiale Kraft und Effizienz der mechanischen Bodenbearbeitung.

So mühsam der Ackerbau für unsere Vorfahren war, so erfüllend ist das Gärtnern, wenn man nicht zur Nahrungsmittelversorgung darauf angewiesen ist. Natürlich stellen sich auch jetzt Glück oder Enttäuschung ein, aber sie haben nicht dieselbe existenzielle Bedeutung.

*

Jäger sind wir schon viel länger als Bauern, mindestens einige hunderttausend Jahre. Die Jagd ist ein uraltes Handwerk und ein faszinierendes Universum. In Schöningen bei Braunschweig wurden die ersten Jagdspeere der Menschheitsgeschichte gefunden, zwischen zweihundertneunzigtausend und dreihundertsiebenunddreißigtausend Jahre alt sind sie.

Im Jahr 2010 wurde ich selbst zum Jäger. Von einem Freund und Kollegen angesprochen, entschloss ich mich kurzerhand, in den Sommerferien den Jagdschein zu machen. Die magischen Stunden – Morgen- und Abenddämmerung – still in der Natur verbringen. Lauschen, wie die Natur erwacht, oder auch sich schlafen legt. Das erste leichte Morgengrauen. Wie sich dann immer mehr die Konturen herausformen. Oder wie abends die Umwelt langsam ihre Farben verliert. Nachts auf einmal die Silhouette eines großen Hirschs urplötzlich vor der Kanzel, ohne dass man ihn hat kommen hören.

Mein erster Keiler: Eine wunderschöne laue Jagdsommernacht mit Blick auf den mythischen Donnersberg, den ich schon seit meiner

Kindheit kenne. Nachdem mein Jagdkollege schon nach Hause ist, höre ich Sauen. Sie bleiben allerdings zunächst hinter mir im Wald, hatten wohl etwas gewittert. Schweine sind viel intelligenter als Rehe und haben ein wesentlich ausgeprägteres Sozialverhalten. Später gegen zwei Uhr morgens ziehen vier Sauen auf gut einhundertzwanzig Meter Entfernung an mir vorbei.[25] Ich überlege nicht lange, ziele und schieße. Erst am nächsten Morgen weiß ich, ob ich Erfolg habe. Der Jagdhund des Revierinhabers findet das Stück, wie es in der Jägersprache heißt. Bis auf wenige Meter Entfernung war es auch im offenen Feld nicht zu sehen gewesen.

Ich kann nicht sagen, dass ich ein »passionierter Jäger« bin. Sicher, der Moment ist schon aufregend. Eigentlich geht es mir aber nur darum, etwas zu tun, was von Anbeginn an zum Menschen gehört und mich in gewisser Weise mit der Menschheit und der Natur eins werden lässt. Trophäen interessieren mich nicht, und jedes gejagte Stück landet in meinem Kochtopf. Das ist sehr viel ökologischer und die Tiere haben ein sehr viel angenehmeres Leben als bei fast allem Fleisch, das man im Supermarkt kaufen kann.

Eine Zeitlang war ich häufiger Jagdgast bei einem Wurstfabrikanten im Bergischen Land. Als mein älterer Sohn Jonathan in seinem neunten Lebensjahr war, durfte er zum ersten Mal zur Jagd mitkommen. Ich hatte schon vier- oder fünfmal auf diesen stärkeren Bock angesessen. Einmal hatte ich ihn verfehlt. Beim nächsten Mal war er zu weit weg. Ein anderes Mal stand der Wind schlecht. Dieser Bursche machte es mir nicht leicht.

Es war ein recht warmer Frühlingsabend, als wir auf unseren Hochsitz kletterten, der in einer kleinen Senke auf einer Wiese stand. Gegenüber erstreckte sich ein Hang, der zur Hälfte aus Wiese und zur Hälfte aus Wald bestand. Vielleicht dreißig bis vierzig Meter vor dem Hochsitz wuchs ein kleines Erlengebüsch. Hinter dem Hochsitz wieder Wiesen, in einiger Entfernung grasten Kühe.

Auf dem Stand lud ich mein Gewehr. Jonathan war aufgeregt und ließ sich alles erklären. Mit dem Feldstecher beobachteten wir Hasen und Gänse. Nur unser Bock kam nicht. Ich hatte Jonathan vorgewarnt, dass es normalerweise vier oder fünf Ansitze braucht, bis man zum Schuss kommt. Jonathan war wachsam und geduldig. Immer mal wieder las er in seinem Donald-Duck-Heft, das wir vorsichtshalber mitgenommen hatten.

Langsam zog die Dämmerung herein. Irgendwann schien mir der Zeitpunkt gekommen zu sein, die Zelte abzubrechen. »Nun kommt er auch nicht mehr«, sagte ich leise zu Jonathan. Woraufhin er antwortete: »Da ist er doch!« »Wo?« »Na da!« Nach nochmaligem Hinsehen entdeckte ich ihn. Tatsächlich. Da stand der Bursche, keine fünfzig Meter von uns entfernt mitten im Erlengebüsch. Keine Ahnung, wie er da hingekommen war. Vielleicht hatte er auch den Tag über einfach dort gelegen.

Ich hatte nicht die Routine des erfahrenen Jägers (und habe sie heute noch nicht, dafür jage ich viel zu wenig). Das Anlegen ging wohl nicht ganz geräuschlos von sich. Der Bock war nicht mehr zu sehen. Ich fragte Jonathan noch einmal.

»Na, da ist er!«, flüsterte er. Und tatsächlich: Der Bock war aus dem Erlenbestand herausgetreten und stand nun einige Meter davor auf der Wiese, nun keine vierzig Meter von unserem Hochsitz entfernt. Ich hatte Jonathan angewiesen, sich auf den Boden zu knien und die Ohren zuzuhalten. Der Schuss brach los. Und der Bock »lag im Knall«, das heißt, er war sauber mit einem Schuss erlegt worden und nicht abgesprungen.

Unser Gastgeber kam dazu und wünschte uns ein kräftiges Waidmannsheil. Der Bock erhielt seinen letzten Bissen, einen Zweig eines waidgerechten Baumes, den er in den »Äser« (ins Maul) gelegt bekommt, als Respektbekundung. In der Wildkammer brachen wir den Bock auf, das heißt, wir nahmen ihn aus. Nach einem Abschiedstrunk ging es spätabends heim nach Köln. Von da an hatte Jonathan das Jagdfieber gepackt.

Spannend sind auch die organisierten Treibjagden, die aber meistens sogenannte »Drückjagden« sind: Treiber mit ihren Hunden gehen den Wald ab und treiben das Wild auf die Schützen zu, die in bestimmten Abständen postiert sind, entweder stehend oder sitzend im Gelände oder auf einem Hochsitz oder einer Sitzleiter. Jedem Schützen wird ein genaues Schussfeld zugewiesen. Sowieso gilt die Regel, dass nicht geschossen werden darf, wenn es keinen guten Kugelfang gibt, die Kugel also nicht irgendwo in die Erde einschlägt, wenn das Ziel verfehlt wird. Ab einer bestimmten Zeit ist das Treiben offen, zu einem bestimmten Zeitpunkt heißt es »Hahn in Ruh«. Danach geht es zum »Strecke legen« – die erlegten Stück werden auf Zweige gebettet, zum »Verblasen« (wenn Jäger anwesend sind, die ein Jagdhorn bedienen können) und zum »Kesseltreiben«, dem gemütlichen Teil.

Sie merken, dass die Jagd eine eigene Sprache hat – und sie hat ein durchaus umfangreiches Brauchtum. Bei der Prüfung zum Jagdschein wird umfangreiches Wissen abgefragt; nicht umsonst nennt man die Jägerprüfung das »grüne Abitur«. Die Jägerei erfreut sich wachsender Beliebtheit. Im Jagdjahr 2017/18 besaßen 384.428 Personen in Deutschland einen Jagdschein, ein Viertel mehr als zur Zeit der Wiedervereinigung. Immerhin ein Viertel aller Jäger sind Jägerinnen. Und über vierzig Prozent aller Jäger engagieren sich auch im Naturschutz.[26]

Die Jagd bereichert mein Leben. Ich bin froh, dass mich mein Freund und Kollege vor einigen Jahren dazu bewogen hat, den Jagdschein zu machen. Wenn ich aber zu wählen hätte, würde ich meinen Garten der Jagd unbedingt vorziehen. Das bäuerliche Blut meiner Vorfahren macht sich eben doch bemerkbar.

Die Mittelgebirge, der Wald

D eutschland ist unglaublich vielfältig. Die Nord- und Ostsee und die weiten Ebenen des Nordens. Die Kiefernwälder, Seen und Felder Brandenburgs, der preußischen Kernlande. Die Alpen. Die großen Ströme. Die Dome und Baudenkmäler. Dabei kommt mir das Lied *Wir sind durch Deutschland gefahren* in den Sinn, das gegen Ende der Wandervogelbewegung um 1930 entstand.[27]

> Wir sind durch Deutschland gefahren,
> vom Meer bis zum Alpenschnee,
> wir haben noch Wind in den Haaren
> den Wind von den Bergen und Seen.
>
> In den Ohren das Brausen der Ströme,
> der Wälder raunender Sang,
> das Geläut von den Glocken der Dome,
> der Felder Lerchengesang.
>
> In den Augen das Leuchten der Sterne,
> das Flimmern der Heidsonnenglut,
> und tief in der Seele das Ferne,
> das Sehnen, das nimmermehr ruht …

Das Liederarchiv schreibt dazu: »Die große Zeit des Wandervogels war (um 1930, Anm. d. Verf.) lange vorbei. So wie das Lied entstanden ist, so wurde es auf Fahrten, bei Gruppentreffen oder am Lagerfeuer gesungen und weitergetragen. Auffällig ist, dass es mit Ausnahme weniger Schulbücher in der Zeit des NS-Regimes in keinem Liederbuch auftaucht. Das scheinbar resignative Gedenken an jugendbewegte Zeiten hatte keinen Platz zwischen *Vorwärts, vorwärts schmettern die hellen Fanfaren* und *Morgen marschieren wir in Feindesland* oder *Komm, komm lockt der Schritt, komm Kamerad, wir ziehen mit.*«[28] Zum Glück, denn so ist das Lied unbelastet. Dennoch würden viele Menschen heute die Geschichte nicht mehr verstehen.

See, Alpen, Ebenen, Ströme, Baudenkmäler – all das hat unser Land. Aber die eigentliche deutsche Landschaft ist das Mittelgebirge. Harz, Thüringer Wald, Elbsandsteingebirge, Weser- und Wiehengebirge, Teutoburger Wald, Sauerland, Eifel, Rothaargebirge, Hunsrück, Taunus, Pfälzer Wald, Schwarzwald, Schwäbische Alb, Bayerischer Wald sind nur einige der dreiunddreißig Mittelgebirge unseres Landes. Bevor ich dieses Buch schrieb, waren mir bestenfalls die Hälfte davon namentlich bekannt.[29]

Das Mittelgebirge lädt zum Wandern ein, zum Entdecken. Was kommt hinter der nächsten Biegung des Weges, hinter der nächsten Bergkuppe? Es verbirgt sanfte, sich aufwärts windende Bachauen mit einzelnen Gehöften oder Orten mit teilweise uralten Namen. Das Mittelgebirge ist auch menschengerechter als das Hochgebirge, dessen Dimensionen und unfreundliche Lebensbedingungen den Menschen als Fremdkörper erscheinen lassen. Im Mittelgebirge gibt es grandiose Fernsichten, die man so weder in der Ebene noch im Hochgebirge hat: Während der Horizont in der Ebene relativ nahe ist, schiebt sich im Hochgebirge die nächste Gebirgskette davor. Im Mittelgebirge läuft, wenn man Glück hat, der Horizont sanft in Wellen aus. Caspar David Friedrichs um 1818 entstandenes Gemälde *Der Wanderer über dem Nebelmeer* fängt diese Stimmung meisterhaft ein, wenngleich auf dem Bild schon ein ziemlich hohes Mittelgebirge zu sehen ist. Nach meiner surrealistischen Phase als junger Teenager entdeckte ich etwas später Caspar David Friedrich. Bis heute berühren mich die Bilder dieses romantischsten aller romantischen Maler tief.

Es ist kein Zufall, dass viele Industrien in den Tälern der Mittelgebirge entstanden sind. Die Lebensbedingungen waren hier härter als in der Ebene, Erfindungsreichtum war gefragt. Arbeitskräfte waren vorhanden, weil die Landwirtschaft eine rasch wachsende Bevölkerung nicht mehr ernährte. Die Flüsse stellten Wasserkraft zur Verfügung und eigneten sich zur Abfallentsorgung. Umweltschutz kannte man zu Zeiten der Industrialisierung noch nicht. So ist es in den Tälern des Sauerlands, in dem ich aufgewachsen bin, in Schwaben, Thüringen und dem Sudetenland, vereinzelt sogar in der damals rückständigen und unterentwickelten Eifel. Noch heute stehen an etlichen Stellen alte Fabriken mit Schornsteinen und erinnern an vergangene Zeiten. Hier und da existieren weiterhin Industriebetriebe. Doch die riesigen, in Schnell- und Leichtbauweise errichteten neuen Industriehallen liegen meistens in Gewerbegebieten und an den Autobahnen, die eher über die Höhen verlaufen.

Grün dominiert den Sommer im deutschen Mittelgebirge. Es hüllt einen ein, umhüllt. Auf einer Wiese, im Wald, auf einer Lichtung. In allen Nuancen. Ich bin süchtig nach diesem Grün. Nach dem Geruch frisch gemähter Wiesen. Dem herben Parfüm des deutschen Sommers – Regen, Nebel, Frische. Für den »umstrittenen« Autor Akif Pirinçci, der mit seinen *Felidae*-Katzenkrimis bekannt wurde, war es vor allem das Grün, das ihn bei seiner ersten Begegnung mit Deutschland fesselte. Er beginnt sein Buch *Deutschland von Sinnen* mit einer Ode an das Land, in das er als Achtjähriger kam und mit dem er sich so sehr identifiziert, wie das vielleicht nur Einwanderer können, Migranten, die die Kultur ihres Gastlandes bewusst studieren und sich aneignen:

> Deutschland, o du goldenes Elysium! (…) Du bist das schönste aller schönen Länder! Du bist das warme Licht des Südens und das kühle Meer des Nordens, darüber die sternenklare Nacht (…) Wie augenschmeichelnd Du daherkommst. Grün bist Du, oben vom Flugzeugfenster aus betrachtet, grün, nichts als grün, mit Einsprengseln von pittoresken Dörfern, kleinen Ortschaften und wenigen Großstädten, und selbst die schwelgen im Grün. Deine Wälder, deine riesenhaften und geheimnisvollen Wälder, in denen die deutsche Seele fest verankert sein soll (…). Deine Seen, deine Flüsse, dein Wasser – wusstest Du, dass das erste Mineralwasser aus einer Deiner Quellen in die Welt kam?

Und weiter:

> Viele Namen stehen für Dich, der schönste ist Grimm. Durch ihn
> nistest Du Dich ein in die Seelen der Kinder, wo immer diese
> auch leben. Beim Erfinden warst Du schon immer Spitze. Du hast
> den Computer vor dem Computer erfunden und die Rakete vor
> der Rakete. Ohne Deinen Erfindungsgeist existierte nicht die mo-
> derne Welt, wie wir sie kennen.[30]

Im Gespräch berichtete Pirinçci mir davon, wie er als Kind mit dem
Zug aus Istanbul nach Deutschland kam und seinen Augen nicht
traute. Dieses Grün – ein riesiger Park. Sogar die Friedhöfe grün! Die
deutsche Kultur saugte er in einer Provinzgrundschule in der Eifel
auf – ohne Integrationskurse. Die Nachbarn des Eifeldorfes empfin-
gen die Zugereisten freundlich.[31]

Grün ist natürlich auch die Farbe des Waldes, zu dem uns Deutschen eine besondere Beziehung nachgesagt wird. Des »deutschen«
Waldes. Der stille und fromme schlesische Romantiker Joseph von
Eichendorff widmete dem Wald mit seinem bereits erwähnten Gedicht *Abschied* wunderschöne Zeilen. »O schöner, grüner Wald«,
heißt es in der ersten Strophe. Als ich das Gedicht kennenlernte, war
ich bereits Teenager. Bis dahin hatte ich unzählige Stunden im Wald
verbracht. Aber dieses Gedicht schlug eine ganz bestimmte Saite in
mir an und ließ sie erklingen. Vielleicht verstärkte es auch meine
Stimmungen und meine eigene Beziehung zum Wald. Es kommt mir
nach wie vor sehr oft in den Sinn.

Ja, wir Deutschen haben eine besondere Beziehung zum Wald.
Ob von Eichendorff oder in Grimms Märchen oder der romantischsten aller romantischen Opern, dem *Freischütz* – der Wald »wird als
Metapher und Sehnsuchtslandschaft seit Anfang des 19. Jahrhunderts in unzähligen Gedichten, Märchen und Sagen der Romantik
beschrieben und überhöht«.[32] Für Heinrich Heine oder Madame de
Staël ist er das Gegenbild zur französischen Urbanität. Das *Nibelun-*

genlied und die Schlacht im Teutoburger Wald wurden Teile des deutschen Nationalmythos. Auch die Naturschutzbewegung ist eine urdeutsche Angelegenheit. Bereits Ende des 19. Jahrhunderts setzten sich Jugendbewegung, sozialdemokratische Naturfreunde, Wandervögel und Wandervereine für Wald und Natur ein und »sahen in Wäldern ein wichtiges Element deutscher Kulturlandschaften«. Der Photograph und Autor Detlev Arens, ein lebenslanger Waldfreund und -kenner, hat ihm einen besonders schönen und einfühlsamen Bildband gewidmet.[33]

Die früh verstorbene Sängerin Alexandra hatte 1968 mit *Mein Freund, der Baum* einen großen Hit. Waldkindergärten und Waldpädagogik haben in Deutschland eine besondere Bedeutung. In den achtziger Jahren tauchte im Zusammenhang mit der »German Angst« auch das »Waldsterben« auf. In jüngerer Zeit erfreuen sich Waldfriedhöfe einer wachsenden Beliebtheit.

Der Wald, dieses »grüne Zelt«, bedeckt knapp ein Drittel der Fläche unseres Landes. Das ist umso erstaunlicher, weil Deutschland ein Industrieland ist und hier dreiundachtzig Millionen Menschen auf einer Fläche von dreihundertsiebenundfünfzigtausend Millionen Quadratkilometern liegen. Zum Vergleich: Im US-Bundesstaat Montana sind es eine Million Menschen auf dreihundertachtzigtausend Quadratkilometern. Dennoch hat man nur an wenigen Stellen in Deutschland das Gefühl, beengt zu leben. Im Gegenteil: Es überwiegt das Gefühl der Weite. Selbst in vielen Teilen des Ruhrgebietes, etwa in Essen, ist es erstaunlich grün. Deutschland schafft es, mit seiner begrenzten Fläche hervorragend zu wirtschaften, und zwar so, dass alle etwas davon haben.

Vor einigen Jahren lernte ich den Pflanzenethnologen Wolf-Dieter Storl kennen, der vielen Menschen durch seine Bücher und Vorträge bekannt ist. Storl kann auf ein faszinierendes Leben zurückblicken: 1942 in Sachsen geboren, floh er mit seiner Familie einige Jahre nach Kriegsende zunächst nach Niedersachsen und wanderte als Zwölfjähriger mit seinen Eltern nach Ohio aus. Er lebte mit den Cheyenne, war in erster Ehe mit einer Frau aus dem Hillbilly-Millieu verheiratet, studierte und forschte in Indien, Europa und Nordamerika. Seit den achtziger Jahren lebt er mit seiner Familie auf einem Berghof auf achthundert Metern im Allgäu. Mit seinem Buch *Wir sind Geschöpfe des Waldes* hat er eine gut lesbare und fundierte Kulturgeschichte des Waldes geschrieben, in der die Evolution des Menschen, unsere Mythen und Kultur mit dem Wald verwoben werden.[34]

Buch von Wolf-Dieter Storl mit Widmung »Für Max Otte, einem, dem die Wahrheit kein Fremdwort ist!«, Adelegg im Allgäu 11.9.19

Storl erzählt gerne von einem Schlüsselerlebnis aus seinen ersten Jahren in den USA. Er war mit Freunden Baseball spielen. Als ein Ball über das Netz flog, kletterte er nach draußen, um ihn wieder zu holen. »Bist du verrückt!«, riefen seine Freunde, »draußen gibt es *Poison Ivy* (Giftefeu) und Schlangen.« Seine amerikanischen Freunde blieben lieber im »zivilisierten« Bereich. »Da draußen«, das war für die Amerikaner die Wildnis, die unzivilisierte Welt, die irgendwie schlechte Welt. Storl, der eine naturnahe deutsche Schulbildung genossen hatte, war hingegen voller Neugier für die Natur und verbrachte die meiste Zeit alleine draußen in der »Wildnis«. Später, im College, beging er einmal den Fehler, eine Pflanze in Verbindung mit Leben zu bringen. Sein Professor wies ihn scharf zurecht: eine Pflanze, da spielten sich chemische Prozesse ab, mehr gebe es da nicht.

Im Kopf seiner amerikanischen Freunde existierte also eine scharfe und klare Trennung zwischen Zivilisation und Wildnis. Letztere war bestenfalls dazu da, ausgebeutet oder besiegt zu werden. Ansonsten nahm man sie nicht wahr. Bis heute sagen Amerikaner, wenn sie ein Gelände erschließen, sie hätten Gelände »improved«, also »verbessert«. Siedlungen heißen »Developments«, das Land wurde also »entwickelt«.

In den USA gibt es zwar eine große und aktive Outdoor-Szene; aber das Wandern ist etwas Deutsches. Wenn man in Amerika in die Natur geht, dann hat es schon etwas von einer Expedition, man geht in die Wildnis. Die Trostlosigkeit und Fußgängerunfreundlichkeit fast aller amerikanischen Städte trägt das ihre dazu bei. Breite Straßen, Betonwüsten, oft keine Bürgersteige. Wer in die Natur will, muss normalerweise in einen Park fahren, in der Regel mit dem Auto. Die deutsche Kulturlandschaft mit ihren Dörfern, Feldern und Hügeln, die irgendwie durch Wege erschlossen ist und in die man so auch mit dem Rad oder gar zu Fuß gelangen kann, kennt man in den USA nicht.

Wandern ist also ein sehr deutscher Zeitvertreib. Einfach so loswandern, zwischendurch in einer Gaststätte einkehren, die Natur so ziemlich an jeder Stelle durchstreifen, die einem beliebt, das ist ein großes Privileg. Es ist durchaus keine Selbstverständlichkeit, dass man fremdes Land durchwandern und zu Erholungszwecken nutzen kann, wie es in Deutschland erlaubt ist. In den USA und vielen anderen Ländern ist der Zutritt auf riesigen privaten Flächen verwehrt. Vielleicht ging das freie Wandern los mit den fahrenden Studenten und Handwerksburschen, die während ihrer Ausbildung »auf der Walz« waren. Es freut mich, wenn ich auch heute noch junge Menschen sehe, die mit dem Rucksack durch die Eifel wandern.

Als Junge habe ich das Wandern nicht immer gemocht. Seitdem ich es vor knapp zwei Jahrzehnten für mich wiederentdeckte, bin ich ein begeisterter Wanderer. Per pedes nimmt man die Landschaft einfach anders wahr. Die Gedanken fließen anders. Die Atmung wird freier. Seit einigen Jahren veranstalte ich im Sommer eine Wanderaktion mit dem Namen *Spaziergang nach Berlin* (www.spaziergang-nach-berlin.de).

Es ist ein freies Format. Mit Mitbürgern wandere ich zwischen fünfundzwanzig und dreißig Kilometern pro Tag. Abends kehren wir in einer Gaststätte ein, diskutieren, singen zusammen. Vielleicht hören wir uns auch einen Vortrag an. Wir waren schon in der Rhön, im Taunus, der Eifel, dem Teutoburger Wald, der Magdeburger Börde und in Brandenburg. Das Bergische Land gehört eigentlich jedes Jahr dazu. Und wenn ich es einrichten kann, ist eine mindestens zweitägige Harzwanderung Höhepunkt unseres Spaziergangs. Im Sommer 2016 führte ich den Spaziergang zum ersten Mal durch. Der *Kölner Stadt-Anzeiger* titelte: »Spaziergang von Blankenheim nach Berlin – sieben Etappen für die Demokratie« und schrieb: »Eine Lanze für das Grundgesetz möchte Max Otte mit seiner Wanderung brechen.« Dazu bildete mich die Zeitung mit einem Exemplar des Grundgesetzes ab. Heute wird man fast in die Aluhutträger-Ecke gestellt, wenn man auf das Grundgesetz und die Grundrechte verweist. So viel passiert in fünf Jahren.[35]

The Rise of the Giant Windmills

Seit mehr als zweieinhalb Jahrzehnten wachsen immer mehr Windräder in den deutschen Landschaften. Sie verändern die Silhouetten lieblicher Täler wie die des Tals der Alsenz, in dem der Hof meines Großvaters liegt. Sie überragen kleine Weiler und Gehöfte und verzerren Proportionen. Sie ragen drohend über Hügelkuppen auf. Sie besiedeln weite Strecken der norddeutschen Tiefebene. Und sie bringen mechanische Bewegung in etwas, das vorher organisch war. Sie machen die Naturlandschaft – besser: die Kulturlandschaft – zur Industrielandschaft.

Mittlerweile stehen fast dreißigtausend Windräder in Deutschland herum. Fast siebenhundert von ihnen benötigt man, um ein Kernkraftwerk zu ersetzen. Im Abstand von nur acht Kilometern müsste man ganz Deutschland mit Windparks bebauen, um nur ein Viertel unseres Strombedarfs zu decken.[36] In den letzten Jahren sind wahre Monster-Windmühlen entstanden, mit Nabenhöhen bis zu einhundertsechzig Metern und Rotordurchmessern bis zu einhundertfünfzig Metern. Mit zweihundertzwanzig Metern Gesamthöhe zerhacken sie jede Landschaft.

Die deutsche Landschaft, das war, und sie ist es teilweise immer noch, eine »Kulturlandschaft« im Sinne Adornos, eine Landschaft, der hunderte von Jahren der sanften Nutzung ihren Stempel aufgedrückt haben, seien es die Weiden hinter den Deichen im hohen Norden, dem Meer abgetrotzt, die Heide, die nur durch Beweidung zu dem wurde, was sie ist, die Wälder, die nach einem sorgfältigen Schema gepflegt und bewirtschaftet werden, die Hänge mit Weinreben, die sanften Täler mit ihren Wiesen. Auch wenn die Landwirtschaft sich seit über einem Jahrhundert mechanisiert und industrialisiert, haben sich viele dieser Kulturlandschaften noch im Wesentlichen erhalten.

Haben Sie sich gefragt, warum ich diesen Abschnitt mit einer englischen Überschrift versehe? Normalerweise bemühe ich mich darum, mich in klarem Deutsch auszudrücken. Obwohl ich es zu einiger Gewandtheit in der englischen Sprache gebracht habe und diese sehr gerne spreche, vermeide ich Anglizismen, wo ich kann. Aber die englische Überschrift drückt einfach besser das aus, was ich sagen will. »Der Aufstieg der gigantischen Windräder« trifft es nicht ganz, denn im Wort »Aufstieg« ist auch »aufsteigen«, und damit eine bewusste Tätigkeit, enthalten. »Rise« dagegen hat etwas Automatisches, Unaufhaltsames, Schicksalhaftes.

Sprachen sind immer auch die Sprachen der Herrschenden, der Sieger. Wer im Römischen Reich dazugehören wollte, sprach Latein. In der frühen Neuzeit, bis ins 20. Jahrhundert, war Französisch die Sprache der Diplomatie. Heute ist es Englisch.[37] Manchmal benutze ich es. Die englische Sprache kann äußerst subtil sein, wobei die Subtilität weniger durch Satzstellung und Grammatik als durch die unglaublich vielen Wörter des Englischen – bis zu viermal mehr als im Deutschen – ausgedrückt wird. »Farbe« ist zum Beispiel »colour«, aber auch »paint«, »shade«, »hue«, »complexion«.

Beim Thema Windräder kommen mir die Jugendromane von John Christopher über die dreibeinigen Monster in den Sinn. Diese Roboter-Maschinen stapfen über eine Landschaft, in der die Menschen mehr oder weniger leben wie im Mittelalter. Zur Pubertät werden sie von einer der dreibeinigen Maschinen aufgenommen und ihnen wird eine Kappe aufgepflanzt, durch die sie den Rest ihres Lebens kontrolliert werden. Erst sind es wenige dieser Monster, später werden es immer mehr. Drei Jungen entkommen, bevor sie die Kappe erhalten, und schließen sich in den Alpen einer Widerstandsgruppe an. Wie die *Tecumseh*-Romane von Fritz Steuben und die Weltraumabenteuer von Mark Brandis ist die Trilogie über die dreibeinigen Monster spannende und durchaus tiefe Jugendliteratur, die man auch noch als Erwachsener lesen kann.

Die Präsenz der Windräder hat etwas von der Herrschaft der dreibeinigen Monster. Sie beherrschen unsere Landschaft, und das hinter ihnen stehende politische Programm beherrscht die Gedanken vieler Menschen. Dabei ist die Windkraft immer noch hoch unwirtschaftlich, weil sie nicht grundlastfähig (also: wetterabhängig) ist und uns die Speicherkapazitäten fehlen. Es gibt kaum ein Symbol, das besser ausdrückt, dass das Deutschland von 2021 nicht dasselbe ist, in dem ich aufgewachsen bin, als diese Windräder. In der Natur, in der Kulturlandschaft kann ich auftanken, blühe ich auf. Wenn ich ein Windrad sehe, fällt mir das schwer.

Nicht nur ganze Landschaften werden ihrer Proportionen beraubt und mittels gigantischer Windmühlen zu Energiefabriken umgestaltet, sogar das Land selbst verschwindet: Täglich wird eine Fläche von mehr als hundert Fußballfeldern versiegelt, begraben unter Windrädern, aber auch unter Straßen, Neubaugebieten und Shoppingcentern. Früher schmiegten sich die Industriegebiete in die Täler und waren in die Orte integriert. Das war sicher nicht immer umweltfreundlich. Nun machen sich die Gewerbegebiete großflächig entlang der Autobahnen breit. Wo man früher bei einer Reise die Landschaft genießen konnte, finden sich immer häufiger Windräder, Gewerbegebiete oder Sichtschutzwände. Das Reisen ist reduziert auf die Beförderung von Punkt A nach Punkt B.

Auch in Richtung meines Eifelortes dringen die Windräder vor. Im Nordwesten standen in gut sechshundert Metern Entfernung schon immer zwei Räder mittlerer Größe, zumindest seit ich hier wohne. In derselben Richtung sind nun in sechs bis sieben Kilometern Entfernung etliche der Riesen aufgestellt worden. Man kann sie auch von einigen Punkte aus unserem Ort aus gut sehen. Genau in der entgegengesetzten Richtung wurden in ähnlicher Entfernung ebenfalls zwei Windräder neuen Typs errichtet. Etwas weiter weg, besonders in Richtung Hohes Venn (Nordwesten) und Trier (Südsüdwesten), scheinen die Räder nur so aus dem Boden zu wachsen. Im Jahr 2005 hatte der ehemalige Generalsekretär der damals in Nordrhein-Westfalen regierenden CDU auf einer Veranstaltung, auf der ich anwesend war, noch in Aussicht gestellt, die »Verspargelung« der Land-schaft zu stoppen. Das Gegenteil ist passiert. Zu allem Überfluss sollen jetzt die beiden älteren Windräder hinter dem Dorf durch neue Giganten ersetzt werden. Ob es dann noch das Dorf ist, »in dem ich gut und gerne lebe«, wird sich zeigen.

Das Land

In der Tat: Niemand, der die tausendjährige Geschichte der Deutschen von Otto I. bis herab zu Adolf Hitler studiert und nun ihrem physischen, politischen und moralischen Selbstmord beiwohnt, kann das Gefühl unterdrücken, einer Tragödie zu folgen, wie sie in der Weltgeschichte nicht ihresgleichen hat, zu einer echten Tragödie, in der sich Schuld und Schicksal miteinander verketten.

Es scheint, als hätten sich alle nur denkbarsten Umstände verbündet, um immer wieder, wenn die Deutschen endlich zu gesunden und stabilen Verhältnissen zu kommen schienen, die schon greifbare Aussicht zunichtezumachen. Wie viel Geist und Kraft ist von jenem Zentrallande Europas in jenen tausend Jahren ausgegangen! Wie viel redliches, ja verzweifeltes Streben, das Schicksal zu meistern!

Und immer wieder haben die Deutschen – mit und ohne Schuld – verloren, so sehr, dass man die ganze Geschichte Deutschlands (...) als eine einzige Geschichte der Frustrationen bezeichnen kann.

WILHELM RÖPKE
BETRACHTUNGEN EINES NATIONALÖKONOMEN ÜBER DAS DEUTSCHLANDPROBLEM (1945)[1]

Ökosysteme, Verdrängungsprozesse und Zeigerpflanzen

Wie die Insel Avalon verschwindet das alte Deutschland langsam; es versinkt im Nebel. Der Mainstream will glauben, dass es sich bei den Veränderungen, die wir derzeit erleben, um »Fortschritt«, um »Modernisierung« handelt. Aber kann es sein, dass hier auch ein kulturelles System – das mitteleuropäisch-deutsche – von einem anderen überlagert und verdrängt wird? Kann es sein, dass wir es dabei mit einem Prozess zu tun haben, der sich in der Menschheitsgeschichte schon vielfach abgespielt hat? Dass Modernisierung und Überlagerung zusammentreffen? Und dass es eine andere, eine solidarische Moderne hätte geben können?

Wissen aus Biologie und Ökologie kann uns helfen, diesen Prozess zu verstehen. Die Ökologie, die Lehre vom (Natur-)Haushalt, untersucht die Beziehungen von Organismen und Populationen unter- und zueinander und zur unbelebten Natur. Diese Beziehungen lassen sich am besten mit einem Wort beschreiben: komplex. Dennoch identifiziert die Wissenschaft immer wieder Prozesse, Gesetzmäßigkeiten und Zusammenhänge und liefert uns einige Antworten. Warum entwickeln sich einige Populationen gut? Andere schlecht? Was ist, wenn sich die Umwelteinflüsse verändern? Wie gestalten sich die Beziehungen der Populationen zueinander?

Manchmal sind die verschiedenen Populationen, ist die Natur im Gleichgewicht. Manchmal besteht ein stabiles Ungleichgewicht. Das wäre zum Beispiel der Fall auf einer Insel, auf der es von den Säugetieren nur Füchse und Hasen gibt. In einem Jahr gibt es sehr viele Hasen, und die Füchse vermehren sich prächtig, weil sie viele Hasen erbeuten können. Irgendwann wird die Nahrung knapp, woraufhin sich auch die Fuchspopulation verringert. Dann nimmt die Zahl der Hasen wieder zu. So etwas nennt der Biologe Josef Reichholf »stabile Ungleichgewichte«.[2]

Und immer wieder finden *Verdrängungsprozesse* statt. Wenn zum Beispiel Organismen in Ökosysteme eingeschleppt werden, in denen sie keine natürlichen Feinde haben. Wie zum Beispiel das indische Springkraut sich an den Wegen ausbreitet und ganze Ökosysteme vernichtet. Oder wie die aggressiven nordamerikanischen Eichhörnchen, die langsam, aber sicher ihren europäischen Verwandten das Wasser abgraben.

Nicht nur biologische Spezies und Populationen, sondern auch menschliche Gesellschaften, Gesellschaftsformen und Kulturen breiten sich aus, werden überlagert, verdrängen andere oder werden verdrängt. Der englische Biologe Richard Dawkins schrieb in den 1970er Jahren das Buch *Das egoistische Gen*, das Furore machte. Dawkins richtete darin den Blick auf die Rolle des einzelnen Gasts bei der Evolution. Er prägte ebenfalls den Begriff des »Mems«, eines Objekts, das in seinen Wirkungen eine gewisse Ähnlichkeit zu einem Gen aufweisen kann, aber kulturell, nicht biologisch weitergegeben wird. Meme können Gedanken, Bilder und kulturelle Praktiken sein. In menschlichen Kulturen verbreiten sie sich ebenso wie Gene in Organismen. Bekannter als der deutsche Begriff ist heute das englische Wort »Meme«, das für Phänomene steht – Bilder, Gedanken, Daten –, die sich viral im Internet verbreiten.

Zeigerpflanzen werden in der Ökologie solche Pflanzen genannt, die besonders sensibel auf Umwelteinflüsse reagieren und damit anzeigen, wenn die Umwelt sich verändert. In der Fachsprache sind es »Pflanzenarten mit einer geringen ökologischen Potenz, das heißt mit einer geringen Toleranz gegenüber Veränderungen ihrer Lebensbedingungen«.[3] So ist der allseits bekannte Löwenzahn eine typische Zeigerpflanze. Viele Wiesen in der Eifel sind gelb vor Löwenzahnblüten. Das ist aber nicht unbedingt ein Zeichen für gesunde Natur, sondern für stickstoffreiche Böden. Löwenzahn gedeiht prächtig, wenn die Böden mit Stickstoff überdüngt sind. Er braucht viel davon, aber wenn vorhanden, verdrängt er andere Pflanzen. Der

Breitwegerich zeigt verdichteten Boden an, der scharfe Mauerpfeffer oder die scharfe Fetthenne stickstoffarmen Boden. Huflattich und Ackerschachtelhalm sind ein Indikator für Staunässe. Und so weiter und so fort.

In meinem unmittelbaren Umfeld gab es drei Institutionen, die für mich als Zeigerpflanzen für den Zustand Deutschlands fungierten. Zum einen die Kneipe in dem Eifeldorf, in dem ich wohne. Dann der Männergesangverein Ohle, der zu Heiligabend immer in unserer evangelischen Dorfkirche zu Gast war und wunderschöne Lieder sang. Die Filiale der Bäckerei um die Ecke in meinem »Veedel« (Stadtviertel) in Köln. Sie verkörpern die Kultur, in der ich aufgewachsen bin, wie kaum etwas anderes. Meine Kultur. Ich *wusste*, dass Deutschland große Probleme hat, wenn diese drei Institutionen nicht mehr da sind. Wie bei Patienten im Endstadium, bei denen multiples Organversagen einsetzt.

Ende 2015 schlossen tatsächlich zwei davon: Die Kneipe in der Eifel und die Bäckereifiliale in Köln machten dicht. Die achtundsechzigjährige Wirtin, die den Laden zum Schluss nur noch als Hobby und im Gedenken an ihren verstorbenen Mann betrieben hatte, ging in den Ruhestand. Bis zum Schluss hielt ein harter Kern von Gästen ihr die Treue. Ich auch, wenn ich im Dorf war. »Nicht mehr wirtschaftlich«, entschuldigte sich der mittelständische Bäcker, der noch ohne chemische Zusätze backte, als die Filiale geschlossen wurde. Und der Männergesangverein klang zu Weihnachten 2015 in den hohen Lagen bereits etwas brüchig.

Zur gleichen Zeit war gerade noch etwas Viertes passiert. Angela Merkel hatte am Parlament vorbei die deutschen Grenzen geöffnet. Eine Million Flüchtlinge aus Syrien, Afghanistan und anderen Ländern des Nahen und Mittleren Ostens sowie Afrikas fluteten Deutschland. Bis zu drei Viertel von ihnen waren junge Männer, viele hatten ihre Pässe weggeworfen und konnten nicht identifiziert werden.

Nein, die Kneipe und die Bäckerei schlossen nicht, *weil* die Flücht-linge kamen. Der Gesangverein schwächelte nicht, *weil* die Flücht-linge da sind. Das wäre alles auch so passiert. Ja, wir haben ein Flüchtlingsproblem, das wir wohl nicht verkraften. Aber Deutsch-lands Probleme liegen tiefer. Meine »Zeigerpflanzen« hatte mir eine Veränderung angezeigt, die unabhängig von der Grenzöffnung war.

Wie also versteige ich mich zu der Behauptung, dass das Ende ei-ner Kneipe, die Nachwuchsprobleme eines Männerchores und das Ende einer Bäckerei das Ende Deutschlands ankündigen? Weil alle für zentrale Bereiche unserer Identität stehen. Die Kneipe: für eine vernetzte Gesellschaft ohne allzu viel Klassenbewusstsein. Der Män-nerchor: für das Engagement der Menschen in der Gesellschaft oder, modern ausgedrückt, der »Zivilgesellschaft«. Wie auch die freiwilli-gen Feuerwehren, die Turn- und Sportvereine und die vielen ande-ren Vereine. Die Bäckerei: für unser dezentrales Wirtschaftsmodell mit dem Mittelstand als tragender Säule. Wie kleine Autowerkstätten, Auto- und Einzelhändler und Buchhändler.

Die letzten Kneipen

Die Kneipe – früher eine feste Institution. In jedem Dorf gab es mindestens eine, oft mehrere. Mit den Schulen und den aktiven Kirchen verschwinden nun auch sie. Und nur wenigen ist klar, welchen Verlust das für unser Land bedeutet.

Was war die Kneipe nicht alles: Informationsbörse, Unterhaltung, erweitertes Wohnzimmer und Seelentröster. Die Seele des Dorfes. Wer je einer längeren, beschwingten Thekenunterhaltung beigewohnt hat, weiß, dass er dabei Teil einer hochkomplexen und anregenden Inszenierung ist. Die Scherze fliegen hin und her, man nimmt sich gegenseitig auf den Arm, regt sich auch mal auf. Und manchmal wird es philosophisch. Man kennt sich, man weiß, wie der Lustige zu nehmen ist, der Sperrige, der Schweigsame. Die Rollen sind verteilt.[4] Und man testet seine Grenzen. Wenn das schiefging, gab es früher – vor meiner Zeit – regelmäßig eine Prügelei. Das gehörte einfach dazu.

In der Kneipe

225

Mein Eifeldorf hatte immerhin noch eine Kneipe. Früher waren es vier gewesen. Der Gasthof lag im Zentrum des Ortes, ganz in der Nähe von Kirche und Pfarrhaus. Geführt wurde die Wirtschaft von Gertrud, die so, wie erwähnt, das Andenken an ihren verstorbenen Mann aufrechterhielt. Ich habe es genossen, an der Theke zu sitzen und mit den »Regulars«, wie es auf Englisch heißen würde, der Stammbesetzung also, zu reden und ein paar Kölsch oder Pils zu trinken. Und ich wollte unbedingt, dass Jonathan und Elisabeth diese urdeutsche Institution noch kennenlernten, bevor sie ganz unterging. Also nahm ich sie mit.

In den Jahren nach 2010 fand sich an etlichen Tagen eine durchaus ansehnliche Gruppe von Kneipengängern ein. Bei Feiern und Dorffesten war die Kneipe noch voll. Aber von Jahr zu Jahr wurde das weniger. Zum Schluss waren es vielleicht noch zwei Dutzend Dörfer, die sich halbwegs regelmäßig an der Theke trafen.

Ob viele oder wenige: So habe ich etliche Dörfer in einer ungezwungenen Atmosphäre beim Plausch kennengelernt. Und das »Verzähle« in den Kneipen ist eine besondere Kunst. Ich habe es schon angedeutet. Anekdoten werden kunstvoll ausgeschmückt, das Gegenüber gerne mal grob auf den Arm genommen. Wehe dem, der sich verbal nicht wehren kann oder es zu ernst nimmt. Der wird erst recht auseinandergepflückt. Aber normalerweise nimmt keiner es dem anderen übel.

Einmal spendierte mir ein Nachbar, der gegenüber dem von mir renovierten und umgebauten zweiten Gasthaus wohnte, ein Bier. Ich nahm es an und stichelte: »Dafür, dass Dein Haus so viel mehr wert ist, weil ich renoviert habe, kannst Du mir schon mal ein Bier ausgeben!« Mein Nachbar war erst verdutzt oder tat so, als ob er mich nicht verstanden habe. Woraufhin ein weiterer Kneipengänger sofort einfiel: »Das hast du schon verstanden, was der Max da gesagt hat.«

Grandioses Dorfkino. Tatsache war leider auch, dass außer an besonderen Tagen wie zum Beispiel der Kirmes niemand von den Jüngeren in die Kneipe ging. Mein Sohn Jonathan erklärte, als er acht Jahre alt war, die Kneipe einem Verwandten mal so: »Die Kneipe ist das, wo die alten Männer sitzen und Bier trinken.«

Wenigstens meine älteren beiden Kinder konnten die Atmosphäre in der Kneipe noch erleben. Wie viel davon hängen bleiben wird, weiß ich nicht. Die Kinder bestellten sich Frikadellen und durften jeweils ein Glas Sprite trinken. Was nur recht war: Wenn Papa ein Kölsch bekam, dann durfte es auch für die Kinder etwas Besonderes sein. Aber auch Essen gab es zum Schluss nicht mehr. Dennoch gingen wir hin und wieder abends in die Kneipe. Jonathan baute kunstvolle Kartenhäuser aus Bierdeckeln, die bis zu vier Stockwerke hoch waren.

In den Sommerferien 2015 hatte mein älterer Sohn Skat spielen gelernt. Dieses urdeutsche Spiel wollte ich unbedingt an ihn weitergeben. Ich selber hatte es auch von meinem Vater gelernt. Und ich hoffe, dass es auch mein Jüngster lernen wird. Nun waren wir wieder einmal bei Cremers. Josef, unser Nachbar, erklärte sich bereit, mitzuspielen. Wie ein Großer spielte Jonathan: ernsthaft, konzentriert. Schon bald hatte er einen Unterstützer, der ihm mit Rat zur Seite stand. Wie die Runden ausgingen, weiß ich nicht mehr. Sicher bin ich mir nur, dass Jonathan einen großen Eindruck hinterlassen hat.

Höhepunkt von Elisabeths und Jonathans Kneipenerlebnissen waren sicher die Male, bei denen sie hinter der Theke stehen und aushelfen durften: Gläser einsammeln und spülen und schließlich sogar Bier zapfen. Nach recht kurzer Zeit hatte besonders Jonathan den Bogen beim Zapfen raus. Nach einer halben Stunde »Arbeit« gab es von der jungen Wirtsvertretung auch noch jeweils einen Euro Lohn.

Ende 2015 war Schluss: Mit fast siebzig ging Gertrud endgültig in den Ruhestand. Mit dem Kneipensterben folgte Eifeldorf dem allgemeinen Trend: In dem ersten Jahrzehnt des neuen Jahrtausends hatte in Deutschland bereits jede vierte Kneipe dichtgemacht – die Zahl der Schankwirtschaften sank bundesweit seit 2001 von fast achtundvierzigtausend auf sechsunddreißigtausend im Jahr 2010. Und der Trend setzt sich weiter fort.[5] Selbst in Köln, wo wir nahe am Studentenviertel einen zweiten Wohnsitz haben, gibt es immer weniger Kneipen – manche schließen, viele werden in Gastronomie umgewandelt, manche zu Cocktailbars. Der Corona-Schock wird zu einem weiteren Massensterben führen.

Einen erfreulichen Epilog habe ich zu vermelden. In der Zeit, als ich diese Zeilen schrieb, war ich abends wieder einmal auf dem Weg von Köln in die Eifel. Einer Eingebung folgend, steuerte ich meinen Wagen bei Bad Münstereifel und Mechernich von der Autobahn und fuhr das Veytal hinauf. Dieses liebliche Tal mit seinen rollenden Hügeln, seinen Weihern – ein Ort heißt Weyer –, den historischen Häusern und der Kartsteinhöhle, die schon in der Altsteinzeit bewohnt waren, diente als Trassenführung für die römische Wasserleitung von Urft nach Köln, dem größten römischen Bodendenkmal nördlich der Alpen.

In Eiserfey brannten die Lichter der Römerstube, einer Gaststätte, an der ich schon etliche Male vorbeigekommen war und die ich als längst geschlossen betrachtet hatte. Das Besondere an der Römerstube: In einem Schaufenster im Eingangsbereich sind liebevoll römische Artefakte aus der Gegend ausgestellt. Und gegenüber war eine römische Brunnenstube freigelegt und teilweise rekonstruiert worden, in der zwei Leitungen des Römerkanals zusammenflossen.

Ich war schon fast aus dem Ort hinaus, da wendete ich und fuhr zurück. Nachdem es in meinem Ort keine Kneipe mehr gab und sich die Gaststätten in den umliegenden Orten an einer Hand abzählen ließen, wollte ich mir das genauer anschauen. Ich nahm mir etwas zu lesen mit und betrat den Gastraum. Qualm schlug mir entgehen. Kein dichter Qualm, aber doch merklich. So wie es früher in den Kneipen überall war. An der Theke saßen vielleicht sechs Gäste zwischen Anfang fünfzig und achtzig, mit dem Schwerpunkt deutlich jenseits der siebzig. Keiner nahm Notiz von mir.

Ich setzte mich an einen Tisch, bestellte ein Kölsch, schlug mein Buch auf. So saß ich mindestens eine Stunde, las, lauschte den Verzählekes an der Theke, die im tiefsten örtlichen Eifeldialekt abliefen, und bestellte noch ein oder zwei weitere Kölsch. Ich fragte die ältere Wirtin, wann man denn geöffnet habe. Zunächst war sie etwas zurückhaltend mit den Informationen, aber dann wechselten wir doch ein paar Worte.

Als die Zeit etwas fortgeschritten war, hatte man mich wohl allgemein als unbedenklich eingestuft. Ein paar Sätze gingen vom Tisch zur Theke und zurück, und dann wurde ich an die Theke eingeladen. Meine Mitkneipengänger stellten sich mit Vornamen vor, ich mich ebenfalls. Die Runde taute auf. Man war offensichtlich erfreut, dass hier ein neues Gesicht war, das die Gespräche und den Austausch zu schätzen wusste.

Ich erfuhr vieles über den Ort: wie die Brunnenstube in bürgerschaftlichem Engagement restauriert worden war und dass es noch zwei weitere Gaststätten in Eiserfey gebe. Bei dem Griechen müsse man aber rechtzeitig kommen oder vorbestellen, da alles frisch gemacht werde und die Küche klein sei. Woher ich käme und was ich machen würde, wurde ich gefragt. Und dann sprachen wir darüber, wo es noch Kneipen und Speisemöglichkeiten in der Umgebung gäbe und dass die meisten Leute doch lieber vorm Fernseher sitzen.

Einer der Kneipengänger, so berichtete er mir, hatte die Wirtin überzeugt, wieder drei Tage in der Woche aufzumachen. Eigentlich wollte sie nicht mehr, nachdem ihr Mann gestorben war. Im Übrigen ginge die Wirtin ihrem Handwerk schon seit einem halben Jahrhundert nach. Es endete damit, dass ich zwei meiner neuen Bekannten im Auto den kurzen Weg das Tal hinauf bis zu ihren jeweiligen Häusern mitnahm. »Dann sehen wir dich ja jetzt öfter«, so gingen wir auseinander. Ich fühlte mich privilegiert, diese Runde erlebt zu haben – wie viel mehr Ehrlichkeit, wie viel mehr Authentizität als in einem feinen Speiserestaurant mit trainiertem Servicepersonal.

Der Männerchor

Der Männerchor Ohle von 1882, mit offizieller Abkürzung MC Ohle 1882, begleitet mich seit meiner Kindheit. Immer zu Heiligabend gastierte der Chor in unserer kleinen, alten und ehrwürdigen Dorfkirche, die zu diesem Anlass jedes Mal überfüllt war, während es den Rest des Jahres die meiste Zeit eher mau auf den Bänken aussah. Die schönen Stimmen singen mit westfälischem Zungenschlag, aber treffsicherer Intonation und wunderbarem Klang Weihnachtslieder, wie sie schon unsere Väter und Großväter gehört haben: *Stille Nacht, heilige Nacht, Maria durch ein Dornwald ging, Es ist ein Ros entsprungen.* Ich wüsste keinen, dem es dabei nicht warm ums Herz würde.

Immer noch ist Weihnachten im christlichen Abendland ein besonderes Fest. Und ein ganz besonderes in Deutschland. Im Ersten Weltkrieg brach an der Westfront zwischen Deutschen, Engländern und Franzosen am 24. Dezember 1914 spontan ein Weihnachtsfrieden aus. Soldaten besuchten sich spontan über die Schützengräben hinweg und feierten gemeinsam dieses wichtige Fest der Christenheit. Der Frieden hielt wenige Tage, dann hatten die Befehlshaber ihre Soldaten wieder im Griff und das Morden ging weiter. Soweit bekannt ist, wurden diejenigen, die sich an den Friedensaktionen beteiligt hatten, trotz der ansonsten drakonischen Kriegsgerichtsbarkeit nicht disziplinarisch belangt.

In den ersten drei Jahrzehnten nach meinem Abitur war ich fast jedes Jahr zu Weihnachten in der alten Heimat. Selbst aus den USA zog es mich zurück. Nur 1986 verbrachte ich das Fest in Texas und in den 2000er Jahren teilweise mit meiner jungen Familie in Köln oder Sachsen. Und so ging es vielen meiner Altersgenossen. Zu Weihnachten zog es sie zurück in die Heimat. Man traf diesen und jenen und war auch ein bisschen neugierig, wie es dem ein oder anderen ergangen war. Ein Bonus war sicherlich auch, dass um Weih-

nachten viele Jahre im Gasthaus Weidenhof das traditionelle Weih-
nachtsrockkonzert stattfand und man mit den alten Freunden so
richtig abrocken konnte. Oft spielte die sehr gute und überregional
bekannte Plettenberger Band »Die Juhnkes«. Holger, der Gitarrist, ist
leider schon seit vielen Jahren nicht mehr unter uns.

Unser ehemaliger Dorffriseur, der mir schon als Dreijährigem die
Haare geschnitten hat, ist im Gesangverein, ebenso wie Werkzeug-
macher, Lehrer – seine Mitglieder kommen eben aus allen Gesell-
schaftsschichten und Berufen. Mit seinem Gründungsjahr 1882 verweist er auf eine der besten Zeiten, die unser Land erlebt hat. Das
ein gutes Jahrzehnt zuvor neu gegründete Kaiserreich erlebte einen
Wirtschaftsboom sondergleichen: die »Gründerzeit«, die unser Land
in Wissenschaft und Wirtschaft an die absolute Weltspitze katapul-
tieren sollte. Aber nicht nur neue Unternehmen schossen wie Pilze
aus dem Boden und Erfindungen wurden am laufenden Band gemacht, auch unzählige Vereine gründeten sich. Nahezu jedes Dorf
hatte seinen Gesangverein, seinen Musikverein, seinen Turnverein,
seine freiwillige Feuerwehr. In den Städten entstanden dazu Berufsverbände und Interessenverbände, die ebenfalls nach dem Vereins-
prinzip organisiert waren.

Das Vereinsleben ist natürlich älter als das Kaiserreich. Im Jahr
1811 hatte Friedrich Ludwig Jahn, auch bekannt als »Turnvater Jahn«,
den Berliner Turnverein ins Leben gerufen. Jahns Verein hatte auch
einen versteckten paramilitärischen Zweck – er sollte die Deutschen
auf den Widerstand gegen die napoleonische Besatzung vorbereiten. Bis 1815 war der Turnverein auf siebenhundertachtundsiebzig
Mitglieder angewachsen. Bereits 1818 gab es Turnvereine in hun-
dertfünfzig Städten Deutschlands, die ungefähr zwölftausend Mitglieder hatten. Heute ist der Deutsche Turner-Bund als Verband für
»Turnen und Gymnastik« mit über fünf Millionen Mitglieder, rund
zwanzigtausend Vereinen, zweiundzwanzig Landesverbänden und
zweihundertsiebenundzwanzig regionalen Gliederungen der zweit-

größte Spitzenverband im deutschen Sport.[6] Der größte dürfte der Deutsche Fußball-Bund (DFB) sein.

Der deutsche Verein ist etwas anderes als der englische Club. Während der Club ein Lebensgefühl ausdrückt, ist der deutsche Verein einem Zweck gewidmet. Der englische Club versammelt zwanglos Männer (heute natürlich auch Frauen) einer bestimmten sozialen Schicht, die sich im Clubhaus oder den Clubanlagen entspannen. Der deutsche Verein versammelt Mitglieder aus unterschiedlichen Schichten zu einem gemeinsamen Zweck, einem gemeinsamen Schaffen – sei es der Musikverein, der Gesangverein, der Turnverein, der Bienenzüchterverein.

Vereine sind, oder waren, gut organisiert. Sie haben eine Satzung, Vorstand und Funktionsträger. Es gibt Ehrungen für besondere Verdienste und Ehrenmitgliedschaften. Die deutsche »Vereinsmeierei« geht heute vielen auf den Geist. Ja, Vereine erfordern Engagement und Arbeit. Aber das Gefühl, gemeinsam etwas geschafft zu haben, seien es sportliche Erfolge oder das Engagement für einen guten Zweck, ist den Mitgliedern ihr Engagement wert.

Schon jetzt sind viele Vereine aufgelöst oder vertagt, andere scheintot. Selbst in der Eifel, die in manchem meinem heimischen Sauerland noch einmal um zwanzig Jahre hinterherhinkt, geht das Vereinsleben drastisch zurück. Als ich 2009 dort aufschlug, gab es immer wieder Veranstaltungen der Kirchengemeinde, der Landfrauen, des Musikvereins und anderer Vereine. Das alles ist mittlerweile deutlich reduziert. Noch probt der Musikverein im Pfarrheim neben der Kirche. Mit seinen knapp zehn aktiven Mitgliedern bringt er immer noch Schönes zustande. Man macht das Beste aus dem Nachwuchsschwund. Das Durchschnittsalter des Männerchores Ohle dürfte bei siebzig Jahren oder darüber liegen. Es ist nur eine Frage der Zeit, wann diesem Verein und vielen anderen die Luft ausgeht. Und erst dann werden vielleicht einige merken, welcher kulturelle Schatz uns verloren gegangen ist.

Selbsthilfevereine

Die deutsche Vereinskultur hat massiv auf die gesamte Wirtschaft ausgestrahlt. Berufsverbände sind als Vereine organisiert. Einkaufsgenossenschaften. Ebenso Genossenschaften und Genossenschaftsbanken, also Volks- und Raiffeisenbanken. Diese Organisationsformen sind eng mit den Namen der Sozialreformer Friedrich Wilhelm Raiffeisen (1818–1888) aus Neuwied und Hermann Schulze-Delitzsch (1808–1883) aus Delitzsch in Sachsen verbunden (den Namen seiner Geburtsstadt fügte er seinem Nachnamen bei, als er 1848 als liberaler Abgeordneter in die Preußische Nationalversammlung gewählt wurde).

1848 gründete Raiffeisen den Flammersfelder Hilfsvereins zur Unterstützung unbemittelter Landwirte, 1864 den Heddesdorfer Darlehnskassenverein, 1872 die Rheinische Landwirtschaftliche Genossenschaftsbank. Damit entstanden Modelle zur finanziellen Unterstützung unbemittelter Landwirte und für landwirtschaftliche Einkaufsgenossenschaften.

Schulze-Delitzsch begründete 1849 mit der Schuhmachergenossenschaft die Genossenschaft als unternehmerische Rechtsform. Er warb für Spar- und Konsumvereine, Vorschuss- und Kreditvereine (aus denen die Volksbanken entstanden) und für Distributiv- und Produktionsgenossenschaften. Seine Ideen fielen auf fruchtbaren Boden, so dass er den Allgemeinen Verband der auf Selbsthilfe beruhenden Deutschen Erwerbs- und Wirtschaftsgenossenschaften schaffen konnte. Die Prinzipien: die Genossen erwarben Anteile, die Genossenschaft haftete solidarisch, und die Leistungen waren auf die Genossen beschränkt.

Genossenschaften erfüllten wichtige Aufgaben in der deutschen Wirtschaft und tun dies teilweise immer noch.[*] Auch die öffent-

---

[*] Max Otte (Hg.), Max Wirth, ›Die Hebung der arbeitenden Klassen durch Genossenschaften und Volksbanken – eine Anleitung zur Gründung von Genossenschaften aller Art‹, München, FBV, 1. Aufl. 2013. Max Otte, ›Das deutsche Bankwesen‹, in der. ›Die Finanz-

lich-rechtlichen Sparkassen arbeiteten anders, als dies das Standard-
lehrbuch des Finanzkapitalismus vorsieht. Eine Genossenschaftsbank oder Sparkasse war traditionell dazu da, die Ersparnisse der
Bürger anzunehmen und die regionale Wirtschaft mit Krediten zu
versorgen. Man bekam etwas mehr Zinsen als die Inflation, war damit zufrieden, und die regionalen Unternehmen, Häuslebauer und
Handwerker hatten billigen, unbürokratischen Kredit. Ein »langweili-
ges«, stabiles, dezentrales Geschäftsmodell, das allen nützte.

Während im Hyperkapitalismus die Devise gilt: »Maximale Rendite bei gerade noch akzeptabler (minimaler) Leistung«, war es bei
den Genossenschaftsbanken, Sparkassen und ökonomisch tätigen
Genossenschaften gerade andersherum: eine akzeptable Rendite er-
zielen, aber das Maximum an Leistung erreichen. Ähnliches konnte
auch für viele Unternehmen mit öffentlichem Auftrag gesagt werden:
die Energieversorger und die Wasserverbände. Dass Bahn, Post und
ihre Telefonabteilung, die spätere Telekom, schwerfällig geworden
waren, hatte nicht unbedingt etwas mit ihrer staatlichen Rechtsform
zu tun. Immerhin konnte man in meinen jungen Jahren sprichwört-
lich die Uhr nach der Bahn stellen. Menschen wie mein Onkel, der
Jahrzehnte in einem Stellwerk gearbeitet hat – eine Arbeit, die mich
in den Wahnsinn treiben würde –, sorgten dafür, dass die Züge jahr-
ein, jahraus auf die Minute pünktlich waren. Ohne Computer.

Immer noch sind Genossenschaften, Sparkassen und andere Kör-
perschaften Bestandteile unserer Wirtschaftskultur. Aber ihre Bedeutung schwindet im modernen Finanzkapitalismus. Und die Institutionen, die es noch gibt, werden trotz ihrer genossenschaftlichen
Verfassung gnadenlos dem Diktat des Finanzkapitalismus unterwor-
fen. Indem man zum Beispiel für die regionalen Volks- und Raiffeisenbanken und die Sparkassen dieselben umfangreichen und komplexen Regeln anwendet wie für internationale Investmentbanken,

märkte und die ökonomische Selbstbestimmung Europas – Gedanken zu Finanzkrisen,
Marktwirtschaft und Unternehmertum«, Wiesbaden, Springler Gabler, 2018, S. 123–148.

erschwert man deren Geschäft massiv, verhindert es oftmals komplett.

Nur eins von vielen Beispielen: In der Finanzkrise gab es im Süddeutschen noch eine Genossenschaftsbank, die einen Mitarbeiter hatte, der gleichzeitig Vorstand, Kassierer und Buchhalter war. Er durfte nur Kredite bis zu einer niedrigen Obergrenze vergeben; der Aufsichtsrat, der aus lokalen Handwerkern bestand, kontrollierte ihn. Ein perfekt dezentrales, unbürokratisches, wenig riskantes und nützliches Geschäft. Nachdem es Vorschrift wurde, dass Genossenschaftsbanken zwingend zwei Vorstände und noch andere Funktionsträger haben müssen, musste die Bank schließen.

In Österreich sind die meisten Raiffeisenbanken schon seit der Finanzkrise und teilweise länger mehr oder weniger als Filialen der jeweiligen Raiffeisen-Landesbanken organisiert. Die wenigen unabhängigen »Primärbanken«, die es noch gibt, werden gnadenlos so lange geprüft und schikaniert, bis sie aufgeben und sich einer Landesbank anschließen. Durch die Regelungswut der Europäischen Union sind die Regeln so komplex und unübersichtlich (und so kontraproduktiv) geworden, dass die Prüfer immer mehr Macht bekommen. Sicherer sind die Banken dadurch nicht geworden. Markus Krall, mein Mitstreiter beim Neuen Hambacher Fest, hat das in seinem Buch *Der Draghi-Crash* sehr gut dargelegt.[7] Nicht nur Banken, sogar normale Vereine werden kaputtgeprüft, zum Beispiel von den Steuerbehörden. Belegpflichten nehmen überhand. Oft hat es den Anschein, dass vor allem die Kleinen geprüft werden, die sich nicht wehren können.

Die nicht nur renditefixierte Wirtschaftskultur setzte sich auch mit den Unternehmen in Stiftungsform fort. Das von Carl Zeiss gegründete und weltbekannte optische und feinmechanische Unternehmen wurde nach dem Tod des Gründers von Ernst Abbe 1889 in die Carl-Zeiss-Stiftung umgewandelt, der er und die Nachfahren von Carl Zeiss ihre Firmenanteile übertrugen.

Das Stiftungsstatut von 1896 legt in einhundertzweiundzwanzig Paragraphen Abbes Prinzipien zur Unternehmensführung dar und regelt detailliert die Förderung und soziale Sicherung der Arbeitnehmer. Mit seinen Regelungen zur Kranken-, Pensions- und Hinterbliebenenversicherung, den Arbeitszeit-, Lohn- und Urlaubsregelungen und einem eigenständigen Arbeiterausschuss zur Abgabe beratender Stellungnahmen gegenüber dem Vorstand war es vorbildhaft für seine Zeit. Alle Mitarbeiter bekamen das Statut als interne Unternehmensverfassung der Stiftungsunternehmen ausgehändigt. Der Stiftungszweck war die Förderung der Wissenschaft, für die Arbeitnehmer änderte sich dadurch jedoch nichts. »In für die damalige Zeit geradezu visionärer Weise ist Ernst Abbe mit dem Statut von 1896 also die Verknüpfung einer modernen arbeitnehmerfreundlichen Unternehmensphilosophie mit einem unternehmerischen Mäzenatentum gelungen. Ein halbes Jahrhundert hat es dann noch gebraucht, bis die von Ernst Abbe entwickelten und realisierten Prinzipien sich in Form eines modernen Arbeitsrechts und einer auch am Gemeinnutzen orientierten Unternehmensphilosophie in breiterem Umfang in Deutschland durchgesetzt haben.«[8]

Mit der Carl-Zeiss-Stiftung verfolgte Ernst Abbe verschiedene Ziele, deren Verwirklichung durch das Stiftungsmodell dauerhaft gesichert werden sollte: Erhalt der Unternehmen und ihrer wirtschaftlichen Leistungskraft, Förderung und soziale Sicherung der Mitarbeiter einschließlich des sozialen Umfeldes, Förderung der Wissenschaft aus den Erträgen der Unternehmen. Die Erfüllung dieser Ziele ist bis heute – mit zeitbedingt zum Teil unterschiedlichen Schwerpunkten – gelungen.

Unternehmer wie Robert Bosch und andere taten es Abbe nach. Auch dort, wo Unternehmen nicht in Stiftungen umgewandelt wurden, taten sich viele Unternehmer mit sozialen Werken, zum Beispiel dem Bau von Arbeitersiedlungen, hervor. Und der große Rudolf Diesel, der 1913 auf einer Überfahrt nach England unter mysteriösen

Umständen starb, hat bereits 1903 in seinem Buch *Solidarismus* die Prinzipien einer solidarischen und gemeinwohlorientierten, gleichzeitig hoch leistungsfähigen Wirtschaft beschrieben. Der Erste Weltkrieg und seine Folgen beendeten diese durchaus realistische Vision. Und seit 1989 hält »die neue Ordnung auf dem alten Kontinent« (Philip Ther), charakterisiert durch einen schrankenlosen Finanz- und Beutekapitalismus und die Ideologie des Neoliberalismus, rasant Einzug.[9]

Die Bäckerei

In der Filiale der Bäckerei in Köln um die Ecke fühlte ich mich wohl. Vielleicht, weil ich mich in die Vergangenheit zurückversetzt vorkam. Brot wurde nach altem Rezept ohne chemische Zusätze wie vor hundert und mehr Jahren gebacken. Etwas rundliche, gemütliche Matronen mit Schürze bedienten. Mit natürlicher Freundlichkeit und ohne die übertriebene, schablonenhafte, wie geskriptet wirkende »Kundenorientierung«, die in modernen Servicebetrieben anzutreffen ist. Das Brot, die Brötchen und der Kuchen schmeckten hervorragend. Zum Jahreswechsel 2015 schloss die Filiale, weil ihr Betrieb laut dem Eigentümer nicht mehr wirtschaftlich war.

Bereits in den späten 1990er Jahren hatte Bäcker Kamps das Gewerbe aufgerollt. Mit einem durchorganisierten Konzept wurden die einzelnen Filialen zu Verkaufsstellen. Der Teig für die Brötchen wurde zentral hergestellt, die Bleche mit den Teiglingen nur noch zum Aufbacken in die Filiale gebracht. Kamps hatte große Pläne, übernahm sich aber, und musste schließlich an den italienischen Lebensmittelkonzern Barilla verkaufen.

Eine solche Zentralisierung der Prozesse ist nicht nur bei den Bäckereien zu beobachten. Immer mehr Restaurants sind als Ketten organisiert. Metzgereien, die bis vor einiger Zeit noch durchaus profitabel betrieben werden konnten, verschwinden ebenfalls zunehmend.

Der Einzelhandel machte bereits vor Jahrzehnten den Anfang mit dem Aufkommen der Discounter. Nach der Währungsreform 1948 probierten die Brüdern Karl und Theo Albrecht in ihrem Tante-Emma-Laden ein neues Konzept mit Selbstbedienung, minimalem Sortiment und niedrigen Preis aus. Im Jahr 1961 teilten sie das Unternehmen in Aldi Süd und Aldi Nord. Eine bespiellose Erfolgsgeschichte machte Aldi zu einer der zehn größten Einzelhandelsgruppen der Welt und die Brüder Albrecht zeitweilig zu den reichsten Deutschen.

In den Folgejahren eroberten Einzelhandelsketten, ob Discounter oder nicht, die deutschen Städte, so dass es im neuen Jahrtausend kaum noch unabhängige Einzelhändler gibt. Einer davon war das WK-Warenhaus in Werdohl – ein durchaus großes, aber eben eigenständiges Kaufhaus mit nur einer Filiale. Es wurde zuletzt von Peter geführt, mit dem ich zur Grundschule gegangen bin. Die Existenz dieses Kaufhauses war auch insofern etwas Besonderes, als dass es in einer strukturschwachen Stadt mit traditionell hohem Migrantenanteil lag. 2020 musste das WK im Zusammenhang mit der Coronapandemie schließen.[10]

*

Der Inhaber eines Restaurants, einer Kneipe oder eines Einzelhandelsgeschäfts muss ein Generalist sein – Einkauf, Personalplanung und -führung, Marketing, Finanzen sollte er beherrschen, im Falle einer Bäckerei oder eines Restaurants auch sein eigenes Handwerk. Dieses Generalistentum war eine große Stärke der deutschen Wirtschaft, und es hörte beim Selbständigen nicht auf. Auch viele Arbeiter und Angestellte, wie zum Beispiel mein Onkel Kurt, der Arbeiter im Kaltwalzwerk, verfügten über ein breites Spektrum an Fähigkeiten und waren im Job breit und eigenverantwortlich einsetzbar.

Warum das so ist, hat der Ökonom und Unternehmenshistoriker Alfred Chandler vom Massachusetts Institute of Technology Anfang der Neunziger in einem großen Buch herausgearbeitet. In *Scale and Scope: The Dynamics of Industrial Capitalism* erklärt er, warum sich in Deutschland und Mitteleuropa im Gegensatz zu den USA und England eine dezentrale, flexible Wirtschaftskultur mit gut ausgebildeten Arbeitskräften entwickelte. In Mitteleuropa gab es viele Menschen, wenig Rohstoffe und wenig Platz. Daher wurde Bildung, und zwar Bildung für alle, zu einem zentralen Erfolgsfaktor. Gut ausgebildete Menschen arbeiten selbständiger, flexibler und ressourcenschonender.

In den USA, England und später auch Russland war es andersherum: Geld, Energie und Rohstoffe waren im Überfluss vorhanden (in England aufgrund der Kolonien), und es gab viele ungebildete Arbeitskräfte. Daher setzte man auf schnelle Integration von Arbeitskräften, einfache Jobs und Standardisierung. Das erste Fließbandkonzept wurde bereits 1853 in der Fabrik Richard Garrett & Sons in Suffolk zur Fertigung tragbarer Dampfmaschinen eingesetzt. Nach 1908 trat es mit der Einführung des legendären *Model T* der Ford Motor Company seinen weltweiten Siegeszug an. Mittlerweile sind nicht nur Jobs in der Produktion standardisiert und geskriptet, sondern auch in vielen Dienstleistungsbereichen: Restaurants, Call-Centern, Banken, Reiseveranstaltern, Hotels und Mietwagenfirmen.

Wir Deutschen haben traditionell nachhaltig gewirtschaftet, weil wir auf recht kleinem Raum viele Menschen ernähren mussten. Wir hatten kein riesiges Hinterland wie die USA oder Russland oder umfangreiche Kolonien wie England und Frankreich, die wir ausbeuten konnten. Nachhaltigkeit war bereits Teil unserer Wirtschaftskultur, bevor das Wort zur Mode wurde oder die ersten Fließbänder eingeführt wurden. Ja, man könnte sagen, dass »Nachhaltigkeit« ein deutsches Prinzip ist, wurde der Begriff doch 1713 von Hans Carl von Carlowitz, Oberberghauptmann im sächsischen Freiberg, mit Bezug auf die Forstwirtschaft geprägt. In *Nachdenken für Deutschland* habe ich die Eigenheiten, Stärken und Schwächen des deutschen Wirtschaftsmodells analysiert.[*]

Das hängt auch damit zusammen, dass Deutschland anders als England oder die Länder im Süden Europas immer einen starken, funktionierenden Mittelstand hatte. Der Mittelstand schuf die meisten Jobs und war für viele Innovationen verantwortlich. Sogar die

---

[*]　Max Otte, »Eine leistungs- und zukunftsorientierte deutsche Wirtschaft – wie finden wir zurück zu alter Stärke?«, in Erika Steinbach/Max Otte (Hg.); »Nachdenken für Deutschland – wie wir die Zukunft unseres Landes sichern können«, Lüdinghausen und Berlin, Manuscriptum, 2018.

Linke Sahra Wagenknecht, die ich als ehrliche, geradlinige und kluge Frau schätze, hat den Mittelstand entdeckt. Die meisten Parteien – auch CDU, CSU und FDP – haben aber nichts für den Mittelstand getan, sondern im Gegenteil zugelassen, dass durch irrsinnige Auflagen – eine der neueren ist die Datenschutzgrundverordnung – die Bedingungen für ihn immer schwieriger wurden. Man kann ohne Übertreibung sagen, dass Berlin eine aktive Antimittelstandspolitik betreibt. Die Krönung des Ganzen und der endgültige Todesstoß für viele Mittelständler ist die maßlose Reaktion der Politik auf die Corona-Pandemie.

Die deutsche Gesellschaft war leistungsorientiert und gleichzeitig solidarisch. Deutsche mittelständische Unternehmer bauten ihre Villen mitten in den Orten, wirkten in den Vereinen mit, gründeten soziale Einrichtungen und waren Vorbilder in der Gemeinschaft. In England und den USA war dies traditionell anders: Man zog sich auf Landsitze zurück und hatte ein durchaus stärker ausgebildetes Klassenbewusstsein als in Deutschland. Auch das ändert sich bei uns. Immer mehr trennen sich nach amerikanisch-englischem Vorbild die Vermögenden und die anderen, immer weiter schreitet auch hierzulande das voran, was Harald Schumann und Hans-Peter Martin die »Brasilianisierung Europas« nennen: Die Reichen ziehen sich in Ghettos zurück; in anderen Stadtteilen entstehen No-go-Areas.[11]

Charakter und Ethik

Fast kann ich die Deutschlandhasser und Deutschlandabschaffer verstehen: Die alte Bundesrepublik und davor das Kaiserreich sowie die Weimarer Republik hatten eine unglaubliche Energie, einen Fleiß, eine Disziplin, der den Einzelnen in einen größeren Zusammenhang stellte. In der Nazidiktatur wurde dieses Erbe unserer preußischen, aber auch lutherischen und schwäbisch-pietistischen Vergangenheit, dem sich auch die katholischen Regionen nicht ganz entziehen konnten, dann grotesk übersteigert und pervertiert. Deutschland war ein »geordnetes« Land. Es war schwer, sich dem zu entziehen. Hans, ein Bekannter, erzählte, wie er in den siebziger Jahren aus Deutschland floh und sich eine Hütte in den Pyrenäen kaufte, weil ihm, so seine eigenen Worte, die »Power und die Intensität in Deutschland« zu viel waren.

Es gibt so etwas wie nationale Charakterzüge. Oder zumindest gab es sie einmal. Auch sie verschwinden. Es verschwinden zum Beispiel: das Grundvertrauen in die Gesellschaft. Die öffentliche Sicherheit. Selbst das Vertrauen, dass Wahlen ohne Wahlbetrug ablaufen, wackelt. Die Ehrlichkeit.

»Ehrlichkeit?«, fragen Sie sich jetzt vielleicht. Sind wir Deutsche ehrlicher als andere Völker? Ist das nicht überheblich? Gar nationalistisch? Dazu der frühere US-Botschafter John Kornblum in einer Talkrunde bei Anne Will im Ersten, an der ich als Diskutant teilnahm: »Die Deutschen sind zu ehrlich.« Punkt. Ich war dabei. »Zu ehrlich!« Und der Zoologe Wilhelm Schwöbel ergänzt: »Eine gefährliche Schwäche der Deutschen besteht in ihrer Unfähigkeit, dreiste Schwindler rechtzeitig als Feinde zu erkennen, besonders wenn sie sich als Freunde ausgeben.«[12]

Ja, den Hang zu Träumereien und eine gewisse Weltferne. Die hatten wir immer wieder in Deutschland. Vor mehr als hundertsiebzig Jahren dichtete Heinrich Heine in seinem *Wintermärchen*:

Franzosen und Russen gehört das Land,
Das Meer gehört den Briten,
Wir aber besitzen im Luftreich des Traums
Die Herrschaft unbestritten.[13]

*

Eine Kultur hat immer zwei Seiten. Gute und schlechte. Auch die von mir geliebte deutsche. Es verschwinden ebenfalls viele schlechte Eigenschaften, die als »typisch deutsch« galten. Es verschwindet die Eifersucht, der Neid, die soziale Kontrolle durch die Nachbarn, die Kleinlichkeit. Vielleicht auch die Unterwürfigkeit, von der Heinrich Heine vor fast zweihundert Jahren schrieb:

> Der Deutsche gleicht dem Sklaven, der seinem Herrn gehorcht, ohne Fessel, ohne Peitsche, durch das bloße Wort, ja durch einen Blick. Die Knechtschaft ist in ihm selbst, in seiner Seele; schlimmer als die materielle Sklaverei ist die spiritualisierte. Man muss die Deutschen von innen befreien, von außen hilft nichts.[14]

Wir Deutschen wurden seit den neunziger Jahren tatsächlich freier. Das Fußball-Sommermärchen von 2006 zeigte ein weltoffenes und friedliches, aber auch selbstbewusstes Land. 2020 änderte sich das. Im Zuge der COVID-19-Pandemie haben zumindest Unterwürfigkeit und soziale Kontrolle ein erschreckendes Comeback erlebt. Die soziale Kontrolle beschränkt sich aber zumeist auf die »länger hier Lebenden«. Gegenüber Zugereisten, auch illegal Zugereisten, ist Toleranz verordnet.

Die deutsche Wirtschaft entwickelte sich lange gut mit einer Verantwortungsethik: Der Stolz auf gut ausgeführte Arbeit mit Nutzen war genauso stark, vielleicht oft stärker, als die Freude am finanziellen Erfolg. Finanzieller Erfolg und Anerkennung stellen sich ein, wenn man seine Arbeit gut macht, so der unausgesprochene Gedanke dahinter.

Durch die Enge in Deutschland musste jeder Bürger auch immer die Auswirkungen seiner Handlungen auf das Gemeinwesen berücksichtigen. Es gab kaum Entscheidungen, die nicht irgendwo auch andere betrafen. Daher sollte die eigene Arbeit möglichst zum Gemeinwohl beitragen, zumindest keinem schaden. Betrug ging gar nicht. Auch nach einer Insolvenz war das Ansehen für den Rest des Lebens ruiniert, weil man seiner besonderen Verantwortung als Kaufmann nicht gerecht geworden war. Ob Letzteres immer richtig war, mag dahingestellt sein, aber so war es.

Ein Verwandter von mir, ein schwäbischer Unternehmer, erzählte mir einmal, wie er vor etlichen Jahren die Geschäftsbeziehung zu seiner Bank konsequent kündigte, als er erfuhr, dass er von seiner Bank nicht über die besten und günstigsten Konditionen informiert worden war. Was für meinen Verwandten damals noch ein schwerwiegender Vertrauensbruch durch seine Bank war, gehört heute zum normalen Geschäft.

Wie anders war (und ist) da das Betriebssystem in den USA und England gestrickt. Erfolg rechtfertigt sich, gestützt von der puritanischen Erfolgsethik, von selber. Erfolg ist der Beweis für ein gottgefälliges Leben. Wie er erreicht wurde, danach schaute man nicht so genau. Im Prinzip ging es los mit den Kaperbriefen, die Königin Elisabeth ihren Freibeutern ausstellte: Lizenzen zum Plündern, und die Beute teilten sich dann Pirat und Krone. In den USA war Betrug schon immer ein Teil der Geschäftskultur, viel mehr als in Deutschland und Mitteleuropa. Ich empfehle zu dem Thema das Buch *Natural Born Losers – A History of Failure in America* von Scott A. Sandage, Geschichtsprofessor an der Carnegie Mellon University.[15]

Gerade in den USA wurden im späten 19. Jahrhundert gigantische Vermögen angehäuft. Namen wie John D. Rockefeller, J. P. Morgan, Andrew Carnegie und Cornelius Vanderbilt stehen für diese Milliardärsgeneration, die rücksichtslos schaltete und waltete.[16] Im Jahr 1919 schrieb Oswald Spengler hierzu:

Der Milliardär fordert die unumschränkte Freiheit, durch seine privaten Entschlüsse mit der Weltlage nach Gefallen zu schalten, ohne einen ethischen Maßstab als den des Erfolges. Er kämpft mit allen Mitteln des Kredits und der Spekulation den Gegner auf seinem Felde nieder. Der Trust ist sein Staat, seine Armee, und der politische Staat nicht viel mehr als sein Agent, den er mit Kriegen, (...) mit Verträgen und Friedensschlüssen beauftragt.[*]

Spengler stellt weiter fest, dass der angelsächsische Milliardär anstelle der staatlichen Fürsorge einen ›allerdings großartigen Privatsozialismus setzt, eine Wohltätigkeit und Fürsorge großen Stils, in der die eigne Macht noch einmal zum Genuss und in der das empfangende Volk auch moralisch besiegt wird. Über der glänzenden Art, in welcher diese Millionen ausgegeben werden, vergisst man, wie sie erworben sind.‹[17]

Wo damals in Milliarden gemessen wurde, wird heute in hunderten Milliarden gemessen. Statt Rockefeller und Carnegie heißen die neuen Herren der Welt Jeff Bezos, Bill Gates und Elon Musk. Erst heute ist die Vermögensverteilung in vielen westlichen Industrienationen wieder so ungleich wie um 1900. Ray Dalio, der selber Milliardär ist und seit über fünfzig Jahren einen großen Hedgefonds managt, schreibt in seinem Buch zu historischen Schuldenkrisen, dass die Neigung zu Populismus und Protesten immer dann am größten ist, wenn die Vermögensverteilung extrem ungleich wird.[18] Wen wundert's?

---

[*]   Oswald Spengler, ›Preußentum und Sozialismus‹, (1919), Hamburg, tradition Classics, ohne Jahresangabe, S. 87.

Was hat die Kirmes mit öffentlichen Gütern zu tun?

Ich erinnere mich an Kirmes, Dorffeste und Schützenfeste in meiner Heimat, in der die verschiedenen Generationen miteinander ausgelassen und lange feierten. Die Schützenfeste gerieten in Plettenberg zu einwöchigen kollektiven Besäufnissen. Da ich nicht im Schützenverein war, weil unser Dorf Ohle keinen Schützenverein hatte, ging das an mir vorüber. In der Oberstufe konnte sich aber der ein oder andere meiner Mitschüler an manchen Schützenfesttagen im Unterricht nur mit Mühe oder gar nicht wach halten. Auch die Polizei drückte schon einmal ein Auge zu.

Im Eifeldorf wird eine mehrtägige Kirmes gefeiert, also das Kirchweihfest. Dem Junggesellenverein, der Kirmesreih, kommt hierbei eine tragende Rolle zu. Sein Vorstand besteht aus dem 1. Vorsitzenden (Hoit Jong), dem 2. Vorsitzender (Fähnrich), dem Geschäftsführer (Pott) und dem Beisitzer (Dier). Am ersten Tag wird die Kirmes »ausgegraben«. Das geht so vonstatten, dass an einem festgelegten Platz der Kirmesknochen (Knauch) geborgen wird; er symbolisiert das Schlachten eines Rindes anlässlich des Festtages, was heute nicht mehr nötig ist, um sich ein gutes Essen zu gönnen. Dieser Rinder-Schädelknochen wird vom Dier sorgsam mit Farbe lackiert und mit einer Jahreszahl versehen. Die Größe und »Schönheit« des Knochens spiegelt meist das Ansehen des Vorstandes wieder und soll die Kraft und Stärke des Dorfes verdeutlichen. In einem Umzug wird der Knauch vom Dier durchs Dorf getragen.

Da jeder Verein mit einer Standarte an Dorffesten und Umzügen teilnimmt, gibt es auch für den Kirmesreih das Amt eines Standartenträgers. Der Fähnrich schwenkt an Kirmes die rot-weiße Fahne bei den Umzügen durchs Dorf. Ein weiterer wichtiger Bestandteil der Kirmes ist das »Häusertaufen«. Am Kirmesmontag werden alle

Neubauten im Dorf sowie alle Häuser, deren Besitzer seit der letzten Kirmes gewechselt haben, »getauft«. Dabei wird ein Namensschild an die Hauswand genagelt, als Taufwasser dient Schnaps.

Selbst das »Hahnenköpfen«, das zum Beispiel der Schriftsteller Norbert Scheuer in seinem Roman *Kall, Eifel* beschreibt, gibt es noch.[19] Ein Hahn wird kopfüber an der Decke aufgehängt. Die Männer des Ortes steigen auf einen Stuhl und versuchen, mit einem Säbel und verbundenen Augen den Hahn zu köpfen. Wer den entscheidenden Schlag führt, wird für ein Jahr »Hahnenkönig«. Nur wurde der lebende Hahn mittlerweile durch einen Gummihahn ersetzt.

Das LVR-Institut für rheinische Landes- und Regionalgeschichte hat viele Jahrzehnte lang die Alltagskultur, die Sitten und Gebräuche in Dokumentarfilmen festgehalten. Diese Filme bieten eine faszinierende Zeitreise. Einige stellen Bräuche und Produktionsmethoden vor, die schon vor dreißig oder vierzig Jahren der Vergangenheit angehörten, anderen beamen uns in die Zeit der Entstehung der Filme zurück.[20] Wenn ich mir die Filme von Pützchens Markt in Bonn von 1976 und 1977 anschaue, beschleicht mich ein Gefühl der Wehmut und des Verlustes. Der Festplatz ist vollgepackt mit Menschen aller Generationen, die einfache Freuden genießen. Niemand scheint sich um seine Sicherheit Sorgen zu machen.[21]

Und so war es eigentlich überall im Land. In verruchten Stadtvierteln konnte man schon etwas »auf die Mütze« bekommen, oder vielleicht war die Geldbörse weg, aber im Großteil des Landes haben sich die Menschen sicher gefühlt. All das war selbstverständlich. Der Titel des Folk-Klassikers »Dies Land ist dein Land, dies Land ist mein Land«, 1940 von Woody Guthrie geschrieben, beschreibt dieses Lebensgefühl ganz gut.

Auch in den letzten Jahren vor dem Corona-Schock feierte Eifeldorf seine Kirmes. Mittlerweile wird der Einlass zum Festzelt durch einen privaten Sicherheitsdienst geregelt. »Vorschriften«. So wird Sicherheit privatisiert.

Die Weihnachtsmärkte des Landes – meist heißen sie heute »Wintermärkte« – sind durch Betonpoller und oft zusätzlich von schwer bewaffneten Polizisten gesichert. Rechte Freude will da nicht aufkommen. Im Herbst 2020 untersuchte die Polizei das Sicherheitsempfinden der Bürger. Das Resultat wird als Überraschung hingestellt, ist aber für mich selbstverständlich: schwer bewaffnete Polizisten sorgen eher für ein Gefühl der Unsicherheit.[22]

Öffentliche Sicherheit – selbst das Gefühl der öffentlichen Sicherheit – ist eine der Säulen des Zusammenlebens in einem modernen Staat. Öffentliche Sicherheit ist ein öffentliches Gut – wenn der Staat sie herstellt, haben alle etwas davon. Private Sicherheit hat nicht dieselbe Qualität, und sie ist bei weitem nicht so effektiv. Wenn Wohnsiedlungen – in den USA nennt man sie »gated communities« – einen eigenen Sicherheitsdienst einstellen, nützt das nur wenigen, im Extremfall nur Einzelnen. Es ist also viel aufwendiger, ein »brasilianisiertes« Land privat zu sichern, als eine effektive Polizei zu unterhalten. Zudem vertieft private Sicherheit die Spaltung zwischen »denen da oben«, die sich so etwas leisten können, und allen anderen. Keine gute Sache.

Deutschlands Polizei war sehr effektiv. Manchmal zu effektiv, zum Beispiel zur Zeit des Nationalsozialismus. Aber das war vor allem ein Problem der Diktatur und somit der Perversion der Politik. Wir waren sicher. Ich habe den sogenannten Deutschen Herbst 1977 mit der Kaperung des Urlauberflugzeugs Landshut und der Entführung und Ermordung von Hanns Martin Schleyer sehr bewusst erlebt. In diesem Herbst war das ganze Land auf den Beinen und alarmiert, um dem Terror ein Ende zu machen. Das gelang recht schnell. Der Terror hörte weitgehend auf.

Wenn Sie sich Bilder aus dieser Zeit anschauen, werden Sie vielleicht bemerken, wie brav, bieder und nahbar die Polizei damals war. Bis auf sehr kleine Spezialkommandos war es selbstverständlich, dass die Polizei nicht maskiert auftrat. Heute ist das anders.

Auch die neuen blauen Uniformen wirken viel militärischer als die früheren grün-braunen. (Modisch gesehen hätten die alten Uniformen natürlich keinen Blumentopf gewonnen, auch was den Schnitt angeht.) Es entsteht der Eindruck, dass hier paramilitärische Einheiten aufgebaut werden, die auch gegen das eigene Volk eingesetzt werden können. In den USA ist dieser Trend schon weiter fortgeschritten: Viele Provinzpolizeieinheiten werden zum Beispiel mit gepanzerten Fahrzeugen aus Restbeständen der Streitkräfte aufgerüstet.

Der Wolf ist zurück in Deutschland. Um 1870 waren die letzten autochthonen Wölfe in der nordwestlichen Eifel erlegt worden. Die danach getöteten Tiere galten als Zuwanderer. Mittlerweile leben wieder ungefähr hundertzwanzig Rudel bzw. dreihundert Einzeltiere in unserem Land.[23] Das ist viel. Der Wolf ist in Deutschland eine durch das Bundesnaturschutzgesetz streng geschützte Tierart; die vorsätzliche Tötung eines Wolfes gilt als Straftat und kann, ebenso wie der »versehentliche« Abschuss eines Wolfes, mit einer Freiheitsstrafe geahndet werden.

Was aus Naturschutzsicht ein großer Erfolg ist, sieht vom Standpunkt der öffentlichen Güter her anders aus. Als Kind war ich viel in den Wäldern unterwegs – in kleinen Gruppen, zu zweit oder auch allein. Diese Zeit hat mir Kraft für das Leben gegeben. Lassen wir unsere Kinder heute noch genauso sorglos in die Wälder ziehen? Selbst als Erwachsener wird man vorsichtiger. Zwar greift der Wolf normalerweise den Menschen nicht an, aber eben »normalerweise«. Irgendwann wird es passieren. Es ist eine Frage der statistischen Wahrscheinlichkeit. Das öffentliche Gut »Natur« wird damit etwas weniger öffentlich.

Wie innere Sicherheit, so gehören auch äußere Sicherheit, Infrastruktur, Bildung, soziale Sicherheit und eine angemessene Altersvorsorge zu den öffentlichen Gütern. In allen war Deutschland seit dem Kaiserreich Vorbild für die Welt. Unter Reichskanzler Bismarck wurden mit der Sozialgesetzgebung die weltweit ersten staatlichen Sozialsysteme aufgebaut: 1883 die Renten-, 1884 die Unfall- und 1891 die Altersversicherungen. Heute bluten wir sie durch die Privatisierung der Rentensysteme (»Riester«, »Rürup«) aus.

Ich komme noch einmal auf Ray Dalio zurück. Er veröffentlichte 2019 einen langen Aufsatz, in dem er die Reform des Kapitalismus anmahnte, denn sonst werde dieser über kurz oder lang sich seine eigenen Grundlagen entziehen und sich selbst zerstören.[24] Er habe als Junge aus einer einfachen Mittelklassefamilie gute Schulen besucht und eine gute Hochschulausbildung genossen. Sein Vater hätte mit einer Arbeitsstelle die Familie gut ernähren können und im Ruhestand eine ausreichende Altersvorsorge gehabt.

Heute ist die Mittelschicht schwer unter Druck, nicht nur in den USA, auch in Europa. Öffentliche Sicherheit, eine gute Schulbildung, eine ordentliche Krankenversorgung für alle und Altersrenten, die einen würdevollen Lebensabend ermöglichen, sind keinesfalls mehr eine Selbstverständlichkeit. Der Journalist Daniel Goffart, früher beim *Handelsblatt*, heute beim *Focus*, schrieb gar ein Buch mit dem Titel *Das Ende der Mittelschicht – Abschied von einem deutschen Erfolgsmodell*.[25] Niemals war Deutschland so gespalten wie heute: zwischen arm und reich, jung und alt, links und rechts, Corona-Skeptikern und Befürwortern der Regierungslinie, Ost und West, Stadt und Land. Die »Einheitlichkeit der Lebensverhältnisse« war im Grundgesetz festgehalten und wurde in der Verfassungsreform 1994 durch »Gleichwertigkeit der Lebensverhältnisse« ersetzt. Das klingt zwar ähnlich, ist aber viel weniger verpflichtend. Und auch die Gleichwertigkeit scheint allerorten zu bröckeln.

Unsere Idole verblassen

Eine Kultur, ein Land braucht Idole. Menschen wollen sich mit Vorbildern identifizieren. Das mag banal klingen. Aber zu allen Zeiten und Orten waren es die Vorbilder, die aktiv den Stil einer Gesellschaft prägten.

Von unseren Vorbildern ist nicht mehr viel übrig. Auch das ein Zeichen der Selbstaufgabe. Natürlich gab es schon in meiner Jugend im Fernsehen auch amerikanische Spielfilme und Serien wie *Daktari* und *Raumschiff Enterprise*, aber eben auch viele deutsche Produktionen. Aus den *Winnetou*-Filmen meiner Kindheit waren uns Pierre Brice, Lex Barker und Ralf Wolter geläufig. Die großen, alten Schauspieler waren echte Stars: Heinz Rühmann, der Wiener Hans Moser, Hildegard Knef (die sich da schon aufs Singen und Schreiben verlegt hatte), Hans Albers und viele andere. Klaus Kinski oder die Österreicher Senta Berger, Oskar Werner und Helmut Berger wurden später nicht nur in Deutschland, sondern international bekannt. Irgendwie passen Namen wie Til Schweiger und Diane Kruger nicht ganz dazu. Wo sind sie, die neuen deutschen Superstars des Films, die, mit denen wir uns identifizieren können?

In den sechziger Jahren nahm die neue Musik- und Jugendkultur an Fahrt auf. In Deutschland standen in Berlin Liedermacher wie Hannes Wader, Reinhard Mey oder Schobert & Black in den Startlöchern. In den siebziger Jahren wurden sie – berechtigt – zu Stars in Deutschland und darüber hinaus. Die deutsche Rockmusik hatte hingegen einen eher langsamen Start. Zu sperrig schien vielen die deutsche Sprache. Die Scorpions aus Hannover sangen lieber gleich englisch. In den siebziger und frühen achtziger Jahren betraten mit Udo Lindenberg, Herbert Grönemeyer, Marius Müller-Westernhagen und Nina Hagen deutsche Rockmusiker von Format die Bühne. Und mit der Neuen Deutschen Welle blühte Anfang der Achtziger ein sehr deutsches bzw. deutschsprachiges Phänomen, das auch international Beachtung fand: Trio, Falco, Nena, Extrabreit, Hubert Kah und wie sie alle hießen standen für einen frischen, selbstironischen Pop, der sich deutlich von den angelsächsischen Vertretern des Genres unterschied.

Wenn es einen Nationalsport gibt, dann ist es der Fußball. Wie gut erinnere ich mich an meine erste WM 1972, in der Franz Beckenbauer und seine Jungs den Pokal holten. Deutschland war außer sich vor Freude! Wir feierten wochenlang. Der sogenannte »Fußballpatriotismus« war uns geblieben, nachdem andere Formen des Patriotismus nicht mehr so gerne gesehen waren. Beckenbauer, Müller, Breitner, Netzer, Meier – das waren Fußballgötter!

Dieser Fußballpatriotismus war ein Ventil, das sich eruptionsartig 1953 im »Wunder von Bern« entlud, als die deutsche Nationalmannschaft die Weltmeisterschaft gegen den Favoriten Ungarn holte. Zum ersten Mal seit den Schrecken des Zweiten Weltkriegs war Deutschland auf einem Feld wieder international geachtet und anerkannt. Es ist klar, dass das in die nationale Psyche einging.

Das »Wunder von Bern«

Im Jahr 2003 verfilmte Sönke Wortmann das Wunder von Bern. Der Film wurde zu einem großen Erfolg und bereitete vielleicht auch das Sommermärchen von 2006 vor, als sich Deutschland weltoffen, friedlich feiernd, schwarz-rot-gold-fußballpatriotisch präsentierte. Wenn ich mir heute Filme davon auf YouTube anschaue, bekomme ich eine Gänsehaut. Dieses unbeschwert feiernde Land mit den »Weltmeistern der Herzen« soll erst fünfzehn Jahre her sein?[26] Der vor wenigen Jahren verstorbene Gunter Gabriel, der zeitlebens einen »natürlichen Patriotismus« in Deutschland etablieren wollte und unter anderem eine schwarz-rot-gold lackierte Gitarre spielte, machte flugs ein Lied dazu: »Lasst die Fahnen auf dem Dach, lasst die Party weitergehn, lasst uns, was uns glücklich macht, im warmen Sommerwind auf den Autodächern wehn.« Nun, es war ein Traum.

Im Jahr 2014 verfolgte ich in der damals noch geöffneten Kneipe von Eifeldorf mit meinen älteren Kindern das Endspiel der Fußball-WM in Brasilien. Ja, wir holten den Pokal. Ja, es wurde gefeiert. Aber ein bis zwei Stunden nach dem Spiel war die Kneipe schon

Das »Sommermärchen« 2006: Fanmeile vor dem Brandenburger Tor

leer. In den siebziger Jahren hätte sie nicht vor den frühen Morgenstunden geschlossen – wenn überhaupt. Die Stimmung im öffentlichen Raum an den Tagen danach: erfreut, aber verhalten. Nichts
vom Sommermärchen 2006, obwohl der Anlass ein viel größerer
gewesen wäre. Aber mittlerweile hat man uns selbst den Fußballpatriotismus ausgetrieben. Ein »Sozialwissenschaftler« durfte sich in
der *Frankfurter Rundschau* zu der Behauptung versteigen, dass
das Sommermärchen der AfD den Boden bereitet habe.[27] Um das
Fass vollzumachen, wurde das Sommermärchen dann auch noch mit
dem Antisemitismus in Verbindung gebracht. »Framing« der übelsten
Sorte. Kein Wunder, dass mittlerweile nur noch fünfzehn Prozent
der Deutschen »Fußballpatrioten« sind, während es früher gefühlt alle waren.[28]

Die Nebel von Avalon

Wie die Insel Avalon verschwindet Deutschland im Nebel der Vergangenheit. Sogar aus den Programmen der großen Parteien werden »die Deutschen« gestrichen. Dort stehen jetzt »Menschen«. Immerhin: Noch gibt es das »Deutsche Volk« im Grundgesetz. Aber wie lange noch? Eine türkischstämmige Staatsministerin gar will »keine spezifisch deutsche Kultur jenseits der Sprache« erkennen. Aber selbst diese Sprache ist immer weniger deutsch, wird umgedeutet und genderisiert.

Es sterben die Vereine. Es verschwinden die Kneipen, die Bauern, der Mittelstand. In Nordrhein-Westfalen hat in den letzten zwanzig Jahren mehr als jede zweite Kneipe dichtgemacht.[29] Zwischen 2009 und 2016 gaben zwanzigtausend Milchbauern auf. Der *Freitag*-Verleger Jakob Augstein fasst es zusammen: »Es verfallen nicht nur die Preise, es verfällt das Vertrauen. Die Bauern werden scheel angesehen, als handelten sie mit Sondermüll.«[30]

Wenn wir nicht höllisch aufpassen, wird in zwanzig oder dreißig Jahren nahezu alles das, was uns zu Deutschen machte, endgültig verschwunden sein. Und erst dann wird einigen von uns dämmern, dass wir etwas sehr Wertvolles endgültig verloren haben.

Die meisten jedoch werden es gar nicht bemerken. Denn die meisten Menschen – auch die Deutschen – plappern zu jeder Zeit nach, was gerade »in« ist. Die Schlagworte heißen »Globalisierung« oder »Moderne«. Das »Deutsche« – nicht mehr zeitgemäß. Gut, dass es weg ist! Entsorgen! Die deutschen Eigenschaften: ausrotten! Mit Stumpf und Stiel! Sie haben den Nationalsozialismus nicht verhindert, ja sogar ermöglicht und befördert. Diese Obrigkeitsgläubigkeit, dieser Gehorsam, diese Effizienz auch im Töten. »Deutschland verrecke«, wurde als Parole in einem Demonstrationszug skandiert, an dem eine amtierende deutsche Bundestagspräsidentin teilnahm.[31]

Aber das ist nur eine Seite der Medaille. Es hätte auch eine deutsche Moderne geben können. Einen fairen Kapitalismus. Eine solidarischere Gesellschaft. Schulbildung, Krankenversorgung und soziale Sicherheit für alle in einer leistungsorientierten Gesellschaft. Denn Leistung und soziale Sicherheit schließen einander nicht aus. Das war lange Zeit unser deutsches Erfolgsgeheimnis.

Noch schwören die Bundeskanzler und -kanzlerinnen beim Amtseid, Schaden vom deutschen Volke abzuwenden. Noch ist vieles in unserem Land sehr »deutsch«. Auch im beginnenden dritten Jahrzehnt des dritten Jahrtausends. Wie viel, das merkt man erst, wenn man längere Zeit in einer anderen Kultur gelebt hat. Wenn man Teil dieser anderen Kultur geworden ist. So wie ich Bürger der Vereinigten Staaten von Amerika wurde, ohne meine deutsche Staatsbürgerschaft abzulegen.

*

Sterbende Völker und Kulturen haben mich schon immer interessiert. Angefangen hat es mit den »Indianern«, oder wie man heute in den USA »korrekt« sagt, den »native Americans«. Ich lernte sie durch die Romane Karl Mays und Fritz Steubens kennen. Die Ritterlichkeit Winnetous und Tecumsehs, ihre untadeligen Charaktere und ihr letztliches Scheitern machten einen tiefen Eindruck auf mich. Ein paar Jahre später las ich Bücher über die brutale Ausrottung des »roten Mannes«.

Karl May, der Pazifist, hatte einen sehr guten Blick für das Deutsche. Er stellte es dem Angelsächsischen gegenüber, lobte es, idealisierte es. Manchmal karikierte er es auch, wie zum Beispiel bei der Figur des Kantors emeritus Matthäus Aurelius Hampel aus Klotzsche in Sachsen in *Der Ölprinz*. Der Name Klotzsche selber liest sich schon wie eine Karikatur, aber den Ort gibt es tatsächlich. In den Prärien und Bergen Nordamerikas trafen sich bei Karl May deutsche Einwanderer, die sehnsüchtig von der Kultur träumten, die sie verlassen hatten, und sich dennoch in der neuen Heimat ein neues Dasein schufen. Er zeigte auch die Zerrissenheit Deutschlands auf, die manche sogar während Deutschlands Glanzzeit, der wilhelminischen Epoche, wahrnahmen. Oft traten in seinen Romanen entwurzelte Deutsche auf, wie Klekih-petra, der weise Lehrmeister Winnetous, der wegen eines Mordes geflohen war, den er als junger Hitzkopf während der Revolution von 1848 in Deutschland begangen hatte.

Karl May ist ein Repräsentant der deutschen Kultur, dessen Werke den Nationalsozialismus intakt überlebt haben. In der DDR war er als zu »bürgerlich« verpönt. Nur unter der Hand bekam man seine Romane. In der Bundesrepublik lebte er in großem Stil in seinen Büchern, den Karl-May-Festspielen und vielen Verfilmungen fort. Das waren großartige Filme, mit Schauspielern, die die archetypischen Figuren Karl Mays hervorragend verkörperten – allen voran der unvergessene Pierre Briece als Winnetou und Lex Barker als Old Shatterhand. Eine ähnlich archetypische Wucht haben später die *Star-Wars*-Filme und noch später die *Herr-der-Ringe*-Trilogie entwickelt. Alle atmen auch ein romantisches, ein »deutsches« Element. George Lucas wurde bei *Star Wars* – in meiner Jugendzeit liefen die Filme noch unter *Krieg der Sterne* – von dem schon erwähnten Mythenforscher Joseph Campbell beraten, der ein Fan Oswald Spenglers war. J. R. R. Tolkien, der Autor von *Der Herr der Ringe*, war stark von Richard Wagners *Ring der Nibelungen* beeinflusst.

Die bereits erwähnten Karl-May-Festspiele in Elspe kamen zwar nicht an die Phantasien der Romanlandschaften und Figuren heran, aber sie waren doch ein ganz gutes Abbild. Ich empfand es als großes Glück, diese Festspiele fast vierzig Jahre später mit meinen älteren Kindern teilen zu können. Wie lange wird sich Karl May in unverfälschter Form noch halten können, jetzt, da die Vertreter einer globalen Einheitskultur zum Sturm auf unser kulturelles Erbe ansetzen? Wird mein jüngster Sohn, der 2016 geboren wurde, die Karl-May-Festspiele auch noch erleben können?

Tatsächlich dürften die ersten Sätze in *Winnetou I* überraschen:

> Immer fällt mir, wenn ich an den Indianer denke, der Türke ein;
> dies hat, so sonderbar es erscheinen mag, doch seine Berechti-
> gung. Mag es zwischen beiden noch so wenig Punkte des Ver-
> gleichs geben, sind sie einander ähnlich in dem einen, daß man
> mit ihnen, allerdings mit dem Einen weniger als mit dem Ande-
> ren, abgeschlossen hat: Man spricht von dem Türken kaum an-
> ders als von dem »kranken Mann«, während Jeder, der die Ver-
> hältnisse kennt, den Indianer als den »sterbenden Mann« bezeich-
> nen muss.

Was würde Karl May wohl heute über die Türken und die Deutschen
schreiben? Die Türkei tritt unter einem autokratisch regierenden Präsidenten selbstbewusst als regionale Macht auf und lässt sich auf allerlei kriegerische Abenteuer ein. Deutschland und Europa ducken
sich weg, wenn Migranten aus Syrien und anderen Ländern auf Anweisung aus Ankara zur griechischen Grenze gekarrt und ermutigt
werden, diese illegal zu übertreten. Griechenland wurde von den
anderen europäischen Staaten alleingelassen. Bei den Auseinandersetzungen um Rohstoffe im östlichen Mittelmeer springt immerhin
Frankreich den Griechen bei.

Mit fünfzehn oder sechzehn wurde mir klar, dass Deutschland
sich aus der Weltgeschichte verabschiedet hatte. Man wollte auf keinen Fall mehr mitspielen im großen Spiel. »Von der Machbesessen-
heit zur Machtvergessenheit«, nannte das Bundespräsident Richard
von Weizsäcker einmal. Bis zu einem gewissen Grad entsprach das
der Logik der Sache. Europa musste zusammenwachsen, um überhaupt noch in der Welt bestehen zu können. Es war daher immer
der Traum der Deutschen, dass die einzelnen Länder in der Europäischen Union aufgehen sollten. Dumm nur, dass andere Länder, insbesondere Frankreich, das nicht so sahen.

Auch sicherheitspolitisch hat sich Deutschland weitgehend abgeschafft: Die Bundesrepublik Deutschland hat das Kommando über

die eigenen Streitkräfte im Falle eines Krieges in die Hände der NA-TO gelegt. Der Zweck der NATO ist laut ihrem ersten Generalsekretär Lord Ismay: die Russen draußen halten, die Amerikaner drin und die Deutschen niederhalten. Das war so lange erträglich, wie die Bundeswehr eine reine Verteidigungsarmee war, die zusammen mit den Partnern Westdeutschland gegen Angriffe aus dem kommunistischen Block verteidigen sollte.

Im Rahmen der Balkankriege Anfang der neunziger Jahre wurde die deutsche Verteidigungsdoktrin jedoch umgedeutet. Gerhard Schröder sagte später deutlich, dass der Krieg im Kosovo völkerrechtswidrig war.[32] Vielleicht wird er auch deswegen von den aktuell Mächtigen nicht mehr so gemocht. Unsere Armee wird schrittweise von einer Verteidigungs- zu einer Angriffsarmee umgebaut. Unter anderem darüber habe ich meine Doktorarbeit geschrieben.[33]

Nun kann die Bundeswehr überall auf der Welt Krieg führen. Sie kann für fremde Interessen eingespannt werden, wie deutsche Soldaten bis 1871 vielfach für fremde Länder kämpften – oftmals sogar auf deutschem Boden. Andere entscheiden darüber, ob wieder deutsches Blut vergossen wird. In Afghanistan ist die Bundeswehr seit fast zwei Jahrzehnten im Einsatz, unter großen Opfern, aber ohne Erfolg. Oswald Spengler hat es einmal treffend ausgedrückt: »Der Verzicht auf Weltpolitik schützt nicht vor ihren Konsequenzen.«

Die Geschichte von der Landesverteidigung und dem »westlichen Bündnis« war mir schon als junger Mensch nicht ganz geheuer. Mit achtzehn war ich als Artilleriesoldat nahe der innerdeutschen Grenze stationiert und hätte im Ernstfall auf Soldaten der damaligen DDR schießen müssen. Das waren doch auch Deutsche! Das fand ich damals schon schlimm. Ich erinnere mich an eine Diskussion mit meinen deutschen Kommilitonen in Washington. Selbstgefällig beteten sie die gängige Doktrin herunter, verstanden meine moralischen und emotionalen Skrupel nicht. Bezeichnend war, dass keiner von ihnen gedient hatte, also weder für ihr Land Opfer gebracht noch jemals die Konsequenzen eines Krieges persönlich als Soldat vor Augen gehabt hatte.

Es dauerte fast weitere drei Jahrzehnte, bis mir dämmerte, dass Deutschland nicht nur als politisch-militärischer Akteur abgemeldet ist, sondern dass die deutsche Kultur, Wirtschaft und Gesellschaft bis zur Unkenntlichkeit verändert und zerstört würden. Seit den frühen neunziger Jahren läuft ein Generalangriff auf unsere Identität, unsere Gesellschaft, unsere Wirtschaftskultur und unsere Institutionen. Die 68er Bewegung hatte teilweise noch ein deutsches Gesicht. Zumindest die Intelligenteren der 68er Revolutionäre (Joschka Fischer gehörte nicht dazu, deswegen kam er später in der Politik auch sehr weit) konnten mit Hegel, Marx oder Marcuse in ihren Diskussionen auffahren. Der Generalangriff, der jetzt unter dem Schlagwort »Globalisierung« läuft, ist heftiger, elementarer.

Mein Mitstreiter Markus Gärtner, der dreißig Jahre lang für die ARD, den Deutschlandfunk, den Bayerischen Rundfunk, das *manager magazin* und das *Handelsblatt* aus aller Welt berichtete, hat diesen Zusammenhang einmal wie folgt beschrieben: Die radikale Linke, die mittlerweile in der Mitte der Gesellschaft angekommen ist, der Finanzkapitalismus und der politische Islam haben erstaunlich ähnliche Ziele: den »Westen« endgültig nach ihren Vorstellungen umzugestalten, das freie Individuum in eine »neue Ordnung« zu überführen.

Kapitalismus und Freiheit werden von vielen in einem Atemzug gebraucht. Aber auch der Finanzkapitalismus will die totale Kontrolle über das Individuum. Microsoft, Apple, Google üben in unserem täglichen Leben eine große Macht aus. Unternehmen streben im Finanzkapitalismus danach, Geschäftsmodelle mit Abonnement-Charakter zu entwickeln, also den Kunden so an sich zu binden, dass er nicht mehr oder nur unter großen Kosten und/oder Mühen den Anbieter wechseln kann.

Die Ideologie des Finanzkapitalismus ist der Neoliberalismus. Der eigentliche, alte Liberalismus hat sich, wie der Name schon sagt, der

Freiheit verschrieben. In vielen Fällen ist unser System aber zur Unfreiheit pervertiert, zum Beispiel, weil wir es nicht schaffen, die riesigen Machtballungen der Internetkonzerne dem Gemeinwohl dienlich zu machen. Es ist kein Zufall, dass in Seattle mit Jeff Bezos und Bill Gates die beiden reichsten Menschen der Welt leben, die Stadt aber gleichzeitig kilometerlange Zeltstädte hat und unter einer Drogenepidemie leidet. Die Mittelschicht verschwindet. Die Sozialsysteme werden geschleift. Staaten werden von den internationalen Konzernen gegeneinander ausgespielt. Das haben Hans-Peter Martin und Harald Schumann in ihrem bereits erwähnten Bestseller *Die Globalisierungsfalle* schon 1996 festgestellt.[34] Im Juni 2020 habe ich dazu im Bundestag einen Vortrag gehalten.[*]

Die Entfesselung der Finanzmärkte war übrigens ein in den meisten Ländern ein sozialdemokratisch-grünes Projekt. Zwar haben in den achtziger Jahren die britische Premierministerin Margaret Thatcher und der amerikanische Präsident Ronald Reagan damit begonnen. Wirklich vollendet haben es dann aber in den USA Bill Clinton, in Großbritannien Tony Blair und bei uns eben Gerhard Schröder, willfährig assistiert von Joschka Fischer. Dass damit auch die Gewerkschaften und Sozialsysteme geschwächt wurden, wurde von diesen Vertretern von »New Labour« entweder nicht gesehen oder billigend in Kauf genommen.

In den Jahren des Kalten Krieges wurden wir gebraucht. Solange wir loyale Bündnistruppen stellten, ließ man unser Gesellschaftssystem weitgehend in Ruhe. Das Deutschland, in dem ich aufgewachsen bin, unterschied sich in wesentlichen Teilen nicht allzu sehr von dem Nicolaus Sombarts, in dem er als behüteter Bürger im Grunewald vor dem Zweiten Weltkrieg aufgewachsen ist. Nach dem En-

---

[*] Max Otte, Deutscher Bundestag: Öffentliche Anhörung »Neustart für die Wirtschaft in Deutschland und Europa« am 27. Mai 2020, Deutscher Bundestag, online unter: https://www.bundestag.de/resource/blob/697778/40b54712819c1d7f5cde777cf847281e/sv-otte-data.pdf und https://www.youtube.com/watch?v=jgEgVY5f41Q&t=1931s

de des Kalten Krieges und dem Zerfall des Kommunismus hat diese Schonzeit ein Ende.

Nun wird die deutsche Wirtschaft systematisch umgestaltet. Die Globalisierung hat ein angelsächsisches Gesicht. Deutschland wird nicht modernisiert, sondern in das westliche Herrschaftssystem eingefügt und ist somit kontrollierbar. Dieser Prozess trägt dazu bei, dass Deutschland, einst dynamischste Wirtschaft der Welt, zu einer fremdbestimmten Provinzwirtschaft herabsinkt. Denn wenn eine Fußballmannschaft plötzlich gezwungen wird, American Football zu spielen, ist sie bestenfalls drittklassig – auch wenn sie vorher Weltspitze war. Es verschwinden also nicht nur ein paar schrullige kulturelle Besonderheiten und etwas altes Kulturgut, sondern es verschwindet auch das, was unser Land zu einem leistungsfähigen, lebens- und liebenswerten Land gemacht hat.

»Wer die Kapitalisten vernichten will, der muss ihre Währung zerstören«, soll Lenin gesagt haben. In vielen Schriften, so in meiner Streitschrift *Stoppt das Euro-Desaster!*, habe ich mich gegen den Euro-Wahnsinn gewendet.[*] Aber es hört bei der Währung nicht auf. Auch unser Bankensystem aus Genossenschaftsbanken, Sparkassen, Großbanken und Spezialinstituten, das schon 1912 vom wohl bekanntesten amerikanischen Verfassungsrichter Louis Brandeis als vorbildlich gelobt wurde, wurde systematisch zerstört.[35] Nichts verdeutlich das besser als der Niedergang der Deutschen Bank, die für kurze Zeit einmal die größte Bank der Welt war.

Die Auflösung der »Deutschland AG«, die unter Gerhard Schröder und Oskar Lafontaine begann, tat ihr Übriges. Befördert durch willfährige Manager wie Jürgen Dormann bei Hoechst oder überhebliche und schlechte Unternehmenslenker wie Jürgen Schrempp bei Daimler setzte ein regelrechter Ausverkauf der deutschen Wirtschaft ein. Ich habe in meinem Buch *Weltsystemcrash* ausführlich darü-

[*] Max Otte, »Stoppt das Euro-Desaster«, Berlin, Ullstein, 2011.

ber geschrieben.[36] Heute befindet sich die deutsche Großindustrie in vielen Fällen in ausländischer Hand. In den meisten DAX-Konzernen ist die gigantische US-amerikanische Finanzholding BlackRock – deren deutscher Cheflobbyist etliche Jahre lang Friedrich Merz war – der größte Einzelaktionär.

Mit der Wende kam die große Hoffnung auf, dass Deutschland seinen weiteren Weg in Einheit, Frieden und Freiheit gehen würde. Als ich um das Jahr 2000 nach Deutschland zurückkehrte, war ich euphorisiert. Die Wirtschaft entwickelte sich ungemein dynamisch. Die New Economy boomte. Daimler hatte gerade Chrysler gekauft. Der Journalist Werner Meyer-Larsen schrieb ein Buch vom *Griff über den großen Teich*. In meinem geliebten Köln gab es die Popkomm, die große Messe für Popmusik. »Weltstadt met Hätz« – das wollte ich gerne glauben.

In den Jahren nach der Finanzkrise dämmerte mir, dass ich einer Illusion erlegen war. Den USA gelang es, einen ganz großen Teil der Folgen der Krise zu exportieren und andere für eigene Fehler zahlen zu lassen. Europa würde nicht auf die Beine kommen. Im Gegenteil, es würde für eine Finanzkrise zahlen, die es nicht verursacht hatte. Nach dem Beginn der unseligen Euro-Rettungspolitik im Jahr 2010 wurde mir klar, dass hier ein Kontinent umgebaut wird. Wenn eine Bundesregierung erlaubt, dass die Europäische Union zur Schuldenunion umgebaut wird, dann ist Deutschlands Ende nicht mehr weit.

Ich hätte nicht gedacht, wie sehr mir dies alles an die Nieren geht. Immerhin verstehe ich mich ganz bewusst auch als Weltbürger. Ich komme in New York City gut zurecht, ebenso im eher ländlichen Idaho. Auch in London oder Madrid. Ich habe in Afrika gelebt. Und doch hat sich meine Bindung zu meiner eigenen Kultur oder an das, was davon übrig ist, über die Jahre eher verstärkt. Ich bin unendlich dankbar dafür, die Erinnerung an ein Land in mir zu tragen, in dem Gemeinwohl, Rechtssicherheit, soziale Sicherheit und Solidarität keine Fremdwörter waren.

Der letzte Deutsche

Manchmal habe ich das Gefühl, nur bei den Ahnen noch unter Deutschen zu sein. Ja, es ist mir, als wäre ich der letzte Deutsche.

BOTHO STRAUSS

Es gibt sie noch: Gehöfte, Dörfer, Ortskerne, Straßen, bei denen man glaubt, dass die Zeit stehengeblieben ist. Stille Täler mit gewundenen Sträßchen. Die Hardware steht noch da, wie vor hundert oder noch mehr Jahren. Aber die Software verschwindet. Wo sind die Menschen, die diese Häuser bevölkern und mit Sinn füllen können? Mit dem Sinn und Zweck, für den ihre Erbauer sie errichtet haben?

Manchmal kommt mir Deutschland wie ein Museum vor, und es ist gut möglich, dass es das in einigen Jahrzehnten ist. Dörfer bluten aus, veröden. Die Innenstädte sind durch die gesellschaftlichen Veränderungen, den Niedergang des Einzelhandels und auch die massive Migration der letzten Jahre oft nicht wiederzuerkennen. Wie wird unser Land in zehn, zwanzig, dreißig Jahren aussehen? »Unser Land wird sich verändern, und zwar radikal. Und ich freu mich drauf!«, so die Grünen-Politikerin Katrin Göring-Eckardt.

Am 11. Oktober 2017 veröffentlichte die Wochenzeitung *Die Zeit* einen ganzseitigen Artikel mit der Überschrift *Ottes Welt*.[1] Ich hatte mich politisch positioniert und sehr deutliche Kritik an den aktuellen Zuständen geäußert. In dem Artikel versuchte der Journalist Mark Schieritz, mich und meine Motivlage zu ergründen. Das war insofern erstaunlich, weil ich zu diesem Zeitpunkt bei den meisten Medien schon auf der schwarzen Liste gelandet war. Als Erstes hatte der Fernsehsender n-tv drei bereits geplante Interviews abgesagt.

Schieritz meinte es gut mit mir. Er gab sich offensichtlich Mühe, mich und meine Ansichten zu verstehen. Er hatte dann auch eine Diagnose parat: Ich gehöre nicht zu den Abgehängten, wohl aber zu denjenigen, die Angst haben, etwas zu verlieren – zu den Rückwärtsgewandten, die in der Vergangenheit lebten.

Nun: Ich bin finanziell unabhängig. Mit meinem deutschen und meinem amerikanischen Pass können ich und meine Familie an vielen Orten der Welt leben und innerhalb der Europäischen Union und der Vereinigten Staaten von Amerika jederzeit Wohnsitz und Arbeit finden. Ich habe keine Angst, finanziell etwas zu verlieren, denn ich gehöre zu den Begünstigten des Systems. Turbulenzen stellen für mich ökonomische Chancen da, anders als für die meisten Menschen, für die das normale Leben immer schwerer wird. Das weiß ich und dafür bin ich dankbar. Und setze mich im Rahmen der politischen Möglichkeiten für ein faires Finanzsystem ein, etwa für die Finanztransaktionssteuer, für faire Renten oder für eine faire Globalisierung.

*

In einer Glosse vom Oktober 2015 setzt sich der Schriftsteller Botho Strauß mit der Flüchtlingskrise auseinander: »Uns wird geraubt die Souveränität, dagegen zu sein.«[2] Für diese Haltung bekam er sein Fett weg. Postwendend fand sich einer und fabulierte in der *Zeit* über die »Selbstvernichtung eines Autors«.[3] Und nicht nur er: Über Rüdiger Safranski und Peter Sloterdijk urteilte man in einem Tonfall, wie es für anerkannte Philosophen ungewöhnlich ist: »Die Angst der alten Männer vor den Flüchtlingen«, war da zu lesen.[4] »Ahnungslos« und »unbedarft« seien Safranski und Sloterdijk.[5]

Zurück zu Botho Strauß. Er ist deutsch, keine Frage. Seine Innerlichkeit ist deutsch. Seine Sensibilitäten. Seine Sprache. »Der letzte Deutsche liest vielleicht Conrad Ferdinand Meyer oder den ›Zauberberg‹ zum dritten Mal in seinem Leben. Er ist süchtig nach deutscher Dichtersprache.«[6] Aber Strauß ist nicht der letzte Deutsche. Es gibt noch etliche von uns, bei den ganz Alten und in meiner Generation. Und, so wage ich zu hoffen, auch vereinzelt bei den ganz Jungen.

Wir Babyboomer waren pragmatisch. Wir hatten nicht dasselbe Bedürfnis, uns von der Kriegsgeneration abzusetzen wie die stark ideologisierten 68er. Wir nahmen die älteren Menschen, wie sie waren. Mit ihren Schwächen und Traumata. Mit ihren Stärken und ihren Erfahrungen. Und wir profitierten von ihnen. Wir konnten uns nicht wie die 68er jeden Mist erlauben und uns gleichzeitig sicher sein,

dennoch sanft zu fallen. Wir wussten, dass wir uns anstrengen mussten, dann aber auch dafür belohnt werden würden. Leider ist der
jetzt jungen Generation auch diese Gewissheit genommen worden.[7]
Vielleicht hat Schieritz recht. Vielleicht habe ich Angst, dass mir
etwas genommen wird. Vielleicht habe ich Angst um Deutschland.
Um das Land meiner Kindheit und Jugend. Um unseren Rechtsstaat.
Um das, was von unserer Geschichte nach den zwölf Jahren noch
übriggeblieben war. Um unsere Kultur und unsere Natur. Um unsere
Kulturlandschaften, die besser als vieles andere zeigen, wie uns in
Deutschland eine einzigartige Synthese von beidem gelungen war.
Um unsere stabilen sozialen Verhältnisse. Um das Deutschland, das
»grüne Herz Europas«.

Wahrscheinlich aber irrt Schieritz, was meine Person angeht.
Wahrscheinlich weiß ich längst, dass das Deutschland, das ich ge-
kannt habe und in dem ich aufgewachsen bin, nicht zu retten, ja
vielerorts schon verschwunden ist. Dass vieles von dem, was ich an
diesem Land geliebt habe, verloren ist und bestenfalls noch in kleinen Oasen überleben wird. Der Autor des kleinen Büchleins *Finis
Germania*, der Sozialhistoriker Rolf Peter Sieferle, hat sich über dieses Wissen umgebracht.[8] Es wurde von den großen Buchhandelsket-
ten boykottiert. So geht auch die Meinungsfreiheit Schritt für Schritt
verloren, zumindest für Menschen, die öffentlich etwas Nichtkonfor-
mes sagen wollen. Sie werden ausgegrenzt, fallengelassen, isoliert.

Ich habe über das gute Deutschland geschrieben. Das Deutschland, dessen Werte und Geschichte mich geprägt haben. Das
Deutschland, das mir eine glückliche Kindheit in einer weitgehend
intakten Gesellschaft beschert hat, für die ich dankbar bin. Das »heilige Deutschland«, das Claus Schenk Graf von Stauffenberg und viele
andere Widerstandskämpfer im Dritten Reich beflügelte.

Vielleicht ist das rückwärtsgewandt. Dann ist es eben so. Wie Botho Strauß bin ich ein »Subjekt der Überlieferung, und außerhalb ihrer kann ich nicht existieren«.[9] Aber vielleicht lesen auch einige aus

der jüngeren Generation diese Zeilen. Vielleicht merken sie, dass auch sie »deutsch« sind. Dass es unter achtzig Millionen Menschen doch noch einige andere gibt.

Vielleicht gehören auch meine Kinder zu den Lesern. Dann – und das wäre mein größter Wunsch – hätte ich diese Zeilen für die Zukunft niedergeschrieben. Denn auf die Zahl kommt es nicht an.

Tagebuch-Eintrag

10.09.2017 – Ich überquere die Straße. Ich muss noch einmal in mein Haus. Irgendjemand dort ist in Stasi-Bezüge verstrickt.

Dann fahre ich mit einem Bekannten in einem Wohnmobil auf einen Fluss zu. Es gibt keine Brücke. Der Fluss ist angeschwollen. Die braunen Wassermassen strömen rasch und unter vielen Wirbeln das Gebirgstal hinunter. Wir wollen hinüber, eine wichtige Mission erfüllen.

Mein Bekannter gibt Gas. Das Wohnmobil treibt auf den Fluten, auf das andere Ufer zu. Aber auf dem letzten Drittel wird die Strömung reißend. Unser Schwung reicht nicht aus. Wir treiben den Fluss hinunter.

Immer gewaltiger werden die Wassermassen.

Es geht auf einen Strudel zu. Die Felsen auf beiden Seiten rücken bedrohlich nahe. Irgendwie erinnert das Ganze an die Loreley.

Ich wache auf und finde mich in meinem Haus in der Eifel wieder.

In den letzten Jahren haben meine Träume an Zahl und Intensität zugenommen. Ist das ein Omen?

Coda

Nach einem reichen Schriftstellerleben veröffentlichte Stefan Zweig 1942 seine Lebenserinnerungen. Ihr Titel: *Die Welt von Gestern*. Zweig, 1881 in Wien als Sohn eines wohlhabenden Unternehmers geboren, aufgewachsen in der 1918 untergegangenen k. u. k. Monarchie, erlebte seine prägenden Jahre im »alten Europa« vor dem Ersten Weltkrieg, dessen unglaubliche Stabilität und Berechenbarkeit, aber auch Behäbigkeit er beschreibt. Eindrücklich schildert der glühende Pazifist, wie im Sommer 1914 eine ganze Gesellschaft – lauter zivilisierte Menschen – von einem Tag auf den anderen verrückt spielt und er fassungslos, ja ohnmächtig zusehen muss. Fast alle um ihn herum erweisen sich mit einem Mal als eifrige Kriegsbefürworter. So behält er seine Gedanken lieber für sich. Zweig, der vor dem Krieg Europa intensiv bereist und in Paris gelebt hat, ist von seinen ausländischen Freunden isoliert und sieht sich auf die Rolle des Zuschauers und Chronisten beschränkt.

Nach dem Zusammenbruch der Donaumonarchie erlebt er um sich herum in Österreich bitterste Not. Im Laufe der zwanziger Jahre etabliert er sich als einer der angesehensten Schriftsteller im deutschsprachigen Raum und weit darüber hinaus. Seinen Wohnort hat er in Salzburg, in Sichtweite von Hitlers Domizil am Obersalzberg. So ahnt er früh, welch fürchterliche Entwicklung der Nationalsozialismus nehmen wird. Bereits 1934 – vier Jahre vor dem »Anschluss« – emigriert er nach London.

Überall in Europa werden die Grenzen dichtgemacht. Er, der früher mühelos gerne und viel durch Europa gereist war, muss jetzt stunden- und tagelang mit der Bürokratie um Genehmigungen und Visa kämpfen. Durch den »Anschluss« Österreichs an das Deutsche Reich 1938 verliert er seine Staatsbürgerschaft und sein Recht auf einen Pass. »Jeder österreichische Konsulatsbeamte oder Polizeioffizier war verpflichtet gewesen, ihn mir als vollberechtigtem Bürger sofort auszustellen. (...) Das englische Fremdenpapier, das ich erhielt, musste ich erbitten. Es war eine erbetene Gefälligkeit und eine Gefälligkeit überdies, die mir jeden Augenblick entzogen werden konnte. Über Nacht war ich abermals eine Stufe hinuntergeglitten.«[1]

In der Tat: Nichts vielleicht macht den ungeheuren Rückfall sinnlicher, in den die Welt seit dem Ersten Weltkrieg geraten ist, als die Einschränkung der persönlichen Bewegungsfreiheit und die Verminderung seiner Freiheitsrechte. (...) Es gab keine Permits, keine Visen, keine Belästigungen; dieselben Grenzen, die heute von Zollbeamten, Polizei, Gendarmerieposten dank des pathologischen Misstrauens aller gegen alle in einen Drahtverhau verwandelt sind, bedeuten nichts als symbolische Linien, die man ebenso sorglos überschritt wie den Meridian in Greenwich.[2]

Mit der Kriegserklärung Großbritanniens an das Deutsche Reich droht dem staatenlosen Zweig ein weiterer Abstieg. Trotz seines bekannten Pazifismus ist es nicht auszuschließen, dass er in England als »feindlicher Ausländer« interniert wird. Also entschließt er sich neuerlich zur Flucht und gelangt über New York, Argentinien und Paraguay nach Brasilien, ein Land, in dem er gefeiert worden war und für das er eine lebenslange Einreiseerlaubnis besaß.

Seit Jahren kämpft er mit Depressionen. Am 23. Februar 1942 nimmt er sich in seinem Haus in Petrópolis nahe Rio de Janeiro zusammen mit seiner Frau Lotte das Leben mit einer Überdosis des Schlafmittels Veronal. Er wurde sechzig Jahre alt.

Gut drei Jahre später ging das Deutsche Reich unter. Zweig hätte als geachteter Schriftsteller in sein geliebtes Salzburg zurückkehren können.

»Wenn ich wüsste, dass morgen die Welt unterginge, würde ich heute noch ein Apfelbäumchen pflanzen«, soll einer der wirkmächtigsten Deutschen, Martin Luther, gesagt haben. Das ist ein guter und weiser Spruch. Denn wer aufgibt, hat schon verloren.

Augsburger Allgemeine Zeitung:
Porträt Max Otte

Der Seher

Max Otte hat die Finanzmarktkrise 2008 vorhergesagt. Seitdem ist er
ein gefragter Ökonom. Jetzt sieht er den Staat kollabieren.

*Von Niko Steeb**

Hambach an der Weinstraße, 23.09.2011. Noch vor vier Jahren kannten ihn nur wenige. Dann kam 2008 die Finanzkrise, und
sein 2006 geschriebenes Buch *Der Crash kommt* wurde entdeckt
– und mit ihm Max Otte. Seitdem zieht der Ökonom durch Talkshows, gibt jede Woche mehrere Interviews und verdient als Autor und Unternehmer Geld. Viel Geld. Er könnte sich also ausru-
hen, zurücklehnen, die Firma verkaufen, seinen Ruhm genießen.
Doch Otte will sich noch einmal neu erfinden und wendet sich
jetzt dem Staat zu, den er unter dem Druck von ›Lobbys und der
Finanzoligarchie‹ kollabieren sieht.

Für sein Buch bräuchte Max Otte Zeit

Für sein geplantes Buch über den Staat aber bräuchte er Zeit.
Und die hat er im Moment nicht. Die Kurse an den Börsen laufen
zickzack, Banken könnten in einen Mahlstrom geraten, und ein
Schuldenschnitt Griechenlands samt Austritt aus dem Euro wird
offen diskutiert. Schon 1998 schrieb Otte die Blaupause zur Eu-
ro- und Griechenlandkrise. Damals wollte das freilich niemand
hören. Warum erklärt er heute: ›Wir [die Deutschen] haben uns
immer der Illusion hingegeben, wenn man die Börse aufmacht
und Geld gibt, dann wird das schon irgendwann was. Wir sehen,

---

* https://www.augsburger-allgemeine.de/wirtschaft/Der-Seher-id16855001.html

dass das dieses Mal nicht der Fall ist.« Der Euro sei zwar in der Krise, jedoch auch Ursache dieser. Sollte sich die Lage weiter zuspitzen, drohten Deutschland Ausfälle »um Hunderte von Milliarden, vielleicht um Billionen«. Es gehe derzeit um nicht weniger als die Substanz des deutschen Gemeinwesens, warnt Otte, der kürzlich mit der Streitschrift *Stoppt das Euro-Desaster* für Aufsehen gesorgt hatte.

Um seine Botschaften unters Volk zu bringen, schreibt der Ökonom nicht nur Bücher. Er nutzt jede Möglichkeit. Und nicht jede ist so schön wie sein Auftritt beim Demokratie-Forum des SWR am Mittwoch auf dem Hambacher Schloss (Pfalz), das als Wiege der deutschen Demokratie gilt. 1832 hatten Bürger auf dem Hambacher Fest die deutsche Einheit, Freiheit und Volkshoheit gefordert. Die perfekte Bühne für den Mann aus der Mitte der Bevölkerung. Otte, stets im dunklen Anzug gekleidet, ist der Einzige in der Diskussionsrunde, der direkt zu seinen Zuhörern spricht, der ihnen in die Augen sieht, der ihre Sprache spricht und verstanden wird. Otte spitzt zu, eckt an, und das will er auch. Im Fall Griechenland fordert der Ökonom gestern wie heute den Schuldenschnitt, an dem auch Banken beteiligt werden müssten. Strauchelnde Banken sollten verstaatlicht werden, und dann wird er deutlich: »Griechenland muss raus aus dem Euro.«

Er ist in der Rolle des Anwalts der Bürger angekommen

Otte ist längst in der Rolle des Anwalts der Bürger dieses Landes angekommen und lässt dieser Tage kein gutes Haar am Krisenmanagement der Politik: »Es geht wie in einem Hühnerhaufen zu. Anstatt über sinnvolle Eigenkapitalregeln, eine Finanztransaktionssteuer und über die Regulierung von Produkten und Geschäftsmodellen Ordnungspolitik zu betreiben, macht man ein extrem hektisches Krisenmanagement und reitet die Sache immer tiefer rein.« Und er sorgt sich dieser Tage um das Rating einiger Banken: »Viele Banken sind – wenn man ehrliche Buchhaltung machen würde – insolvent.« Schließlich wüsste niemand, wie es in den Banken tatsächlich aussieht, da diese ihre Buchhaltungsregeln bewusst konfus gestalten. Spricht da wieder der Prophet und Guru?

Doch Prophet will er nicht sein, sagt er Stunden zuvor auf der sonnenüberfluteten Terrasse des Hambacher Schlosses. Otte lacht, schiebt sich die Sonnenbrille vom Gesicht und gibt zu: *Der Crash kommt* war ein Paukenschlag.« Mehr als ihn seine Treffsicherheit freut, ärgert ihn, dass zu wenige diese Krise kommen sahen. Schließlich, so Otte, hatte er sich nur Fakten angesehen, die offensichtlich waren, die für sich sprachen. So definiert er sich eher als »Seher« denn als Prophet.

Doch damit steht er weitgehend allein: In jeder Talkshow wird darauf verwiesen, in so gut wie jeder Einleitung eines Artikels über ihn steht dieser Satz: »Max Otte hat in seinem Buch die Finanzkrise vorausgesagt ...« Und so wurde aus dem Segen ein kleiner Fluch, der ihn fortan rastlos durch die Republik reisen lässt; getrieben von seinem Ehrgeiz und seiner Überzeugung. Um die achtzig Vorträge hält er jedes Jahr. Seine Arbeitstage sind manchmal neunzehn Stunden lang. Bevor er am Mittwoch in Hambach ankommt, war er bereits in Frankfurt, Berlin und München.

Wenn ihm dann doch einmal alles zu viel wird, flieht er von seiner Kölner Wohnung aufs Land, zu seinem alten Pfarrhaus in der Eifel. Dort trifft der getrennt lebende Ökonom seine beiden sechs und sieben Jahre alten Kinder, denen der Beruf ihres Vaters nicht verborgen geblieben ist. Als wieder einmal Kamerateams kamen, »drei auf einmal«, spielten seine Kinder mit ihm danach Weltwirtschaftskrise: »Die haben mir dann dauernd Fragen gestellt, wie es um die englische Wirtschaft stehe und ob Griechenland zu retten sei.« Dann fügt er milde lächelnd hinzu: »Das können Sie ruhig schreiben. Das hat mich gefreut.« Wenn es die Zeit zulässt, arbeitet Otte im Garten. Es ist eine Rückkehr zu seinen Wurzeln: Sein Vater war Hobbygärtner, sein Großvater Landwirt. Vielleicht erklärt dies, wieso er seine Firma nicht für viel Geld verkaufen will. Als Mittelständler fühlt er sich nicht nur sich selbst verpflichtet, wie er sagt, sondern auch den künftigen Generationen. Immer wieder erwähnt er dabei das Gemeinwohl.

Beinahe wäre Max Otte Amerikaner geworden

Dabei wäre Max Otte fast Amerikaner geworden. Als Jugendlicher hatte er davon geträumt, in den Staaten Karriere zu machen, vielleicht sogar US-Außenminister zu werden. Brüche im Leben wie der frühe Tod des Vaters, dessen Vornamen er angenommen hat, machten die Pläne aber zunichte. Bis 2000 schwankte Otte, der inzwischen die amerikanische Staatsbürgerschaft besitzt, hin und her. Schließlich entschied er sich bewusst für Deutschland. An Schicksal glaubt der Ökonom indes nur bedingt: »Schicksal passiert einfach, und jeder hat seine Aufgabe. Und die muss man annehmen.« Derzeit heißt das noch, Krisen-Erklärer zu sein.

Wenn Otte einmal doch mehr Zeit haben sollte, will er »denken, aufklären, erinnern und schreiben«. Ein staatstheoretisches Buch schwebt dem Mann vor, der davon überzeugt ist, »etwas zu sagen zu haben«. Noch hält er sich im Vagen. Als Arbeitstitel schwebt ihm »Bienenstock und Heuschreckenschwarm« vor. Metaphern für Fleiß und Gemeinwohl auf der einen Seite und den entfesselten Kapitalismus auf der anderen. Dabei will er traditionelle Denker in Erinnerung rufen. Otte argumentiert oft historisch, erinnert an wiederkehrende Muster. Er wird den starken Staat fordern und auf das Gemeinwohl verpflichtete Elitebeamte. Die sollen den von »Lobbys und der Finanzoligarchie« verschütteten Staat freischaufeln. Und vielleicht ist es dann wie 2008. Vielleicht trifft er dann wieder den Nerv der Zeit.

Anmerkungen

Der Seher

[1] Marion Zimmer Bradley, »Die Nebel von Avalon«, Frankfurt, Fischer, 3. Auflage 1987.

[2] Norbert Haering: »Gleichschritt – das unheimlich weitsichtige Pandemie-Szenario der Rockefeller-Stiftung« sowie »Scenarios for the Future of Technology and International Development«, Rockefeller Foundation, New York, May 2010, online unter: https://norberthaering.de/die-regenten-der-welt/lock-step-rockefeller-stiftung/

[3] Klaus Schwab und Thierry Malleret, »COVID-19: Der große Umbruch«, Genf, Weltwirtschaftsforum, 2020.

[4] Francis Fukuyama, »Das Ende der Geschichte – wo stehen wir?«, München, Kindler, 1992.

[5] Samuel P. Huntington, »Kampf der Kulturen – Neugestaltung der Weltpolitik im 21. Jahrhundert«, München, Goldmann TB, 2002.

[6] Oswald Spengler, »Politische Schriften«, Manuscriptum Verlagsbuchhandlung, Waltrop und Leipzig, 2009, S. 14.

[7] Max Otte, »Weltsystemcrash – Krisen, Unruhen und die Geburt einer neuen Weltordnung«, München, 2019, S. 390.

[8] Alex Kerr, »Lost Japan – Last Glimpse of Beautiful Japan«, London, Penguin, 1993.

[9] Online unter: https://www.deutscheslied.com/

Der lange Weg zurück

[1] »Into the Great Wide Open«, Tom Petty and the Heartbreakers, Universal City, Ca., MCA, Inc. 1991.

[2] In diesem Buch wird nichts gegendert.

[3] Tom Petty, »Into the Great Wide Open«, 1991.

[4] Max Otte, »Amerika für Geschäftsleute – das Einmaleins der ungeschriebenen Regeln«, Frankfurt, Campus, 1995.

[5] Der Vortrag wurde beim American Council on Germany in New York veröffentlicht. Max Otte, »The Euro and the Future of the European Union«, Working Paper #6, New York, American Council on Germany, 1998.

[6] »Der Euro kommt zu früh. Professoren der Wirtschaftswissenschaften nehmen Stellung zum geplanten Start der Europäischen Wäh-

rungsunion‹, FAZ vom 09.02.1998, S. 15, online unter: https://www.genios.de/presse-archiv/artikel/FAZ/19980209/0/f19980209vub----100.html; siehe auch: Philip Plickert, ›25 Jahre Maastricht: Wovor die Euro-Kritiker schon früh warnten‹, online unter: https://www.faz.net/aktuell/wirtschaft/wirtschaftspolitik/25-jahre-maastricht-wovor-die-euro-kritiker-schon-frueh-warnten-14852243.html

7   Meine Unternehmen finden Sie online unter www.privatinvestor.de, www.max-otte-fonds.de

8   Manuel Andrack, ›Du musst wandern – ohne Stock und Hut im deutschen Mittelgebirge‹, Köln, Kiepenheuer & Witsch, 2005.

Die Sippe

1   Joachim Fest, ›Ich nicht – Erinnerungen an eine Kindheit und Jugend‹, Reinbek, Rowohlt, 2006. Nicolaus Sombart, ›Jugend in Berlin, 1933– 1943 – ein Bericht‹, Frankfurt am Main, Fischer, 1993.

2   Gunther S. Stent, ›Nazis, Women und Molecular Biology – Confessions of a Lucky Self-Hater‹, Kensington, Ca., Briones Books, 2008.

3   In seinem Buch ›Das Erbe der Kriegsenkel: Was das Schweigen der Eltern mit uns macht‹ schreibt der Zeit-Journalist Matthias Lohre, Jahrgang 1975, über die Generation meines Vaters, aus der fast jeder auf die ein oder andere Art durch die Kriegszeit bedrängende Erfahrungen machen musste, auch diejenigen, deren Familienmitglieder körperlich unversehrt blieben. Zwei typische Reaktionen nach Lohre: verdrängen oder idealisieren. Beides kam in meiner Familie vor. München, Penguin-Verlag, Taschenbuch, 2018.

4   Botho Strauß, ›Herkunft‹, München, Hanser, 2014, S. 93.

5   Andreas Kosserth, ›Kalte Heimat – die Geschichte der deutschen Vertriebenen nach 1945‹, München, Pantheon Verlag, 7. Auflage 2009.

6   Carl Schmitt, ›Die Tyrannei der Werte‹, Berlin, Duncker & Humblot, 3. Auflage 2011.

7   Hermann Lübbe, ›Politischer Moralismus – der Triumph der Gesinnung über die Urteilskraft‹, LIT Verlag, Münster, Neuauflage 2019.

8   Anne de Vries, ›Die Kinderbibel – Altes und Neues Testament‹, Neukirchen-Vlyn, Bahn, 1961.

9   Das fragt auch der kanadische Psychologe und YouTube-Star Jordan Peterson, der eine Serie faszinierender Vorträge über diese Geschichten erarbeitet hat. Online unter: https://www.youtube.com/watch?v=8ZXb_YbG7e4

10   Schlackenläufer: eine Berufsbezeichnung für Hilfsarbeiter, die die beim Verhütten anfallende Schlacke auf die Halde bringen. Johann Hübners ›Zeitungs- und Conversationslexikon‹, Leipzig 1828, S. 112.

11 Oswald Spengler, »Der Mensch und die Technik – Beitrag zu einer Philosophie des Lebens«, Beck, München, 1931.

12 Peter Hoover, »Feuertaufe: Das Radikale Leben der Täufer – eine Provokation«, Berlin, Down to Earth Verlag, 2006.

13 Genanalysen können Sie zum Beispiel bei twentythreeandme selber in Auftrag geben. Sie benötigen nur eine Speichelprobe. www.twentythree andme.com

14 Isabel Hoffmann, »Jesu Parallelgesellschaft«, Die Zeit, 27.07.2006, S. 8.

Eine andere Welt

1 Jordan Peterson, »Bibel-Serie IV: Adam und Eva – Bewusstsein, das Böse und der Tod«, online unter: https://www.youtube.com/watch?v=Ifi5K kXig3s

2 Carl Schmitt, »Welt großartigster Spannungen«, Merian-Magazin, Heft »Sauerland«, 7. Jahrgang, Heft 9, 1954.

3 Online unter: https://www.youtube.com/watch?v=wcSRAOraK-4

4 Online unter: https://www.youtube.com/watch?v=9JMgW4dbfq4

5 Online unter: www.spaziergang-nach-berlin.de

6 Online unter: http://www.plettenberg-lexikon.de/a-z/kircheohle.htm und http://www.plbg.de/vereine/kyffhaeuser.htm

7 Online unter: https://www.youtube.com/watch?v=eiag-wHLPKI

8 Online unter: https://www.come-on.de/lennetal/plettenberg/plettenberg-dura-millionen-dollar-verkauft-groesster-kreditgeber-uebernimmt-kontrolle-13837369.html

9 Online unter: http://www.plettenberg-lexikon.de/firmen/ohler.htm

10 Online unter: https://www.come-on.de/lennetal/werdohl/drama-werdohl-lenneschiene-warenhaus-schliesst-13509549.html

11 Ich habe die Erinnerung von Edward O. Thorpe »Ein Mann für alle Märkte« mit Vergnügen gelesen. Thorpe war Mathematiker, revolutionierte das Pokerspiel und wurde dann einer der ersten Hedgefondsmanager. Er berichtet in seinem Buch, wie auch er einen Chemiebaukasten erhielt und später dann raketengetriebene Wagen konstruierte. Einer explodierte so heftig, dass die Explosion ein Loch in die Straße riss.

12 www.max-otte-wein.de

13 Online unter: https://www.youtube.com/watch?v=yVAmIMia1SA

14 Stefan Zweig, »Die Welt von Gestern«, Köln, Anaconda, 2013, S. 91.

15 Der Untergang des Abendlandes (UdA), a.a.O., S. 21.

16 Georg Wilhelm Friedrich Hegel, »Die Phänomenologie des Geistes«, Stuttgart, Friedrich Fromman Verlag, 1964, S. 24.

[17]   Sombart, a.a.O., S. 190.

[18]   Online unter: https://www.poetryfoundation.org/poems/47546/the-liste
ners

[19]   UdA, S. 58.

[20]   Zaungast der Zeit. Ungewöhnliche Erinnerungen an das 20. Jahrhundert.
Düsseldorf, Econ, 1981.

Die Überlieferung

[1]   Franz Josef Degenhardt, Die alten Lieder, auf »Wenn der Senator erzählt«,
LP, 1968.

[2]   Jonathan Gottschall, »The Storytelling Animal – How Stories make us Human«, Houghton Mifflin, Boston/New York, 2012.

[3]   Steven Mithen, »Prehistory of the Mind – A Search for the Origins of Art,
Religion and Science«, London, Phoenix Paperback, 1998, S. 189; John
Pfeiffer, »The Creative Explosion«, New York, Harper and Row, 1982.

[4]   Gottschall, S. 22 ff.

[5]   Gottschall, S. 34 ff.

[6]   Joseph Campbell, »Historical Atlas of World Mythology«, Vol. I: »The Way
of the Animal Powers«, New York, Harper & Row, 1988.

[7]   Online unter: https://de.wikipedia.org/wiki/Leopold_von_Ranke

[8]   Ludwig Reiners, »Der ewige Brunnen – Ein Hausbuch deutscher Dichtung«, München, C. H. Beck, 2. Auflage 1959.

[9]   Max Otte, »Ganz passabel«, in Armin Nassehi (Hg.), »Kursbuch 178: 1964«,
Murmann, Hamburg, 2014, S. 9–11.

[10]   Im Jahr 2017 verfasste der Literaturwissenschaftler Helmut Schmiedt eine lesenswerte Biographie. Ein paar Jahre vorher, 2011, hatte der Li-
teraturkritiker Rüdiger Schaper ein ebenfalls interessantes Buch über
May vorgelegt, das aber ein gewisses Grundwissen voraussetzt. Helmut
Schmiedt, »Karl May – oder die Macht der Phantasie«, München, C. H.
Beck, 2017. Rüdiger Schaper, »Karl May – Untertan, Hochstapler, Über-
mensch«, München, Siedler, 2011.

[11]   Online unter: https://de.wikipedia.org/wiki/Karl_May

[12]   Daniel-C. Schmidt, »Aus Pierre Brice wurde der traurige Winnetou«,
Die Welt, 07.02.2009, online unter: https://www.welt.de/kultur/article
3157824/Aus-Pierre-Brice-wurde-der-traurige-Winnetou.html

[13]   Erhard Wittek, „Männer - ein Buch des Stolzes,“ Stuttgart, Franck´sche
Verlagsbuchhandlung, 1939.

[14]   Dee Brown, »Begrabt mein Herz an der Biegung des Flusses«, München,
Knauer TB, 1975. James Wilson, »Und die Erde wird weinen – Die Indianer Nordamerikas«, Frankfurt, Suhrkamp TB, 2001.

15   Tom Lehrer, ›That was the Year that was‹, LP, 1965.

16   Joachim C. Fest, ›Hitler – eine Biographie‹, Frankfurt, Ullstein, 1973.

17   Ulrich von Hassell, Vom andern Deutschland, Zürich/Freiburg 1990.

18   Fey von Hassell, ›Niemals sich beugen. Erinnerungen einer Sondergefangenen der SS‹, München 1990.

19   Stefan Zweig, ›Die Welt von Gestern‹, Köln, Anaconda, 2013.

20   Joseph von Eichendorff, „Abschied", online unter: https://de.wikisource. org/wiki/Abschied_(Eichendorff)

21   Theodor Storm, ›Die Stadt‹, online unter: https://www.husum-tourismus. de/Reisefuehrer/Typisch-Husum/Theodor-Storm/Husum-Gedicht-Die-Stadt

22   ›Ruin eines Meisterwerks‹ – Rezension von ›Draugur‹, online unter: https://www.amazon.de/gp/customer-reviews/R2682XIO3JT0FV/ ref=cm_cr_getr_d_rvw_ttl?ie=UTF8&ASIN=3406536387

23   https://www.welt.de/kultur/literarischewelt/article157896960/Diese-Stil fibel-stand-in-der-Tradition-Hitlers.html

24   Gertrud Koch: ›Edelweiss – meine Jugend als Widerstandskämpferin‹, Hamburg, Rowohlt Verlag, 2006.

25   Online unter: http://www.liederlexikon.de/lieder/wenn_die_bunten_ fahnen_wehen

26   Heino, ›Schwarz blüht der Enzian‹, Starwatch Entertainment, 2014.

27   Online unter: https://de.wikipedia.org/wiki/Schwarzbraun_ist_die_Hasel nuss

28   Ohne Verf., ›An NRW-Ministerin Scharrenbach: Heino verschenkt Platte mit Lieblingsliedern der SS‹, FAZ, 22.03.2018, online unter: https://www.faz.net/aktuell/politik/inland/heino-schenkt-heimatministerin-platte-mit-lieblingsliedern-der-ss-15508199.html

29   Jens Balzer, ›Der deutsche Andy Warhol – der zynische Untertan‹, Die Zeit, 18.12.2018, online unter: https://www.zeit.de/kultur/musik/2018-12/ heino-saenger-geburtstag-80-jahre/seite-2

30   Online unter: https://www.youtube.com/channel/UCnPPHnJUmZvaaH lU0NxWoJA

31   Online unter: https://www.youtube.com/watch?v=86bfzTnT7qE&t=64s

Die Landschaft

1   Hans Jürgen Sittig, ›Traumland Eifel‹, Rheinbach, Regionalia-Verlag, 2014, S. 13. Oswald Spengler, ›Der Untergang des Abendlandes‹, S. 600.

2   Hanns-Bruno Kammertöns, ›Was bewegt … Thomas Druyen?: Der Vermesser des Reichtums‹, Die Zeit, 04.04.2007, online unter: http://www. zeit.de/2007/15/Der_Vermesser_des_Reichtums

3   Ulla Hahn: ›Wir werden erwartet‹, München 2017.

4   Ulla Hahn im Gespräch mit Christiane Florin, ›Die AfD kann mir das Wort Heimat nicht madig machen‹, 31.10.2017, online unter: http://www.deutschlandfunk.de/ulla-hahn-chronistin-der-bundesrepublik-die-afd-kann-mir.868.de.html?dram:article_id=399145

5   Online unter: https://de.wikipedia.org/wiki/Ferdinand_K%C3%BCrnberger

6   Alexis de Tocqueville, ›Über die Demokratie in Amerika‹, Reclams Universal-Bibliothek, Ditzingen, 1986.

7   https://de.wikipedia.org/wiki/Henryk_Sienkiewicz

8   Jacques Berndorf, ›Gebrauchsanweisung für die Eifel‹, München, Piper, 2007.

9   https://www.ksta.de/region/euskirchen-eifel/blankenheim/zweiter-weltkrieg-in-blankenheim-ahrdorf-weihnachtsfest-im-bombenhagel-601552

10   Hans-Jürgen Sittig, ›Die eindrucksvolle Geschichte der Eifel‹, Daun, Regionalia Verlag, 2013.

11   Chuck Yeager and Leo Janos, ›Yeager – an Autobiography‹, New York – Bantam Paperback, 1986. Später war Yeager übrigens Standortkommandant am Flughafen Hahn (heute: ›Frankfurt-Hahn‹) und Mitbegründer des Deutsch-Amerikanischen Segelflug-Clubs (DASC) e.V. oberhalb der Moselschleife von Traben-Trarbach. 2020 durfte ich dort einen faszinierenden Flug mit einem erfahrenen Piloten in einem Hochleistungssegelflugzeug machen. Ja, die Geschichte ist voll von Bezügen zur Gegenwart, wenn man danach sucht.

12   Christine Eichel, ›Das deutsche Pfarrhaus – Ort des Geistes und der Macht‹, Bergisch Gladbach, Bastei Lübbe, 2012.

13   Sebastian Hennig, ›Unterwegs in Dunkeldeutschland‹, Dresden, C. C. Meinold und Söhne, 2017.

14   Ehrhardt Bödecker, ›Preußen – eine humane Bilanz‹, Berlin, Olzog, 2010.

15   E. M. Arndt, ›Rhein- und Ahr-Wanderungen‹, Bonn, Weber, 1846 2. Ausg. Arndt, Ernst Moritz: ›Wanderungen aus und um Godesberg‹.

16   Online unter: https://de.wikipedia.org/wiki/Vaterlandslied_(Arndt)

17   Joachim Oltmann, ›Der Befreier – eine deutsch-amerikanische Karriere‹, Süddeutsche Zeitung, 16.10.2008, online unter: http://www.sueddeutsche.de/panorama/eine-deutsch-amerikanische-karriere-der-befreier-1.826649

18   Carl Schurz, ›Lebenserinnerungen‹, Berlin, Verlag Georg Reimer, 1906.

19   Berthold Seewald, ›Goldschatz aus Trier revolutioniert die Numismatik‹, Die Welt, 06.09.2013, online unter: https://www.welt.de/geschichte/article119769568/Goldschatz-aus-Trier-revolutioniert-die-Numismatik.html

20   Johannes Puderbach, ›Befragung: Bürger votieren gegen das Freibad in Blankenheim‹, Kölner Stadt-Anzeiger, 30.01.2015, online unter: https://www.ksta.de/region/euskirchen-eifel/blankenheim/befragung-buerger-votieren-gegen-das-freibad-in-blankenheim-3011110

21 Online unter: https://de.wikipedia.org/wiki/Reichsobstsorte

22 Online unter: https://de.wikipedia.org/wiki/Helmut_Palmer

23 James C. Scott, ›Die Mühlen der Zivilisation – Eine Tiefengeschichte der frühesten Staaten‹, Berlin, Suhrkamp, 2019.

24 Joseph Campbell, ›Historical Atlas of World Mythology, Vol. II: ›The Way of the Seeded Earth‹, New York, Harper & Row Perennial Library, 1988.

25 Auch Keiler können in der Mehrzahl ›Sauen‹ sein. Ja, es ist schon nicht ganz einfach mit der Jägersprache.

26 Redaktion jagderleben, ›Zahl der Jäger in Deutschland steigt weiter‹, 15.01.2019, online unter: https://www.jagderleben.de/news/zahl-jaeger-deutschland-steigt

27 Online unter: https://www.lieder-archiv.de/wir_sind_durch_deutschland_gefahren-notenblatt_300188.html

28 https://www.lieder-archiv.de/wir_sind_durch_deutschland_gefahren-notenblatt_300188.html

29 Schwarzwald, Bayerischer Wald, Erzgebirge, Harz, Fichtelgebirge, Schwäbische Alb, Thüringer Wald, Rhön, Oberpfälzer Wald, Taunus, Thüringer Schiefergebirge, Rothaargebirge, Hunsrück, Vogelsberg, Fulda-Werra-Bergland, Eifel, Kellerwald, Pfälzerwald, Ebbegebirge, Westerwald, Fränkische Alb, Knüllgebirge, Odenwald, Habichtswälder Bergland, Mainhardter Wald, Spessart, Solling, Haßberge, Steigerwald, Alfelder Bergland, Reinhardswald, Calenberger Bergland, Wiehengebirge.

30 Akif Pirincci, ›Deutschland von Sinnen - der irre Kult um Frauen, Homosexuelle und Zuwanderer‹, Lichtschlag in der Edition Sonderwege, Manuscriptum Verlag, Waltrop und Leipzig, 2014.

31 Das Gespräch ist auf YouTube zu sehen: https://www.youtube.com/watch?v=Sk7LKKfBPVc

32 Online unter: https://de.wikipedia.org/wiki/Deutscher_Wald

33 Detlev Ahrens, ›Der deutsche Wald – Naturereignis, Wirtschaftsraum, Sehnsuchtsort‹, Köln, Fackelträger Verlag GmbH, 2016.

34 Wolf-Dieter Storl, ›Wir sind Geschöpfe des Waldes – Warum wir untrennbar mit den Bäumen verbunden sind‹, München, Gräfe und Unzer, 2019.

35 Stephan Everling, ›Spaziergang: Von Blankenheim nach Berlin – sieben Etappen für die Demokratie‹, Kölner Stadt-Anzeiger, 04.08.2016, online unter: https://www.ksta.de/region/euskirchen-eifel/blankenheim/spaziergang--von-blankenheim-nach-berlin---sieben-etappen-fuer-die-demokratie-24497560

36 Online unter: https://www.vernunftkraft.de/dreisatz/

37 Einer der in meinen Ohren fürchterlichsten Anglizismen betrifft gar nicht mal ein Wort, sondern eine Satzstellung: »… weil (Pause), das ist ja so‹. (›Because that is the case.‹) Grausam. Hört man aber ständig. Im Deut-

schen heißt es immer noch: »Weil das ja so ist.« Eine weitere Grausamkeit hört man in den meisten Auto-Navis: »Für zweihundert Meter der Straße folgen.« Im Deutschen heißt das korrekt: »Der Straße zweihundert Meter folgen.« Ein »für« gibt es bei uns nicht.

Das Land

[1] Wilhelm Röpke, »Betrachtungen eines Nationalökonomen über das Deutschlandproblem« (1945), in ders., »Marktwirtschaft ist nicht genug. Gesammelte Aufsätze«, Manuscriptum, Waltrop und Leipzig 2009, S. 129–153, hier S. 129–130.

[2] Josef Reichholf, »Stabile Ungleichgewichte – die Ökologie der Zukunft«, Berlin, Suhrkamp, 2013.

[3] Online unter: https://de.wikipedia.org/wiki/Zeigerpflanze

[4] In »Deutschboden« beschreibt Moritz von Uslar die Szenerie in einer Kneipe in der brandenburgischen Provinz sehr eindrücklich. »Deutschboden – Eine teilnehmende Beobachtung«, Frankfurt, Fischer TB, 5. Aufl. 2012.

[5] http://www.derwesten.de/wirtschaft/kneipensterben-in-deutschland-jede-vierte-macht-dicht-id6537554.html

[6] https://www.dtb.de/der-verband/verbandsstruktur/mitglieder-im-dtb/

[7] Markus Krall, »Der Draghi-Crash: Warum uns die entfesselte Geldpolitik in die finanzielle Katastrophe führt«, München, FBV, 2017.

[8] Online unter: https://www.carl-zeiss-stiftung.de/german/stiftungsstatut.html

[9] Philipp Ther, »Die neue Ordnung auf dem alten Kontinent – eine Geschichte des neoliberalen Europa«, Berlin, Suhrkamp TB, 2016.

[10] Maximilian Birke, »Emotionale Gespräche und viele gute Wünsche. Kunden und Mitarbeiter nehmen Abschied vom WK Warenhaus«, 01.07.2020, online unter: https://www.come-on.de/lennetal/werdohl/schliessung-kunden-mitarbeiter-nehmen-abschied-warenhaus-werdohl-13817265.html

[11] Hans-Peter Martin und Harald Schumann, »Die Globalisierungsfalle – der Angriff auf Demokratie und Wohlstand«, Hamburg, Rowohlt Taschenbuch, 16. Aufl. 1998. Stefan Schubert: »No-go-Areas: wie der Staat vor der Ausländerkriminalität kapituliert«, Rottenburg, Kopp, 2016.

[12] Wilhelm Schwöbel, »Ansichten und Einsichten. Aphorismen«, Wien und Leipzig, Karolinger 1999.

[13] Heinrich Heine, »Ein Wintermärchen«, Insel-Verlag, Berlin, 4. Auflage 2012, Kapitel 8.

[14] Heinrich Heine, »Eine Lese seiner Werke. Gedichte, Reisebilder, Kunstbriefe, Gedanken und Einfälle«, Düsseldorf, Merkur Verlag, 1946, Kapitel 4.

15   Scott A. Sandage, ›Natural Born Losers – A History of Failure in America‹, Cambridge, Mass., Harvard University Press, 2005.

16   Gustavus Myers, ›History of the Great American Fortunes‹, 3 Bde., Chicago, Charles H. Kerr & Co., 1909–10; dt.: ›Geschichte der großen amerikanischen Vermögen‹, 2 Bde., Berlin. S. Fischer, 1916 (mehrere Nachdrucke).

17   ›Preußentum und Sozialismus‹, a.a.O., S. 89.

18   Ray Dalio, ›Principles for Navigating Big Debt Crises‹, Westport, Conn., Bridgewater, 2018, S. 31.

19   Norbert Scheuer, ›Kall, Eifel‹, München, C. H. Beck, 3. Aufl. 2021.

20   Online unter: https://www.youtube.com/channel/UCXRNVcpApmIA QhL18i1a3Sw.

21   Online unter: https://www.youtube.com/watch?v=ZMWaSNx-FkI

22   Alexander Fröhlich und Julius Betschka, ›Schwer bewaffnete Polizisten sorgen für Gefühl der Unsicherheit‹, Der Tagesspiegel, 21.11.2020, online unter: https://www.tagesspiegel.de/berlin/berliner-polizei-studiert-sicherheitsempfinden-schwer-bewaffnete-polizisten-sorgen-fuer-gefuehl-der-unsicherheit/26645196.html

23   Online unter: https://www.nabu.de/tiere-und-pflanzen/saeugetiere/wolf/deutschland/index.html

24   Ray Dalio, ›Why and how Capitalism needs to be reformed‹, 05.04.2019, online unter: https://www.linkedin.com/pulse/why-how-capitalism-needs-reformed-parts-1-2-ray-dalio

25   Daniel Goffart, ›Das Ende der Mittelschicht – Abschied von einem deutschen Erfolgsmodell‹, Berlin Verlag, 2. Auflage 2019.

26   Online unter: https://www.youtube.com/watch?v=D9YbhTeEKi8

27   Katja Thorwarth, ›Antisemitismus: Sommermärchen bereitete der AfD den Boden‹, Frankfurter Rundschau, 29.08.2019, online unter: https://www.fr.de/kultur/sommermaerchen-bereitete-boden-11002689.html

28   Ohne Verf., ›Studie: 15 Prozent der Deutschen sind Fußball-Patrioten‹, Frankfurter Rundschau, 14.06.2018, online unter: https://www.fr.de/panorama/prozent-deutschen-sind-fussball-patrioten-10988420.html

29   http://www1.wdr.de/verbraucher/18-millionen/achtzehn-millionen-ernaehrung-karte-100.html

30   Alfons Deter, ›Kolumne: Jakob Augstein über das Bauernsterben‹, top agrar online, 21.05.2016, unter: https://www.topagrar.com/news/Home-top-News-Kolumne-Jakob-Augstein-ueber-das-Bauernsterben-3380428.html sowie: Jakob Augstein, ›Markt, Macht, Milch‹, Der Spiegel, 19.05.2016, online unter:

31   Im November 2015 in Hannover.

[32] ZEIT-Matinee mit Gerhard Schröder vom 09.03.2014, online unter: https://www.youtube.com/watch?v=EKQ0ykFQav4

[33] Max Otte, »A Rising Middle Power? German Foreign Policy in Transformation, 1988–1998«, New York, St. Martin's Press, 2000.

[34] Schumann und Martin, a. a. O.

[35] Max Otte (Hg.), Louis D. Brandeis, »Das Geld der anderen – wie die Banker uns ausnehmen«, München, FBV, 2012.

[36] »Weltsystemcrash«, a. a. O.

Der letzte Deutsche

[1] Mark Schieritz, »Ottes Welt«, Die Zeit, 11.10.2017, online unter: https://www.zeit.de/2017/42/afd-waehler-max-otte-boerse-steuerberater

[2] Botho Strauß, »Der letzte Deutsche«, Der Spiegel 41/2015, online unter: http://magazin.spiegel.de/EpubDelivery/spiegel/pdf/139095826

[3] Hans Hütt, »Botho Strauß – die Selbstvernichtung eines Autors«, Die Zeit, 08.10.2015, online unter: http://www.zeit.de/kultur/literatur/2015-10/botho-strauss-glosse-fluechtlingskrise-spiegel

[4] Christian Schröder, »Botho Strauß und Rüdiger Safranski. Die Angst der alten Männer vor den Flüchtlingen«, Der Tagesspiegel, 06.10.2015, online unter: http://www.tagesspiegel.de/kultur/botho-strauss-und-ruediger-safranski-die-angst-der-alten-maenner-vor-den-fluechtlingen/12410918.html

[5] Herfried Münkler, »Peter Sloterdyk und Rüdiger Safranski – Wie ahnungslos kluge Leute doch sein können«, Die Zeit, 11.02.2016, online unter: http://www.zeit.de/2016/07/grenzsicherung-fluechtlinge-peter-sloterdijk-ruediger-safranski-erwiderung

[6] »Der letzte Deutsche«, a. a. O.

[7] »Kursbuch 1964«, a. a. O.

[8] Rolf Peter Sieferle, »Finis Germania«, Lüdinghausen, Manuscritpum Verlagsbuchhandung, 2019.

[9] http://magazin.spiegel.de/EpubDelivery/spiegel/pdf/139095826

Coda

[1] Zweig, a.a.O., S. 539.

[2] Ebd., S. 539–540.

Website zum Buch

Ich will dazu beitragen, dass die guten Traditionen unseres Landes nicht ganz in Vergessenheit geraten. Auf der Website zum Buch *Auf der Suche nach dem verlorenen Deutschland* (www.verlorenes-deutschland.de) finden Sie weiteres ergänzendes Material. Den Anfang machen zwölf Lieder, die ich mit jungen Musikerinnen und Musikern eingespielt habe.

Lieder und CD zum Buch:
Bürgerlied vom Adalbert Harnisch, 1845. • *Die Gedanken sind frei,* unbekannt, um 1780/90. • *Im Krug zum grünen Kranze,* Wilhelm Müller, 1821. • *Wenn die bunten Fahnen wehen,* Alf Zschiesche, 1933. • *Der Störtebeker ist unser Herr,* Walter Gättke, 1924. • *Hoch auf dem gelben Wagen,* Rudolf Baumbach, 1878. • *Der deutsche Mai,* Philipp Jakob Siebenpfeiffer, 1832. • *Vetter Michels Vaterland,* Hoffmann von Fallersleben, 1848. • *Michel, warum weinest Du,* Adolf Glasbrenner, 1848. • *Kein schöner Land,* Anton Wilhelm von Zuccalmaglio, 1840. • *Freude schöner Götterfunken,* Friedrich Schiller, 1785. • *Nationalhymne* (3. Strophe des Liedes der Deutschen), Hoffmann von Fallersleben, 1841.

Es gibt einen geschlossenen Bereich, in dem sich angemeldete Leser austauschen können.
Newsletter: www.max-otte.de/newsletter

Lassen Sie es nicht zu, dass unsere Verbindung abbricht. Sie können sich in meinen Newsletter eintragen, um über meine Aktionen
- Neues Hambacher Fest (www.neues-hambacher-fest.de)
- Spaziergang nach Berlin (www.spaziergang-nach-berlin.de)
- Rettet unser Bargeld (www.rettet-unser-bargeld.de)

und über Neuigkeiten auf der Website www.verlorenes-deutschland.de auf dem Laufenden zu bleiben. Bleiben wir in Verbindung!

Mit herzlichem Gruß,
Ihr

Max Otte